Research on Cases of
Preferred Stock in UK and US

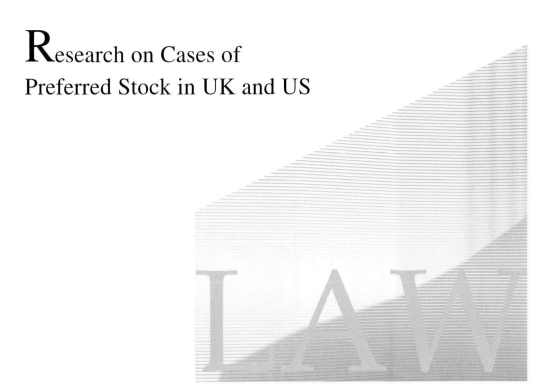

英美优先股判例研究

王东光 ◎ 主编

北京大学出版社
PEKING UNIVERSITY PRESS

图书在版编目(CIP)数据

英美优先股判例研究 / 王东光主编. -- 北京：北京大学出版社，2024.5. -- ISBN 978-7-301-35787-3

Ⅰ．F279.561.1；F279.712.1

中国国家版本馆 CIP 数据核字第 202440KL50 号

书　　　名	英美优先股判例研究
	YING-MEI YOUXIANGU PANLI YANJIU
著作责任者	王东光　主编
责 任 编 辑	尹　璐
标 准 书 号	ISBN 978-7-301-35787-3
出 版 发 行	北京大学出版社
地　　　址	北京市海淀区成府路 205 号　100871
网　　　址	http://www.pup.cn　　新浪微博：@北京大学出版社
电 子 邮 箱	zpup@pup.cn
电　　　话	邮购部 010-62752015　发行部 010-62750672　编辑部 021-62071998
印 　刷 　者	北京圣夫亚美印刷有限公司
经 　销 　者	新华书店
	730 毫米×980 毫米　16 开本　16.25 印张　301 千字
	2024 年 5 月第 1 版　2024 年 5 月第 1 次印刷
定　　　价	69.00 元

未经许可，不得以任何方式复制或抄袭本书之部分或全部内容。
版权所有，侵权必究
举报电话：010-62752024　电子邮箱：fd@pup.cn
图书如有印装质量问题，请与出版部联系，电话：010-62756370

前　　言

本书采用案例研究方法,在 Westlaw、LexisNexis 等数据库检索了英国、美国截至 2016 年 12 月与优先股有关的判例,筛选出具有重要研究价值的 20 个判例,并对这些判例进行了研读;最后在判例译文的基础上,对判例中所涉及的优先股法律问题进行分析、研讨,形成判例述评。

本书所选取的 20 个判例中,英国优先股判例主要涉及类别权的变更、减资决议的表决与类别权的变更、类别权变更的认定和公司减少资本、公司减资中的优先股股东权益、类别权变更、类别权的变更与类别表决的适用范围、公司清算情形下拖欠优先股股息、类别权的定义、公司备忘录和章程、董事退出之加权投票等问题。美国优先股判例主要涉及优先股与普通股之间利益冲突的处理原则、信义义务与商业判断原则、非累积优先股股东的权利、优先股股东适用的信义义务、累积优先股与清算优先权、优先股股东特别权利的合同解释、优先股赎回中"合法可用资本"的确认和辨析、优先股股东的权利与优先股赎回、优先股股东的表决权与表决权恢复、优先股股东的董事投票权等问题。

因判例的表达方式、法官的思维逻辑以及法律背景等原因,判例本身并不是非常容易理解。有鉴于此,本书在详述判例内容的基础上,对每个判例的焦点问题、判决要旨、规范依据以及法律原理进行了学术评述,通过分析和解读,让读者更加清晰地理解这些判例所反映的意旨和思想。

在我国,2023 年新《公司法》建构了类别股份制度的核心框架,也是本次公司法修订的一个亮点。根据新《公司法》第 144 条的规定,公司可以按照公司章程的规定发行优先或劣后分配利润或者剩余财产的股份;每一股的表决权数多于或者少于普通股的股份;转让须经公司同意等转让受限的股份以及国务院规定的其他类别股。实际上,本条所规定的并非与普通股并列的具体的股份类别,而是据以区分不同股份类别的类别权利,理论上通过类别权利的组合可以形成具体的股份类别。但类别权利的组合通常遵循一定的规律,形成典型的股份类别,优先股无疑是最典型、应用最广泛的股份类别。

新《公司法》关于类别股份制度的规定较为原则,尤其是针对优先股这一典型的股份类别缺乏具体规定,2013年发布的《国务院关于开展优先股试点的指导意见》(以下简称《优先股试点指导意见》)将构成类别股份制度的重要补充细则。《优先股试点指导意见》发布之后,证监会、原银监会、证券交易所等机构分别发布了关于优先股的规范性文件,共同构成了我国优先股制度的基本框架。我国虽然构建了优先股的制度框架,但总体而言优先股制度尚不够完善。而英美两国的优先股制度具有较为悠久的历史,优先股制度较为成熟、完善,我们应当充分学习、借鉴英美两国的优先股制度经验,完善我国的优先股制度。我们在学习、研究国外的法律制度时,仅仅关注法律规则是远远不够的,尤其是像英美这样的判例法国家,只有以法律规则为基础,学习研究相关的司法判例,才能对相关的制度有完整的、深入的理解和掌握。英美两国关于优先股的成文法规则并不太多,但关于优先股的判例极为丰富,很多关于优先股的制度规则都是通过判例形式确定的。因此,只有充分关注、研究英美两国的优先股判例,才能对他们的优先股制度有完整的、深入的了解,也才能对我国优先股的制度完善提供参考和借鉴。例如,关于优先股股息问题,在公司章程规定公司有可分配利润必须派发股息的情形下,优先股股东请求支付股息的权利到底是股东权还是债权?拖欠的可累积优先股股息在破产重整中如何定性和对待?在公司章程规定优先股股息不可累积且公司有可分配利润的情形下,公司是否可以决定不分配优先股股息?如果公司决定不分配股息,将产生何种法律后果?在公司清算中,未支付的优先股股息应以结存利润还是剩余财产作为支付来源?无论是新《公司法》还是《优先股试点指导意见》,对于优先股股息所涉及的这些重要问题都缺乏明确的规范,理论研究也鲜有讨论,可能造成司法实践中的分歧。分析、解决这些问题的方法、理论都可以从英美优先股的相关判例中找寻。

目前,国内关于英美优先股的研究主要集中在规则研究上,这些研究对于相关的司法判例虽有涉及,但不够系统、深入,仅是对这些判例所确立的规则略有提及,未能呈现整个判例的完整面貌,没有对判例进行深入的分析,在理解从判例所抽象出来的具体规则时往往会带来偏差。本书从英美两国具有开创性、代表性的优先股判例出发,力求对目前的规则研究形成有益的补充。作为研究生教学参考书,希望本书的出版对于学生学习、研究优先股制度有所帮助。

本书是我带领自己指导的二十多位研究生共同完成的。英国部分:卫芳、曾芳、朱思璇等参与了案例的检索、整理和翻译工作,赖永强、李媛媛、马建芳、宋理、张晶莹等参与了评述工作,陈乐天、汪一、章湄萱、曹李娜、钱旻、王世鑫、薛晋芳等参与了校对工作。美国部分:王玉昕、沈肖卿、虞琦楠等参与了案例的检索、整理和翻译工作,程平、徐莹萍、黄茜等参与了评述工作,孙博、梁慧洁、周一、韩佳楠、谈馨韵、刘倩等参与了校对工作。对各位同学认真负责、卓有成效的工作表示诚挚的谢意!本书得以顺利出版,要特别感谢北京大学出版社的支持和责任编辑尹璐老师的认真修改、精心编辑。因编者水平有限,书中谬误之处还请读者批评指正。

王东光

2024年3月

目　录

英国优先股判例译评之一
　　——类别权的变更 …………………………………………（1）
　　【裁判要旨】 …………………………………………………（1）
　　【案件事实】 …………………………………………………（1）
　　【判决理由】 …………………………………………………（3）
　　【案例评述】 …………………………………………………（5）

英国优先股判例译评之二
　　——减资决议的表决和类别权的变更 ……………………（12）
　　【裁判要旨】 …………………………………………………（12）
　　【案件事实】 …………………………………………………（13）
　　【判决理由】 …………………………………………………（14）
　　【案例评述】 …………………………………………………（18）

英国优先股判例译评之三
　　——类别权变更的认定和公司减少资本 …………………（23）
　　【裁判要旨】 …………………………………………………（23）
　　【案件事实】 …………………………………………………（23）
　　【判决理由】 …………………………………………………（25）
　　【案例评述】 …………………………………………………（30）

英国优先股判例译评之四
　　——公司减资中的优先股股东权益 ………………………（36）
　　【裁判要旨】 …………………………………………………（36）
　　【案件事实】 …………………………………………………（36）
　　【判决理由】 …………………………………………………（41）
　　【案例评述】 …………………………………………………（44）

英国优先股判例译评之五
——类别权变更 …………………………………………（48）
【裁判要旨】……………………………………………（48）
【案件事实】……………………………………………（48）
【判决理由】……………………………………………（51）
【案例评述】……………………………………………（54）

英国优先股判例译评之六
——类别权的变更与类别表决的适用范围 ……………（61）
【裁判要旨】……………………………………………（61）
【案件事实】……………………………………………（61）
【判决理由】……………………………………………（63）
【案例评述】……………………………………………（66）

英国优先股判例译评之七
——公司清算情形下拖欠优先股股息 …………………（74）
【裁判要旨】……………………………………………（74）
【案件事实】……………………………………………（74）
【判决理由】……………………………………………（75）
【案例评述】……………………………………………（78）

英国优先股判例译评之八
——类别权的定义 ………………………………………（84）
【裁判要旨】……………………………………………（84）
【案件事实】……………………………………………（84）
【判决理由】……………………………………………（85）
【案例评述】……………………………………………（102）

英国优先股判例译评之九
——公司备忘录和章程 …………………………………（110）
【裁判要旨】……………………………………………（110）
【案件事实】……………………………………………（110）
【判决理由】……………………………………………（111）

【案例评述】……………………………………………………（112）

英国优先股判例译评之十
——董事退出之加权投票………………………………（121）
【裁判要旨】……………………………………………………（121）
【案件事实】……………………………………………………（121）
【判决理由】……………………………………………………（122）
【案例评述】……………………………………………………（124）

美国优先股判例译评之一
——优先股与普通股之间利益冲突的处理原则………（126）
【裁判要旨】……………………………………………………（126）
【案件事实】……………………………………………………（126）
【判决理由】……………………………………………………（127）
【案例评述】……………………………………………………（136）

美国优先股判例译评之二
——信义义务与商业判断原则…………………………（149）
【裁判要旨】……………………………………………………（149）
【案件事实】……………………………………………………（150）
【判决理由】……………………………………………………（151）
【案例评述】……………………………………………………（152）

美国优先股判例译评之三
——非累积优先股股东的权利…………………………（164）
【裁判要旨】……………………………………………………（164）
【案件事实】……………………………………………………（164）
【判决理由】……………………………………………………（165）
【案例评述】……………………………………………………（166）

美国优先股判例译评之四
——优先股股东适用的信义义务………………………（169）
【裁判要旨】……………………………………………………（169）

【案件事实】……………………………………………………（169）
【判决理由】……………………………………………………（170）
【案例评述】……………………………………………………（171）

美国优先股判例译评之五
——累积优先股与清算优先权……………………………（179）
【裁判要旨】……………………………………………………（179）
【案件事实】……………………………………………………（180）
【判决理由】……………………………………………………（181）
【案例评述】……………………………………………………（183）

美国优先股判例译评之六
——优先股股东特别权利的合同解释……………………（187）
【裁判要旨】……………………………………………………（187）
【案件事实】……………………………………………………（187）
【判决理由】……………………………………………………（189）
【案例评述】……………………………………………………（198）

美国优先股判例译评之七
——优先股赎回中"合法可用资本"的确认和辨析………（204）
【裁判要旨】……………………………………………………（204）
【案件事实】……………………………………………………（204）
【判决理由】……………………………………………………（206）
【案例评述】……………………………………………………（208）

美国优先股判例译评之八
——优先股股东的权利与优先股赎回……………………（212）
【裁判要旨】……………………………………………………（212）
【案件事实】……………………………………………………（213）
【判决理由】……………………………………………………（214）
【案例评述】……………………………………………………（220）

美国优先股判例译评之九
——优先股股东的表决权与表决权恢复 ………………………… (226)
【裁判要旨】 ……………………………………………………………… (226)
【案件事实】 ……………………………………………………………… (226)
【判决理由】 ……………………………………………………………… (227)
【案例评述】 ……………………………………………………………… (233)

美国优先股判例译评之十
——优先股股东的董事投票权 ……………………………………… (241)
【裁判要旨】 ……………………………………………………………… (241)
【案件事实】 ……………………………………………………………… (241)
【判决理由】 ……………………………………………………………… (244)
【案例评述】 ……………………………………………………………… (246)

英国优先股判例译评之一[①]

——类别权的变更

【裁判要旨】

（1）拟发行新股提案并不影响现存优先股股东的权利或特权。因新发优先股将由普通股股东持有，且数量超过现有优先股，由此可能会影响优先股股东的商业事务。但这仅影响他们享有权利，不影响其权利本身，亦即"商业上的影响"和"法律上的影响"具有明显区别。

（2）行使权利的结果并非公司章程的保护客体，它并不受任何方式保护。只有权利本身是受保护的。

上诉法院于1952年12月11日对本案进行了开庭审理，由法官M.R.Evershed、Denning和L.J.Romer作出如下判决[②]：

应原审被告的上诉，撤销原审J.Danckwerts法官的判决。

【案件事实】

被告Bristol飞机公司拥有390万英镑的注册资本，包括股息为5%的可累积优先股60万股（每股面值1英镑，共计60万英镑）和普通股660万股（每股面值10先令，共计330万英镑）。被告拟通过发行66万股面值1英镑的优先股和264万股面值10先令的普通股进行增资，新增的优先股、普通股分别与原来的优先股、普通股享有同等权利。新增的优先股和普通股均向现有的普通股股东发行，以公司的储备基金支付股款。公司为此发出通知召集所有普通股股东召开股东大会批准该议案。

原告White是被告公司的一个优先股股东，代表自己和其他所有优先股股东提起诉讼，以该议案直接影响了优先股股东作为一个类别的权利和特权为由，

[①] White v. Bristol Aeroplane Co., [1953] Ch. 65 (1952).
[②] [1952] W. 4263.

请求法院:(1)禁止被告通过召集一个没有优先股股东参加的股东大会来批准该议案;(2)如果优先股股东没有根据公司章程第68条的规定召开类别股东大会批准该议案,则禁止公司通过和执行该议案。

被告认为本案关键在于公司备忘录和公司章程的规定,其赋予了公司发行新资本的权利。与案件有关的公司章程是第62条[①],其授权公司在股东大会上发行与现有优先股同等优先的股份,但优先股不得超过普通股。当前拟发行的新股在权利上并未优于现有优先股,故所决议的事项在公司依章程第62条召开股东大会的权利范围内。因此没有理由表明拟发行新优先股和普通股的议案将影响现有优先股股东的权利。

原告认为,应对公司章程第68条[②]中的"影响"采取广义的解释,议案将影响优先股股东的权利。第一,普通股股东将在仅由优先股股东讨论的事项上拥有超过现有优先股股东的份额,这将使原优先股股东失去独占地位,且成为优先股中的少数股东;第二,尽管普通股与优先股的比例从原来的11:1变成了7.5:1,但新发行的普通股将增加普通股股东可投票的总票数,使得普通股股东处于优势地位。另外,根据公司章程第83条[③],召开会议是为了"审议直接影响优先股股东作为类别股东的权利或特权的决议",应通知优先股股东出席公司股东大会并投票。

初审法院Danckwerts法官采用他之前在John Smith's Tadcaster Brewery Co. Ltd.案[④]中的法官意见授予原告禁令,并判决:公司的增资决议影响了现有

[①] 公司章程第62条规定:无论是否所有已授权的股份已全部发行或所有已发行的股份均已全部催收,公司都可以在任何时候经股东大会批准,通过发行新股的方式增加资本,总增资额为一个特定数,按照股东大会的决议分为面值相同的若干股份。在保证附于特殊类别股份之上的权利不受损害的前提下,增资所形成的股份可以按照股东大会决议或(在股东大会没有规定时)董事会决议,享有特殊的权利或特权,特别是,可规定这些股份在获取股息、参与剩余资产分配时享有优先、劣后或附条件的权利,享有特殊投票权或没有投票权。除非按照第68条获得优先股股东单独召开的股东大会的批准,增发的股份在获取股息或剩余资产分配上享有的权利不得优于第61条规定的优先股。但是,只要已发行的所有优先股资本额不超过已发行且在流通的普通股资本额,新设或发行与优先股权利相同的股份则无须获得上述批准。

[②] 公司章程第68条规定:影响、修改、改变、处置或废除附于构成公司资本的类别股份之上的任何权利或特权,均需获得该类别股份持有人单独召开的股东大会以特别决议批准。本章程的所有关于股东大会的规定均适用于类别股东大会。

[③] 公司章程第83条规定:在受制于附于任何类别股份之上的权利或限制的前提下,在实行举手表决时,每名亲自出席的成员只有一票表决权。投票时,亲自或委托代表出席的每名成员(如下文所述),就其所持有每一股份均有一票表决权,对优先股而言,就每一英镑享有一票表决权;对普通股而言,就每10先令享有一票表决权;优先股持有人无权获得股东大会通知,无权出席股东大会和进行表决,除非其股息被拖欠,或召开会议是为了审议一项关于解散清算或减资或直接影响优先股作为一类股份的权利或特权有关的决议事项。

[④] [1952] 2 All E. R. 751.

优先股股东的权利。

Bristol飞机公司由此提起上诉。

在上诉中被告请求撤销原审判决,法院接受了该上诉。

【判决理由】

上诉法院中有两名法官Gray Q. C. Neville和Denis S. Chetwood支持初审法官的观点,他们认为,公司章程第68条在使用了"修改""改变""处置""废除"等词语之外,仍加上"影响"一词,那么就应从广义上理解该词的含义。"影响"是第68条所用词中含义最宽泛的一个。伦敦证券交易所的任何成员都会说,拟向普通股股东发行股票的提案将影响优先股股东在投票权上的大多数地位。正如Greenhalgh v. Arderne Cinemas Ltd.案[1]中所述,虽然原告的权利在法律上没有发生改变,但作为商业事项而言受到了影响,因此此处应把关注重点放在优先股股东权利的价值而不是优先股的价值上。基于"影响"一词的含义,增资议案将影响优先股股东的权利。

上诉法院的另外三名法官M. R. Evershed、Denning 和 L. J. Romer则不支持初审法院的判决,认为增资议案并未影响优先股股东的类别权,进而撤销了初审判决。以Evershed法官为代表,围绕本案争议焦点开始阐述:第一,实施增资议案是否"影响"了优先股股东的权利;第二,优先股股东是否有权出席股东大会并投票表决。具体理由如下:

1. 实施增资议案是否"影响"了优先股股东的权利

优先股股东要求召开类别会议的依据主要在于公司章程第68条,因此本案的关键是对这条规定的解释和适用。

根据被告公司的章程第61条规定,优先股股东的权利包括以下三项:第一,优于普通股股东获得已付清资本额5%的股息;第二,在公司解散时,就尚未分配股息和剩余资本,先于普通股股东进行分配;第三,在第68条和第83条规定的情形下,参加股东大会并投票的权利。Evershed法官认为,增资议案并不是对优先股股东的上述权利的"修改""改变""处置",更不是"废除",那么意味着,问题的核心在于:实施增资议案是否"影响"了优先股股东的权利?

Evershed法官不同意初审中Danckwerts法官将"影响"取最广泛含义的观点。他认为,该问题是对上述条款的解释问题,在考虑那些先例之前,不可以像原告所争辩的那样从最广义上理解"影响"一词。对"影响"一词取最广泛含义会导致其与本规则的其他部分相冲突,尤其是与第62条的含义。因为如果"影响"

---

[1] [1946] 1 All E. R. 512, 519.

一词采取的是最广义，就可以认为对于优先股价值、对于优先权的内容或享有所产生的任何影响都属于第68条的范围。从这个意义上讲，发行新股必然产生影响，则需交由类别会议批准。而从公司章程第62条的逻辑上看，首先它表明公司可以随时在大会上通过创设新股增加股本。之后又规定"公司未获得依第68条规定的方式即在类别会议上通过特别决议的方式批准，不得发行任何优先于优先股的股份"表明，只有当这些新股被赋予某种特权时，才可能与现有特殊股份级所附权利发生冲突；所以，只有在实施了尽可能的措施例如召开类别会议之后，才能采取第二个步骤。同时，也意味着只要新股在权利上小于等于现有优先股，那么即使没有类别股东会议批准也可以创设新股增加股本。另外，根据第83条内容，无论是"直接影响"与第68条"影响"的措辞上的区别，还是将"减少注册资本"单列为可以召集优先股股东参加会议的事项，都能证明该词不具有原告所主张的如此广泛和普遍的意义。

因此 Evershed 法官指出，应该认识到的是，被影响的必须是优先股股东的权利而不是其他。而实施增资议案实际上并未"影响"优先股股东的权利，它们和之前完全一样，无论是决议前还是决议后，上述优先股股东的任何一项特权都未发生改变，且都可以重复。尽管原优先股股东对这些权利的享有以及使之生效的能力会受到一定影响（如前所述，原优先股股东无论在优先股还是所有股份中的比例均有下降），但是，"在权利受影响和影响权利享有之间，或股东将其付诸实效的能力之间，还是存在明显区别"。

Evershed 法官援引了 Greenhalgh v. Ardeme Cinemas Ltd. 案①，从用语和权利的理解的角度进行剖析，从而表明"影响"一词和"改变"的含义是不同的；还援引了 Mackenzie & Co. 案②，表明本案的核心不在于"影响"和"改变"的区别，而在于"商业上的影响"和"法律上的影响"的区别。因为事实上，就商业意义而言，增资议案最后的实际效果是将减少优先股股东的总股息，亦即在商业上影响了优先股的权利；但就法律意义而言，依据公司章程和相关解释规则，增资议案并未影响优先股的权利，公司章程第61条所述权利仍然存在，即优先股股东有权随时获得占实缴或被记为实缴名义资本5%的股息。如若在任何商业意义上影响了优先股的权利，或者说一旦影响到优先股的价值或影响到对优先股权利的享受，就必须召开类别股东大会，得到类别股东的批准，这将对公司普通股股东产生限制性影响。

Romer 法官则指出，类别股份所附带的权利由股东大会决议或公司章程授予，除非得到享受这些权利的成员的批准，否则这些权利不受影响；但行使权利的结果

---

① [1946] 1 All E. R. 512, 519.
② [1916] 2 Ch. 450.

并非公司章程的保证客体,它并不受任何方式保护。只有权利本身是受保护的。

综上所述,对"影响"应该作严格文义解释,即将考察范围限定在"是否影响了优先股的权利本身",事实上增资议案只对优先股的权利产生商业上的影响而非法律上的影响,不构成公司章程第 68 条规定的"影响",因此无须召开类别股股东大会。

2. 优先股股东是否有权出席股东大会并投票表决

优先股股东只有在满足公司章程第 83 条规定的条件,即召开会议是为了"审议直接影响优先股股东作为类别股东的权利或特权的决议"时,方有权出席公司股东大会并参与投票。但如上文所述,增资议案并不构成对优先股权利的影响,自然更无法达到第 83 条所谓的"直接影响",因此优先股股东无权出席股东大会并投票表决。

【案例评述】

英国优先股的法律渊源包含两个部分:成文法和普通法判例。在审判实务中,普通法规则和成文法并驾齐驱。成文法中英国《1985 年公司法》第 125 条和第 127 条以及《2006 年公司法》第 630 条和第 631 条的内容揭示了类别股份制度的基础与核心,也就是基于分类表决规则之上的类别权保护,主要规定了类别权变更的程序,即须获得类别股东的适当同意或特别决议。判例法的重心则主要在于对"类别权"的界定与"权利的变更"的解释问题。本案就是其中关键案例之一。

一、"类别权"的界定

Romer 法官在判决的论证中指出,探究优先股股东所享有的权利在公司章程第 68 条的含义范围内是否受到"影响",需要明确的问题就是:这些权利包括什么?——因为这是前提条件,在那之前,人们对是否受"影响"根本不得而知。那么,什么是类别权呢?成文法条文中并未明确。英国《1985 年公司法》第 94 (6) 条规定:"类别股定义的一个参考是,在股息和发行资本方面的投票权或参与决策权等方面,附于其上的权利相同的股份。"《2006 年公司法》第 629 条规定:"为公司法规之目的,如果依附于它们的权利在所有方面都是相同的,则股份是一个类别的。"但如同有学者指出的,英国法虽然规定了类别权和类别股,但是没有明确指出两者的含义和范围。类别股被定义为"具有相同权利的股份",类别权被描述为"依附于类别股上的权利"。英国法将股份和权利相互对指,事实上是一个循环定义,两者的内涵和外延均未被界定。[①] 但界定类别权的含义是

[①] 蒋雪雁:《英国类别股份制度研究(下)》,载《金融法苑》2006 年第 3 期。

十分重要且必要的,因为类别股股东的类别权受到章程的保护,假若某项权利被界定为类别权,那么要对权利进行变更,只有经过该类别股股东的同意或获得决议,否则将不产生任何法律效力。故而需要在判例法中寻找答案。我们首先分析"类别权",然后再审视"类别权变更"。

Cumbrian Newspapers' Group Ltd. v. Cumberland & Westmorland Herald Newspaper and Printing Co. Ltd. 案中首次对"类别权"进行了解释。J. Scott 法官指出章程中所包含的股东特殊权利可以分为三种:一是附于特定股份之上的权利;二是不基于某人的股东资格而赋予其的特定的权利,通常与公司事务管理或业务开展有关;三是具有股东功能但并未附于任何特定股份之上的权利。Scott 法官认为立法的目的在于规范类别权的变更和废除,附于类别股份上的权利和附于类别股东上的权利的含义是相同的。如果第三种权利可以根据《1985 年公司法》第 9 节通过股东会特别决议修改章程来变更或废除,显然与立法的本意不合,让人无法接受,公司章程授予部分股东的特殊权利不应当被其他股东通过特别决议废除。因此他指出,除第二种以外,第一种和第三种都可以构成类别权。[1] 同时 Scott 法官认为,在《1985 年公司法》中,"Class Rights"的使用仅限于第二章的标题及其项下第 125 条和第 129 条的小标题,在正文中涉及类别权,均使用"附于类别股份之上的权利"(right attached to class of shares)的表述,意味着"类别权"与"附于类别股份之上的权利"具有同一含义,前者只是后者的简称。可见,Scott 法官将划分类别的重点放在"权利"之上,"以权利定股份",他指出,只要是组织大纲或章程明确规定授予部分而非全部股东的具有股东功能的权利和利益均属于附于类别股份之上的权利,就是类别权。

不过,有批评者指出,Scott 法官的判决是错误的,他们认为,只有附于特定股份的权利才是类别权,授予个别股东的权利不是类别权。[2] 学者 Eilis Ferran 也不同意 Scott 法官的观点。Ferran 认为,Scott 法官适用《1985 年公司法》第 125 条时认为"类别权"和"附于类别股份之上的权利"具有相同含义,是值得商榷的。[3] 他认为,解释类别权的概念存在三种可能的途径:第一种是最狭义的,仅指专属于某个股份类别、有别于其他股份的权利;第二种是最宽泛的,由公司章程规定的、依附于所有股份之上的权利都是类别权;第三种较为折中,类别权是指专属于某个特定类别股份的权利,但分红权、投票权等共同适用于几个不同类别股份的权利也属于类别权。[4] 从 Ferran 对类别权的解释可以看出,他也将

---

[1] [1987]Ch.1,15.
[2] 蒋雪雁:《英国类别股份制度研究(上)》,载《金融法苑》2006 年第 2 期。
[3] Eilis Ferran, Company Law and Corporate Finance, New York: Oxford University Press, 1999, p. 33.
[4] 葛伟军:《论类别股和类别权:基于平衡股东利益的角度》,载《证券法苑》2010 年第 2 期。

划分类别的重点放在"股份"之上,即"以股份定权利"。

到底是"以权利定股份"还是"以股份定权利"呢?对类别权的界定和解释,仍然没有一个定论,但其本质上取决于对少数股东利益的保护程度,即对类别权的解释越宽泛,对少数股东的保护就越多。类别股份制度本质上是一种保护少数利益的机制,它是在"资本多数决"和"一股一权"的基础制度之上,多数股东与少数股东谈判的结果,是一个利益博弈的过程,界定"类别权"和"类别股份"的严格程度主要取决于多数股东和少数股东之间的利益平衡。①

二、"类别权变更"的解释

何为"类别权变更"?《1985年公司法》第125条②规定,当附于某些股份之上的权利被认定为构成"变更"或"废除"时,需由持有四分之三以上该股份的股

---

① 蒋雪雁:《英国类别股份制度研究(下)》,载《金融法苑》2006年第3期。
② 第125条"类别权的变更"(variation of class rights)规定:
(1) 本条是关于在一个股份资本被分为不同类别的公司中,附于类别股份之上的权利的变更。
(2) 当附于类别股份之上的权利并非由组织大纲规定,且章程未包含关于权利变更的条款时,上述权利可以且只能在下列情形下予以变更,并且任何不包含于下述情形的关于上述权利变更的要求(无论是否强加)也需满足:
(a) 持有该类已发行股份(作为库存股份持有的该类股份除外)总额四分之三的股东以书面方式同意变更;
(b) 在该类股份股东单独召开的股东大会上以特别决议的形式批准变更。
(3) 当:
(a) 组织大纲或其他文件规定了附于类别股份之上的权利;
(b) 组织大纲或章程包含了关于上述权利变更的条款;且
(c) 上述权利的变更与第80条规定的分配授权的赋予、变更、撤回、更新有关或第135条规定的公司股份资本的减少有关,
上述权利不能进行变更,除非:
(i) 本条第(2)款的(a)或(b)规定的条件得以满足;或
(ii) 组织大纲或章程规定的除本条第(2)款的(a)或(b)规定的条件以外的要求得以满足。
(4) 如果组织大纲或其他文件规定了附于类别股份之上的权利,且
(a) 当上述权利由组织大纲规定而在公司成立之时的章程中包含了关于权利变更的条款;或
(b) 当上述权利由其他文件规定而章程包含了关于权利变更的条款(无论其最初的章程是否包含);
且并非本条第(3)款(c)规定的情形,上述权利可以根据章程中关于权利变更的条款进行变更。
(5) 如果组织大纲或其他文件规定了附于类别股份之上的权利,但组织大纲并未包含关于权利变更的条款,上述权利可以在公司所有成员(作为持有库存股份的成员除外)一致同意的情况下进行变更。
(6) 第369条(股东大会的通知时间)、第370条(关于股东大会和投票的一般条款)、第376和377条(决议的派发)以及章程中关于股东大会的规定,在可行的情况下,应适用于本条所要求召开的任何股东大会或发生其他对附于类别股份之上的权利进行变更的场合。对于上述条款的适用可作必要的修改但受制于以下条款:
(a) 除延期会议以外的上述股东大会的必要法定人数为持有或委托代表至少拟变更已发行股份总额三分之一的两人;在延期会议中,为持有或委托代表变更类别股份的一人;
(b) 任何亲自或委托他人出席上述股东大会的类别股份持有人应以投票方式表决。
(7) 对章程中关于权利变更条款的修改或在章程中增加类似条款,其行为本身应视为对上述权利的变更。
(8) 在本条和(除非上下文有相反规定)组织大纲或章程中关于权利变更的条款中,上述权利的变更应包括权利的废除。

东的书面同意或持有该类股份的股东单独召开股东大会批准。《2006年公司法》第630条和第631条规定了有关类别权变更（其中变更包含废除），这两条规定了类别权变动程序：类别股股东的类别权变动，需满足以下条件：一是符合公司章程中关于变动权利的条款；二是当公司章程并未规定相关条款时，该类别股份持有人则依本条同意变动，且该同意须为该类别股面值四分之三以上的股份持有人书面表决同意（股本公司），或经四分之三以上人数的类别股股东书面表决同意（非股本公司），或者该类别持有人认可变动的独立成员大会的特别决议通过。[①] 英国采取的是概括式立法，概括式立法的特征是以一般条款规定类别权的变更，概括而抽象，缺乏确定性，仅仅是表明在满足上述法律规定的情况下，公司可以变动类别股上的权利，类别股东必须同意变动或废除附于该类别股上的权利。从成文法条文的文义上来看，我们无法直接判断"类别权变更"的定义、范围以及具体适用情形，因为"类别权变更"这类抽象概念需要在适用时进行解释。因而，法院在解释此种抽象概念时所持的立场事实上决定了类别权变更的适用范围，即公司行为自由而不损害类别股股东类别权的范围。对此，英国有大量的普通法判例来解释何种情形构成"类别权变更"，会导致类别权在法律上实质被变更，例如废除类别权、注销类别股份、减少优先股的股息等。但是，对于公司行为致使类别权在商业上产生不利影响是否属于"类别权变更"，理论界和实务界都存在较大争议。

对于何种变更属于类别权之变更，存在"严格限制说"与"宽泛解释说"两种不同的观点。严格限制说认为，法律规定的类别权变动仅指章程性权利变动，实质上区别于原先权利，才必须获得类别股东的同意或类别股股东大会的特别决议。为了使该类别股东的同意具有必要性，被认为特别定义了该类别股权利范围的条款之一应当有所变化。这些条款通常是对表决权、分红权或清算等方面的类别股地位作出定义的条款。间接的章程性变动，是围绕这些条款中的权利发生变化而导致的，不被视为类别权的变动。宽泛解释说则认为，类别权构成一个股份类别的章程性地位，该地位的任何变动涉及该类别权的变动。与其说权利只受到直接的章程性变动的保护，不如说任何影响类别股之章程性地位的计划，都要受限于该类别股东的同意。类别权的变动，应当自然地包括所有重大

[①] 英国《2006年公司法》第630条规定："对于股本公司，依附于股本公司发行的类别股份的类别权利变动，如章程中未规定类别权变动的条款，则应经代表已发行该类别股面值至少四分之三的类别股份持有人书面同意，或经过该类别股股东大会特别决议通过。"第631条规定："对于非股本公司，如公司一种类别成员的权利发生变动，依附于公司类别成员的类别权的变动，准用第630条规定的程序，但是应至少经四分之三类别成员（人数）书面同意。"

的、直接的章程性权利变动。除此以外,也应当包括所有能产生类似于直接的章程性变动之效果的间接的章程性权利变动。①

19世纪,英国许多公司通过参与如开凿运河、修建铁路等大型基础设施建设,向政府大量发行优先分配股息、其余权利与普通股一致的优先股进行融资。受到优先股发展初期持有者强势地位的影响,早期英国法院应对优先股权利内容争议时,恪守"合同就是合同"(a contract is a contract)的严格文义解释的方式,旨在探寻类别股合同条款的真实意思,认为除非公司章程另有规定,否则类别股拥有优先于普通股的权利必须经过严格解释,不可推定存在,即默示一股一权、股权平等。

在此基础上,英国判例法认为类别权只有在采取所声称的变更行为后,实质上不同于此前的权利,才视为变更,否则,无须经过变更程序。总体来讲,法院采纳类别权变更的"严格限制说",且是严格的文义解释,其内里的考量在于优先保障公司行为与经营决策的灵活自由。本案的法官便是持这种观点,他们认为采取"宽泛解释"过分扩大类别权的范围,不利于公司运行,更重要的是增资议案对类别权产生的不利影响仅是对类别股权利享受的影响,而对类别权的影响和对权利享受的影响是有差别的,商业意义上的影响和法律意义上的影响也是不同的,对权利的享受并非公司章程保证的客体,不受任何方式保护,只有权利本身受保护,因此类别股权利不受提案影响,不构成类别权的变更。

支持采用严格文义解释者认为,这种方法确定了类别股权利的范围,明确了该类别股与作为公司股权基础的普通股的界限,有利于减少类别股东和普通股股东之间因权利的不确定性而产生的争议。在类别股与普通股利益冲突的某些情况下,遵循严格文义解释或许能把类别股东间的诉争处理得更加公允。本案中法官恪守严格文义解释方法,是对公司章程和相关决议的尊重,同时对优先股权利的阐读并遵照执行与私法自治的精神相契合,符合类别股利益分配的合理预期,并利于既定类别股秩序的维持。

学者Barney Reynolds对此提出质疑,他认为不能在不影响权利享受的前提下变动权利,不能在不影响权利的前提下变动权利的享受。也就是说两者之间是共生共存的,影响其中之一必然影响另外一个。他重点证明了变动权利的享受必然影响权利本身,即假设一个人有权在院子里的草坪上走路,然后在这个院子里的其他每一个人都被赋予相同的权利。当草坪上的草枯萎时,这个人的权利也减少了,因为不可能指望如同最初那样去行使权利。当最后草坪上没有

---

① 王东光:《类别股份法理研究》,载《科学·经济·社会》2013年第3期。

草时,这个人的权利也就失去了实质意义,甚至其权利不能再成为一项权利。①

此外,反对严格文义解释者指出,类别权的权利基础是公司章程相关条款,属于合同约定的特殊权利,但类别股合同由发行公司(普通股股东控制下的公司)单方提供,类别股合同内容即章程条款并未体现类别股股东的意志,且其明显缺乏议价能力,若遵循严格文义解释不利于保护类别股股东权益。他们认为,恪守严格文义解释方法,可能将特定类别股置于易受其他类别股东(主要为普通股股东)压制的软弱地位,导致类别股股东的权益受到影响、损害甚至被剥夺。因为优先股作为横跨公司法和合同法的混合证券,优先股股东的规范自然也横跨公司法和合同法两大私法领域。② 可以说,优先股股东结合了债权人身份的限制和普通股股东身份的风险。③ 这种弱势地位更容易给类别股股东带来不利后果,因此更需要被保护。对这一点,严格文义解释的支持者则反驳,虽然传统优先股股东不直接与发行公司磋商优先股合同的内容,但如果他们不接受该类别股条款,可以"用脚投票"或选择认购其他股权投资。④ 英国法院也认为,这是协商一致的结果,是交易的一部分,类别股股东愿意接受股份,受公司规范,虽然他们知道无论如何不参与表决。⑤ 毕竟类别股合同条款自股权发行时即是公开的,投资者享有选择权,若选择认购从而成为公司的类别股股东则代表默示同意,之后再主张缺乏合意显然没有依据。

从上述的争议中可以看出,严格文义解释是把类别股合同预设为一个完全合同。完全合同是指合同当事人对于合同执行相关的所有风险情形的分配均有约定的合同,⑥要求公司章程对类别股东的权利内容和边界无所不包地进行预先规定。若把类别股定性为完全合同,则需在认购前将类别股合同中所述的权利内容及保护条款向类别股投资者公开,从而在投资者成为类别股股东后围绕类别股合同条款发生争议时,得按图索骥诉诸明示的合同条款。事实上却难以

---

① Barney Reynolds, Shareholders' Class Rights: A New Approach, J. B. L., 1996, pp. 554-575, 556-557.

② William W. Bratton & Michael L. Wachter, A Theory of Preferred Stock, U. Pa. I. Rev., Vol. 1815, No. 161, 2012-2013, p. 1819.

③ Benjamin Graham & David L. Dodd, Security Analysis, New York: Whittlesey House, 1934, p. 185.

④ Melissa M. McEllin, Rethinking Jedwab: A Revised Approach to Preferred Shareholder Rights, Columbia Business Law Review, 2010, p. 920.

⑤ Re Barrow Haematite Steel Co. (1888)39 Ch D 582, p. 603; Nicron Resources Ltd. v. Catto 1992 NSW LEXIS, 1086.

⑥ 〔德〕汉斯-贝恩德·舍费尔、克劳斯·奥特:《民法的经济分析(第四版)》,江清云、杜涛译,法律出版社2009年版,第385页。

实现,其一,基于合同当事人的有限理性,无法预见继续性、长期性的类别股权合同履行中的所有情形;其二,事前订立完全合同成本高昂,不符合追求利润和效率的商业理念与实践。而就宽泛解释来说,尽管类别股份制度的本质是为了保护少数股东、少数股份的权利和利益,但若解释时失去界限对类别股股东赋予广泛的权利则有过度保护之嫌,届时公司股东会决议程序将因附加的类别表决程序而变得烦琐,将大大增加公司决议成本。另外,过于广泛的类别权可能导致公司错失商业机会,损害公司适应市场环境的灵活度,违背公司法的效率价值,甚至还可能导致类别股股东滥用类别权向公司索要不正当利益。因此,应合理确定"类别权变更"的界限和范围。

严格限制说和宽泛解释说两种观点的对立,本质上是公司行为自由和类别股股东保护之间的利益冲突,因为两者所持立场不同,前者偏向维护公司行为自由,后者注重保障类别股股东权益。公司经营过程中,为抓住商业机会、适应市场环境保持灵活性,会进行某些变更行为以追求公司整体利益最大化,但是普通股股东才是公司剩余索取权人和剩余控制权人,公司实际上在最大化普通股股东的利益;类别股股东却通常只享有固定收益权,其在利益最大化的过程中获益最小,却要承担利润最大化的风险。所以,公司行为自由与类别股股东保护之间存在利益冲突,而该利益冲突实质体现的是类别股股东与公司背后普通股股东的利益冲突。

若赋予类别股股东的权利过于广泛,将损害公司行为自由;但若过窄,则将使类别股股东的权益遭受损害。如欲衡量类别股股东保护和公司行为自由之间的利益冲突,就必须对这两种利益进行实质评价和价值判断以求找到最佳的利益平衡点,如在 Old Silkstone Collieries Ltd. 案中,公司提出的议案将废除争议的类别权,这必然会严重损害类别股股东的权益,因此法官将这些权利作扩大解释,以保护类别股股东;然而在 Mackenzie & Co. 案、Greenhalgh v. Arderne Cinemas Ltd. 案以及本案中,仅仅涉及对"改变""影响"等具有很大弹性的词语解释,并不明显侵犯类别股股东权益时,法官则遵循严格文义解释,维护公司行为自由。从这个角度看,在界定类别权及其变更时,无论是扩大的解释,还是狭义的理解,法官们的共同初衷都是寻找多数和少数之间那个微妙的利益平衡点。

英国优先股判例译评之二①

——减资决议的表决和类别权的变更

【裁判要旨】

(1) 公司减资时,若已全部偿还并注销累积优先股(细则规定,该股份享有优先偿还资本的权利),减资决议无须召开优先股股东的类别会议并获得通过。

(2) 偿还优先股股东股本,其类别权没有被改变,只是得到了实现。

原告(被上诉人):House of Fraser 有限公司。

被告(上诉人):ACGE 投资有限公司和 Lonrho 公司。

1986 年 10 月 28 日,一审法院苏格兰高等民事法院判决 House of Fraser 有限公司减资决议有效。ACGE 投资有限公司和 Lonrho 公司对一审裁判不认同,至上议院提起上诉。上议院进行了开庭审理,参与庭审的人员有 Keith of Kinkel 勋爵、Fraser of Tullybelton 勋爵、Brandon of Oakbrook 勋爵、Griffiths 勋爵和 Ackner 勋爵。但根据英国《1985 年公司法》第 137 条的规定,上议院认为被上诉人 House of Fraser 有限公司作出降低公司资本的决议有效。上议院于 1987 年 4 月 8 日作出最终判决:"驳回上诉,维持原判。"由 Keith of Kinkel 勋爵撰写判词,Fraser of Tullybelton 勋爵、Brandon of Oakbrook 勋爵、Griffiths 勋爵和 Ackner 勋爵同意 Keith of Kinkel 勋爵法官的观点和理由。

Keith of Kinkel 勋爵在说理部分引用了以下案件:

- Frazer Brothers Ltd., In re,1963 S. C. 139.
- Saltdean Estate Co. Ltd., In re [1968] 1 W. L. R. 1844;[1968] 3 All E. R. 829.
- White v. Bristol Aeroplane Co. Ltd., [1953] Ch. 65;[1953] 2 W. L. R. 144;[1953] 1 All E. R. 40,C. A.

---

① House of Fraser Plc v. ACGE Investments Ltd., [1987] A. C. 387(1987).

【案件事实】

House of Fraser 有限公司是一家在苏格兰注册的公司。该公司通过召开全体股东大会，表决并通过了一项特别决议，即减少公司资本。根据该决议所确立的减资方案，公司将偿还可累积优先股股东所有股本并取消可累积优先股。但是，优先股股东并未就"是否同意该减资方案"召开过任何会议。后公司向法院提交诉讼状，请求法院根据《1985 年公司法》第 136 条第 1 款判决确认公司的减资决议有效。

ACGE 投资有限公司和 Lonrho 公司是 House of Fraser 有限公司的优先股股东，他们向法院提出抗辩，认为不召集优先股股东开会就通过该减资方案，侵犯了该公司章程赋予优先股股东的权利。该公司章程第 12 条规定：如果优先股股份被"修改、减少、影响或者处置"（modified, commuted, affected or dealt with），必须召集优先股股东单独举行会议。但法院最终判决公司减资方案有效。法院判决后，优先股股东向上议院提起上诉。

上诉人的代理人（John Beveridge 和 Patrick Hodge）认为，根据该公司章程第 12 条的规定，被上诉人不经优先股持有人同意没有权力作出减少公司资本的决议，从而取消优先股股份。该公司章程给予股东参加会议，并对提案进行表决的权利，这些提案不仅包括改变或废除章程和细则中规定的优先股特权，并且根据章程的描述，如果优先股股份被"减少、影响或处置"，需要经过优先股股东表决并通过。因此，对公司"取消优先股，终止优先股股东获得年度分红"的提案也要经过这些优先股股东表决。公司章程第 12 条应该根据它的本质含义去解释，"减少""影响"和"处置"应该适用于将优先股股东的股权收益权变成公司偿还优先股股东债权的情况。他们认为，如果仅仅将以上三个词理解成优先权权利的变动，那直接用"修改"就可以了，不必这么麻烦。在 White v. Bristol Aeroplane Co. Ltd. 案中，最终被侵权的优先股股东权利既没有被变更也没有被取消，这与本案的一审判决有显著区别。在 White v. Bristol Aeroplane Co. Ltd. 案中，法律直接规定影响权利的享有与影响权利本身之间的区别，且制定该法律规定时并不多加考虑商业实践的后果。一个被普遍接受的事实是：尽管议会尚未制定法律纠正现有的状况，但议会仍然可以进行法律解释来阐明法条的意思。在本案中，没有足够的理由去曲解章程中语言的意思。"影响"和"处置"的语义应该按照商业逻辑来理解，故上诉人的诉请应该被准许。

被上诉人的代理人（J. A. D. Hope 和 P. H. Brodie）没有被通知出庭。

上议院根据《1985 年公司法》第 137 条的规定，认为被上诉人 House of Fraser 有限公司作出减少公司资本的决议有效,于 1987 年 4 月 8 日判决:驳回上诉,维持原判。

【判决理由】

该上诉案主要是关于公司章程某些词句的解释,上诉人是被上诉公司的优先股股东。案件起源于 House of Fraser 有限公司请求法院判决确认该公司减少公司资本的决议有效。该减资案涉及偿还优先股股东的出资,因为这些资金超越了公司目前的需求量。但对减资案的通过只经过了所有普通股股东组成的股东大会的表决,优先股股东并没有行使任何表决权。上诉人认为这侵犯了公司章程赋予他们的权利,所以那份减资决议不应该被法院确认有效。在法院开庭之前,他们还争论过该减资案是否违背《1985 年公司法》第 125 条关于类别股权变更的规定,但因为该想法并没有在优先股股东内部得到大多数的认可,因此在正式开庭时上诉人只保留了第一个争议问题。

在诉讼期间,House of Fraser 有限公司总资产为 5000 万英镑,其中 35000 股每股票面价值为 1 英镑、年固定股息率为 3.15% 的可累积优先股;42639 股每股票面价值为 1 英镑、年固定股息率 3.85% 的可累积优先股;365328 股每股票面价值为 1 英镑、年固定股息率 5.25% 的可累积优先股;985752975 股是普通股,每股票面价值为 1 便士;153679045 股普通股及延递付息股份,每股票面价值为 25 便士;964742 股为未分类股,每股票面价值为 1 英镑。所有优先股都已发行且实际缴付。153679045 股普通股以及延递付息股份都已经发行且实际缴付,其余股份还没有发行。

上诉人是持有公司股份 97953 股,年固定股息率为 5.25% 的可累积优先股股东。所有已发行的普通股及延递付息股份都为公司持有。根据公司章程,上述年固定股息率为 3.15%、3.85%、5.25% 的累积优先股分别代表 4.5%、5.5% 和 7.5% 的股权,后两者共同构成次优先股。股息率不同的原因可以参见《1972 年金融法》附件 18 第 23 条。

公司章程第 4 条规定,持股比例占 4.5% 的优先股和次优先股股东分别享有相应的优先权,也受到一定的约束和限制。公司章程第 4 条 B 款(a)至(f)项和(g)项的第一部分是有关次优先股的规定,其规定次优先股除了年固定股息率外,和其他股份享有同等权利,是一个单独的类别股;次优先股股东有权在股息分配上和公司清算时股本的偿还上享有优先权。此优先权优于其他所有股东,但需在 4.5% 的累积优先股股东获得分配后。①

公司章程第 12 条关于"权利变更"规定:如果任何时候,公司资本被分为不同类别的股份,根据法规的规定,并经过公司和股本类别持有人的约定,依附于任何股本类别上的权利可以被修改、影响或者处分。前提是如果该协议已经由该类已发行股份票面价值至少四分之三的持有人的书面批准,或得到该类别股份持有人单独股东大会通过的特别决议的确认,且本协议中包含的所有股东大会相关规定应在作必要的修改后适用于所有此类会议,但会议的法定人数应为持有或通过代理人代表该类别已发行股份面值三分之一的成员或公司代表;并且在任何该类会议上,立即宣布结果的举手表决情况下,主席或者至少 3 名公司代表可以要求进行投票。在不影响持股比例占 4.5% 的优先股和次优先股情况下,除非该等股份所附权利或发行条件另有明确规定,任何股份上的股东特权不得被视为通过发行新股改变"同等权利"的规定。

公司章程第 14 条 D 款规定,公司可以通过特别决议以现行有效的《公司

---

① 公司章程第 4 条 B 款规定:
(a) 次优先股除了年固定股息率外,与其他股份享有同等权利,是一个单独的类别股;
(b) 次优先股股东有权获得固定股息分配(但需在 4.5% 的累积优先股股东获得分配后,优于其他所有股东之前);
(c) 在公司清算或返还资金阶段,公司的剩余可分配资产(在满足 4.5% 累积优先股股东后)应首先用于支付次优先股股东(优先于剩余其他类型的股份),包括股本的偿还和累积股息。股本的偿还数额如下面(d)项所示,根据上文(b)项规定该种股份享有的固定股息的任何欠款或应计项目的款项(少于等于按照以下规定的标准税率计算的所得税的数额付款)计算到资本回报之日,无论是否宣告或获得此类股息,均须支付。
(d) 在清算或其他情况下,次优先股持有人应收的每股股款总额应为以下两项中的较大者:
i) 公司审计人员认证的每股总额等于该等资产的平均累积优先股份的 7.5% 或 5.5%,累积优先股的报价均应在紧接相关日期前六个月的伦敦证券交易所(如下文定义)引用。在每天从平均值中扣除相等于所有拖欠和应计利润的固定股息(无论是否宣告或获得)的金额,直至该日减去一笔相等于所欠款项和应计项目所得税的金额当日生效的标准税率。
ii) 每股相当于当期所支付的名义金额的数额。但是,如果在资本回报方面,只有在次优先股时间内支付的部分的一部分才能还清,那么该股份的相应部分应当支付。
上述目的之相关日期应为通知召开会议通过公司清算决议或资本回笼之日起三十日,或在三十日前强制清算的日期。
(e) 次优先股股东的相关权利不能深入或参加公司资产或收益的分配。
(f) 次优先股的持有人有权收到本公司任何股东大会的通知,但不得凭借或就其持有该优先股而有权参与,除非
i) 其固定股息或其任何部分是在召开会议通知之日起六个月内获得的,为此目的,该等股份应为每半年支付一次,支付日期分别为 1 月 31 日和 7 月 31 日。
ii) 会议作出的决议涉及:(a) 章程第 105 条(关于借款权)或者修改该条款,次优先股的持有人有权仅就此类决议进行投票;(b) 改变任何类别优先股的持有人的权利或特权,在这种情况下,该类优先股的持有人有权仅就此类决议投票⋯⋯(g) 除次优先股的持有人事先同意,不得再创造发行权利优先于次优先股的新股。

法》授权的任何方式减少其股本。

为了减少资本,公司审计师根据公司章程第 4 条 B 款(d)项认证,如果是股息率为 3.85% 的优先股,相关期间的平均价格为 45 便士每股,如果是股息率为 5.25% 的优先股,则为 65 便士每股。因此,资本减少相应地为次优先股股东提供了在同等水平上的偿还。

上诉人的争论点在公司章程第 12 条中的"减少"和"影响"等词,这些词适用于描述第 4 条 B 款规定的次优先股股东的权利被转为获得偿还的资金总额的权利。法官引用了 1953 年的一个案件,公司章程规定任何类别股东的权利可以在经过类别股东会议通过特别决议同意的情况下"受到影响、修改、变动、处置或者废除"。该公司拟通过发行与现存优先股有同等权益的股份进行增资。但现有优先股股东认为该决议没有经过优先股股东特别会议的同意而无效。上诉法院认为新发行的优先股股份根据公司章程规定并不"影响"现有优先股股东的权利。该案的 Evershed 法官表达了他的观点:公司增资的确会影响优先股股东的权利,但是应该区分影响享有权利和影响权利本身。上诉人律师认为这种区分太过拘泥于合法性而没有考虑到商业因素,不够重视通过稀释影响了原来优先股股东权利产生的实际后果。①

法官认为,该上诉案中唯一的争议是提出的减少资本的议案是否侵犯次优先股股东根据公司章程特别是第 4 条 B 款享有的权利。法官引用了 1968 年的一个案例,公司章程规定"以任何方式影响、修改、处分或者废止"该类别股东权利的提案,需要经过该类别股东会议的同意。该公司提出通过清偿优先股股东的方式减少资本的特别决议,但优先股股东反对该决议,理由是没有举行单独的优先股股东会议。该案的法官 Buckley 在公司法案件方面有丰富经验,他说:"长期以来,人们一直认为,至少在一般情况下,如果公司要通过偿还已缴股本来减少公司资本,但又没经过该股份股东的同意,那该股份股东在公司清算时应该优先被偿付。"② 在该案中,优先股股东有权在清算时优先获得偿还,相应的,如果公司有超过其需求的实收资本并且想偿付其中一部分,则首先应该被偿付的股份是优先股。也就是说,优先股股份被削减的决议将废除优先股上所赋予的所有权利。根据公司章程第 8 条,不经过优先股股东会议的特别决议通过,变动优先股权利的议案是无效的。根据我的判断,该条款并不适用于取消股份以减少资本的决议。除非减资方案对优先股股东不公平,这与优先清偿该类股权的

---

① White v. Bristol Aeroplane Co. Ltd. [1953] Ch. 65.
② Chatterley-Whitfield Collieries Ltd. [1948] 2 All E. R. 593, per Lord Greene M. R. at p. 596.

规定是相一致的。公司减少资本中的优先清偿义务，和公司清算时优先返还义务一样，如前文提到的 Greene 法官所说的，如果自己不知道只能怪自己。这是股东间协商的一部分，且形成了优先股股权的整体定义和界限。此种实现并不涉及变动或者废除这类股份的权利。"①

法官认为这是对法律的正确诠释。Buckley 法官没有赋予"影响""修改""处置"任何可能影响其原意的其他意思，他没必要这么做。减少资本决议中清偿优先股股权是严格遵照合同的，也体现在公司章程中，且优先股股东是合同的当事人之一。这些股份被赋予的权利之一是公司资本超过公司需求时，优先于任何其他股东获得资金偿还。这一权利并没有被"影响、修改、处置或者废除"，而是得到了实现。

在本案中，公司章程第 4 条 B 款(c)项特别赋予了公司清算或其他情况下返还资本的权利。其中，"其他情况下"一词，适用于公司资本超过需求时根据公司章程第 14 条 D 款赋予减少资本引起的资本偿还。在该决议中，次优先股股东的受偿权仅次于股息率为 3.15% 的优先股股东而优于其他任何股东。现在公司的减资决议使得这一权利得以实现。当然，这必然涉及次优先股股份其他权利的终结，但股份持有人必须同意以此作为其优先受偿权利的必然结果。不能认为此种情况下根据公司章程第 12 条规定，优先股股东的特殊权利被"修改、减少、影响、处置"了。因为这些用词都考虑到，尽管相关交易之后与交易之前的权利有区别，但这些股东继续拥有一些权利。而减资的提案涉及完全取消优先股份。法官提到其同意 Clerk 勋爵的看法："我们认为，取消优先股涉及履行和满足股东的合约权利，不会涉及其任何权利变动。权利的变化预先假定权利的存在，即权利以及变化后继续存在的权利。如果一项权利得到履行并得到满足，此后不再存在，就会有所不同。"

法官又提到 1963 年的一个案件，公司章程包含《1908 年公司法》的表 A 第 4 条，其中特别提到了任何类别股东权利变动的事项都要经过相应类别股东会议的允许。公司提出一项偿还并取消优先股股本以减少公司资本的提案。优先股股东举行了会议，通过了减资案，但是向法院请求确认减资案的报告人并未履行质询会议必要性的义务。该案的首席法官 Clyde 认为，举行这种会议对于减资案的有效性是有必要的，因为这涉及取消优先股股东的权利。② 法官认为该判决并未列出涉案公司所有的相关章程条款，因此没有披露清算或其他资本回

---

① Saltdean Estate Co. Ltd. [1968] 1 W. L. R. 1844.
② Frazer Brothers Ltd., 1963 S. C. 139.

报优先事项。由于在法庭上没有任何争议,首席法官对于此事项没有考虑借鉴相关的权威报道。无论涉案公司的章程构造是否合理,都不能认为减资决议有任何的权威效力。

由于上述原因,Keith of Kinkel 勋爵认为应当驳回上诉。

【案例评述】

House of Fraser 有限公司是一家在苏格兰注册,总资产为 5000 万英镑的公司。公司股本分为年固定股息率分别为 3.15%、3.85%、5.25% 的三种可累积优先股,以及普通股、延递付息股份以及未分类股。所有优先股、普通股以及延递付息股份都已发行且实际缴付,其余股份还没有发行。上诉人是年固定股息率为 5.25% 的可累积优先股股东。根据公司章程,上述年固定股息率为 3.15%、3.85%、5.25% 的累积优先股股东分别持有公司 4.5%、5.5% 和 7.5% 的股权,后两者共同构成次优先股。该公司通过召开全体股东大会,表决并通过了一项特殊决议,即减少公司资本。根据该决议所确立的减资方案,公司将偿还可累积优先股股东所有股本并取消可累积优先股。但是,优先股股东并未就"是否同意该减资方案"召开过任何会议。后公司向法院提交诉讼状,请求法院根据《1985 年公司法》第 136 条第 1 款判决确认公司的减资决议有效。上诉人 ACGE 投资有限公司和 Lonrho 公司是涉案公司的优先股股东,他们抗辩认为不召集优先股股东开会就通过该减资方案,侵犯了该公司章程赋予优先股股东的权利。该公司章程第 12 条规定:如果优先股股份被"修改、减少、影响或者处置",必须召集优先股股东单独举行会议。一审法院最终判决公司减资方案有效。法院判决后,优先股股东向上议院提起上诉。上诉法院根据《1985 年公司法》第 137 条的规定,认为被上诉人 House of Fraser 有限公司作出减少公司资本的决议有效,于 1987 年 4 月 8 日判决:驳回上诉,维持原判。

本案涉及两方面的法律问题,即减资决议的表决和类别权的变更。

一、减资决议的表决

英国《2006 年公司法》第 641 条规定,公司经股东特别决议后可以减少股本,但是需经法院认可,和公众公司不同,私人公司可以通过签发偿债能力声明代替法院确认。一般来说,多数国家的商法或公司法在规定公司减资的决议要求时,均规定减资须经公司的权力机构即股东会或股东大会作出决议,并应以特别决议方可通过。① 该规定的目的主要是保护股东的平等权,保护股东权益不因公司减资而受到损害。我国 2018 年《公司法》第 37 条第 7 项规定,对公司增加或者减少注册资本作出决议是股东会的职权。因此,在我国,不管是有限责任公司还是股份公司的减资决议,立法均要求由公司股东大会来决议通过并遵行资本多数表决原则。尽管大多数国家都倾向于减资决议只需股东大会特别决议通过,但也有少数国家规定减资决议需要经各类别股份在各类别会议上分开表决。这是考虑到优先股股东的表决权以及减资决议中大股东对中小股东的诚信义务,才对减资决议加以合理的限制。例如,《德国股份法》第 222 条第(2)款规定,普通减资,如果有多种股份,那么股东大会决议只有在得到各种股份的股东同意后才有效。② 类别股股东由于其持股比例小,特别决议的滥用现象时有发生。那么,英国未在公司减资决议中对普通股和类别股的权利行使作出区别规定是否是其立法的疏漏呢?此规定又是否会损害到类别股股东的利益呢?

答案未必如此。减资是英国公司法赋予公司的法定权利,英国《2006 年公司法》在《1985 年公司法》的基础上进行了改革,对于公众公司的资本减少决议,在公司股东大会通过后必须由法院确认;对于私人公司,签发偿债能力声明后无须法院确认。在"资本多数决"的原则下,占少数的类别股股东在股东大会上的投票并不能改变减资决议的结果,但这并不意味着类别股股东完全无法掌握局势。股东间可以达成协议,在公司章程或者细则中约定,任何增加或者减少公司资本的行为必须取得每类股东单独会议的同意。也就是说,类别股股东若想在公司减资中体现自己的表决权,其大可以在发行设立之初就同公司谈判,将此权利设置在公司章程、细则或是发行决议中。因而,笔者认为,英国公司法的规定不无道理,是否赋予类别股股东对公司减资决议单独的表决权只是立法技术的问题,不涉及实体权利,英国成文法的规定不仅不会损害优先股表决权和类别股股东的利益,恰恰给公司减资更多的灵活性和可操作空间。因此,在公司章程没有明确规定的情况下,减资决议只需经过股东大会的特别决议表决,不需要经过类别股股东类别会议的表决。该案中,公司章程规定如果优先股的权利被"影响、修改、处置或者废除",需要经优先股单独会议的通过。因此,争议的焦点则变成返还出资的减资是否构成公司章程所规定的权利变动。

---

① 蒋国艳:《论我国公司立法中的减资制度》,载《桂海论丛》2017 年第 6 期。
② 郑曙光:《公司减资的比较法考察》,载《四川大学学报(哲学社会科学版)》2004 年第 2 期。

二、类别权的变更

英国《2006 年公司法》对类别权的变更提出了特定要求,并将这种变更分为"具有股本的公司"[①]和"不具有股本的公司"[②]两类。但成文法所确定的特定要求少之又少,只明确了公司可以变更类别股上的权利,类别股股东必须同意变更或废除依附于该类别股上的权利。就"权利的变更"之范围而言,《2006 年公司法》除了指明"变更权利"包括了"废除权利"之外,并未对"变更"(variation)进行定义,以上内容也早在《1985 年公司法》中就规定了。因此,成文法的泛泛而谈让公司章程中的相关规定就显得愈加重要。优先股等类别股股东不得不在公司章程、细则、发行条件的决议等文件中绞尽脑汁,提前预料各种可能的情况,以防自己的权利被变更而受到损害。章程内容的复杂多变也给了法官们极大的解释空间,造就了英国判例法上对类别权变更范围的不同解释和定义。

从早期的判例来看,一般而言,公司章程中相关规定会对"变更"作更加详细的阐释,如表述为"影响""改变""修改""处置""废除"等,本案中涉案公司的章程就是如此规定的。该公司章程规定如果优先股股东权利被"修改、影响或处置",则必须召集优先股股东单独举行会议。而法官则尝试对"影响""改变""修订""处置""废除"等用词进行解释,尤其是对"影响"一词加以探究。但一直以来,法官们没有在"变更"的阐释和解释上多费口舌,他们对于"变更"的解释没有太多实质的区别,因为法官们关心的似乎不是对公司章程字句严格的字面解释,而是得出结合当时情境、权衡股东间利益下的最公平方案。因此,法官更关心的是"被变更的是什么",而非"变更本身是什么"。对于变更的是什么,该案法官引用了诸多案例,我们再来重新审视一下包括本案在内的这三个案例。在 White v. Bristol Aeroplane Co. Ltd. 案中,上诉法院认为公司新发行的优先股股份并不"影响"现有优先股股东的权利,Evershed 法官认为,公司增资的确会影响优先股股东的权利,但是应该区分影响享有权利和影响权利本身。优先股股东依然享有其权利,该权利并没有在公司章程中进行变更,只是受到了影响。上诉人律师认为这种区分太过拘泥于法律因素而没有考虑到商业因素,公司增资稀释了原优先股股东权利,这种商业意义上的影响也应当被认为是权利的变更。[③] 在 Saltdean Estate Co. Ltd. 案中,公司章程第 8 条规定,不经过优先股股东会议的

[①] Companies Act 2006, s 630.
[②] Companies Act 2006, s 631.
[③] White v. Bristol Aeroplane Co. Ltd. [1953] Ch. 65.

特别决议通过,变更优先股权利的议案是无效的。公司提出通过清偿优先股股东的方式减少资本,但优先股股东反对。该案的法官 Buckley 指出,公司章程第 8 条并不适用于取消股份以减少资本的决议,除非减资方案对优先股股东不公平。公司减少资本中的优先返还义务和公司清算时的优先清偿义务一样,这是股东间协商的结果,并不涉及变更或者废除这类股份的权利。[①] 本案中,Keith of Kinkel 勋爵认为优先股股东和公司签订的细则中确立了优先股股东在清算和其他情况下优先获得清偿的权利,这当然包括公司资本超过公司需求时,优先于任何其他股东获得资金偿还。因此,减少资本决议中清偿优先股股本是严格遵照细则的,并体现在公司章程中。优先股股东被赋予的权利并没有被"影响、改变、修订、处置或者废除",而是得到了实现。从以上三个判例可看出,在涉及类别权的变更时,法官往往不着眼于章程中"影响""改变""修订""处置""废除"等用词本身,而是关注类别权的定义和解释。但正如类别权的变更一样,成文法对"类别权"也只是和"类别股份"捆绑在一起,规定了一个循环定义。"类别股份"是具有相同权利的股份,"类别权利"是依附于股份的权利。[②] 因此,类别权变更制度的发展一直是由法院在一次次判例中平衡各方利益并不断完善的结果。

那么,法院在关于类别权变更的判例中考量的标准究竟是什么?有必要通过探寻类别股份制度设立的立法目的和本质来解决。Eilis Ferran 认为,一个潜在的准则是:"对类别权的解释本质上取决于对少数利益的保护程度,对类别权的解释越宽泛,对少数的保护就越多。"[③]这和类别股份的本质有关,优先股等类别股并不是在公司中拥有特别权利的强势股,能够相较于普通股在各方面处于优势地位,恰恰相反,优先股在很多时候被戏称为"劣后股"。因为,类别股存在平衡机制,以优先股为例,这种股份在派发股息、剩余财产索取等方面享有优先待遇,与此相制衡,优先股通常在表决权等方面受到限制。只有当优先股股东在一定期限内无法获得优先股股息时,通过表决权的恢复可以重新参与公司经营管理,并避免自身权益遭受进一步损害。即使立法者已经预见到公司可能不按时分配股利,但在对优先股股东造成实质损害之前,优先股股东不享有表决权,以实现优先股与普通股之间的利益平衡。可见,类别股份制度本质上是一种保护少数利益的机制,它是在"资本多数决"和"一股一权"的基础制度之上,多数股

---

① Saltdean Estate Co. Ltd. [1968] 1 W. L. R. 1844.
② 《英国 2006 年公司法(第 3 版)》,葛伟军译注,法律出版社 2017 年版,第 502 页。
③ Eilis Ferran, Company Law and Corporate Finance, New York: Oxford University Press, 1999, p. 338.

东与少数股东谈判的结果和利益博弈的过程，界定"类别权"和"类别股份"的严格程度主要取决于多数股东和少数股东之间的利益平衡。继续以优先股为例，优先股作为一类股份，因法律对其发行比例进行限制，其在公司中的地位类似于中小股东，处于相对弱势的地位。在类别权被变更时，如果不赋予优先股股东通过类别会议单独表决的权利，占多数股份的普通股股东很容易投票通过决议来修改公司章程或者变更优先股股东在设立之初所确定的权利。这些特权不是给予优先股股东的特别保护，而恰恰是他们维护自己权利的最后一根稻草。在公司发行类别股份时，投资人和公司以及其他普通股股东早已就相关权利进行谈判。公司的目的在投资人缴付完毕出资那一刻起已然达成，但投资人的收益目的却是一个长期的过程，在"资本多数决"的原则下，占多数的普通股股东极有可能利用其优势地位通过损害占少数的类别股东，而非通过促进公司的成长来牟取私利。因此，类别股份制度的出现就是为了防止此种情况的发生，以此达到保护类别股股东的目的。但保护并不等于"完全的保护"，对类别股股东的保护程度受到诸多因素的影响，在成文法没有规定的情况下，依然是股东间利益平衡的过程，只是这次平衡的决定权到了法官手中。如果引起争议的特殊权利直接被废除，这对类别股股东来说显然不公平，法官可能会保护类别股份；而上文提到的 White v. Bristol Aeroplane Co. Ltd. 案、Saltdean Estate Co. Ltd. 案以及本案中，公司增资、减资等对于公司来说具有重大意义且是由法律赋予的权利，法官不再细究公司章程中"改变""修订""影响""处分"等词，而是谨慎地选择了保护占多数的普通股股东为公司发展着想的意愿。不得不说，法官在类别权变更的制度上发挥了举足轻重的作用，如何根据个案的背景既适度、公正地保护类别权利不受侵害又保护公司商业行为的自由，是每一位法官在关于类别权案件审判中的必修课，个案中的每一次说理和利益平衡下的决策都是在为类别股制度的发展和完善添砖加瓦。

英国优先股判例译评之三[①]

——类别权变更的认定和公司减少资本

【裁判要旨】

（1）公司章程第6条要求，如果公司的决议涉及变更优先股股东权利，需获得优先股股东同意或类别股东会议批准。公司章程第7条（B）款将此类股份上已缴资本的减少视为权利变动。

（2）减资决议涉及偿还并取消优先股。取消优先股并向股东偿还其已缴全部资本的行为构成公司章程第7条（B）款所规定的情形，故该减资决议除经股东大会通过外，还需经类别股东会议批准。

一审法院（公司法庭）J. Ferris法官于1993年2月12日作出一审判决：驳回公司请求法院确认拟减资之诉请。后涉案公司提起上诉，上诉法院（民事法庭）于1994年5月10日作出判决：驳回公司上诉请求。[②]

【案件事实】

本案原告是北方工程工业公司（Northern Engineering Industries Plc，后为Rolls-Royce动力工程公司，以下简称"原告公司"），该公司发行了四类股票，其中包括大量每股面值25便士的普通股，以及其他三种种类不同且占比较小的优先股，这些优先股每股价值1英镑，其中有一类是可赎回优先股。公司章程第3条详细记载了这些不同类别的股份在股息、清算及其他方面的资本回报和赎回的不同权利。第6条要求，如果公司的决议涉及变更优先股股东权利，需获得优先股股东同意或类别会议批准，第7条（B）款则将此类股份上实缴资本的减少视为权利变动。公司章程于1988年11月以特别决议的形式通过。

---

① Northern Engineering Industries Plc, [1994] B. C. C. 618 (1994).
② [1993] BCLC. 1151.

自1989年8月起,原告公司成为Rolls-Royce集团公司成员,所有普通股均由Rolls-Royce集团公司或Rolls-Royce集团公司的其中一家关联公司持有,优先股则大多由机构投资者和社会公众持有。由于董事认为维持不同类别的股份而产生的额外管理费用不甚合理,原告公司提出了通过取消优先股来消除成本的方案。根据该方案,Rolls-Royce集团公司将为每股优先股支付固定金额,计算固定金额目的是使每股在指定日期的价格高于市场中间价。尽管诱惑十足,类别股东会议还是否决了该项提案。

此后,原告公司试图通过其他途径来实现其目的,并将目光对准了《1985年公司法》第135条①规定的由法院确认公司减资决议的方式。原告公司提议取消所有授权优先股,并参照优先股股东在公司清算时的权利,向各类已发行优先股股东偿还资本和应计股息,进而减少公司股本。1993年1月6日,原告公司将此提案递交特别股东大会。根据公司章程,优先股股东有权出席会议并对拟减资提案行使投票权,但在投票表决时,优先股股东们被持有大量普通股并支持该决议的Rolls-Royce集团公司以多数票击败。之后原告公司未就该决议组织优先股股东召开任何类别股东会议。

原告公司向法院提交确认减资请求时,一个机构优先股股东提出了反对意见认为,根据公司章程有关条款规定,取消任何类别的优先股并向股东偿还在这些股份上已缴的全部股本时,需经类别股东会议作出多数决议。

因此,本案的争议点在于,取消优先股并向股东偿还其已缴全部资本的行为是否构成公司章程第7条(B)款所规定的减少实缴资本？法院支持上述反对意见并驳回了原告公司的确认请求。后原告公司提起上诉。上诉法院否决了原告公司认为"减少"不包括减少为零的主张,指出公司章程第7条(B)款适用于减资提案,类别股东同意是减资提案通过的前提条件,法院无权确认未获批准的减资提案,故判决驳回了原告公司的上诉请求。

L. J. Millett法官在判决中引用了以下案例：

- Anglo American Insurance Co. Ltd., Re [1991] BCC 208.
- Chatterley-Whitfield Collieries Ltd., Re [1948] 2 All ER 593.

---

① 《1985年公司法》第135条规定："(1)经法院确认,股份有限公司或有股本的担保公司,如果章程允许则可以通过特别决议以任何方式减少股本。(2)特别是,在不损害第(1)款的情况下,公司可以：(a)免除或减少其任何股份对未缴足股本的责任；(b)无论是否免除或减少其任何股份的责任,取消任何已缴足但已损失或未表现为可用资产的股本；(c)无论是否免除或减少其任何股份的责任,都可以返还任何已缴纳但超出公司所需的股本；如果有必要,公司可以通过大幅减少股本和股权来修改其备忘录。(3)本条中的特殊解决方案在本法中是指'减少股本的解决方案'。"

- Eastern Extension Australasia and China Telegraph Co. Ltd. v. The Commonwealth (1908) 6 CLR 647.
- House of Fraser plc v. ACGE Investments Ltd. & Ors (1987) 3 BCC 201; [1987] A.C. 387.
- Saltdean Estate Co. Ltd., Re [1968] 1 WLR 1844.

【判决理由】

原告依《1985年公司法》第135条请求法院确认减资决议，Millett法官认为根据公司章程相关条款，该决议需经类别股东会议同意，因此驳回了原告的诉请。

值得一提的是，根据英国以往的判例，如若公司章程中没有该条款，将会产生完全相反的结果，即取消某类别股份并退还已缴资本，不要求该类别股持有人另行同意，除非涉及变更该股份上所附带的权利；如果股本的返还严格按照其在公司清算时应当享有的权利，那么在公司持续经营的情况下取消类别股份并归还资本不构成对该股份所附带权利的变更。Greene法官认为，公司减资的风险同股东的优先分红权在一定程度上相同，是正常交易所蕴含的要素。[①] Buckley法官也认为："在减资时先退还优先股资本，与股东在公司清算时所享有的优先偿付权相对应……是股东间交易的一部分，并且是优先股权利束的组成部分。实施该行为并不涉及对股份所附权利的变更或废除。"[②]

因此，如果公司章程中无特别条款规定，优先股股东或将处于尴尬境地。一方面，当整体利率水平高于优先股的固定收益时，优先股股东就被套牢；另一方面，若整体利率水平低于优先股的固定收益，公司就可能违背股东意志强行赎回优先股。所以，为保护这些股东免受Greene法官提到的"减资风险"，公司章程一般都会加入特别规定条款，避免公司在未获股东同意的情况下擅自减资。这种特别条款同样构成股东间交易的一部分，在此情况下，普通股股东通过特别决议以及法院确认的方式进行减资的权利便被削减。问题在于本案中是否存在这样的条款。

本案中，公司章程第6条允许变更或废除任何类别股份的权利，无论公司处于持续经营还是清算或计划清算状态，只要取得该类别股份四分之三持有人的书面同意即可。然而，仅靠这一条并不能保护优先股股东免受案涉提案的影响，

---

① Chatterley-Whitfield Collieries Ltd. [1948] 2 All ER 593 (CA) at p. 596E.
② Saltdean Estate Co. Ltd. [1968] 1 WLR 1844 at pp. 1849-1850.

因为公司依据清算时各类别股上所附权利进行资本返还的情形十分普遍，并不能构成一个严格的权利变动事由。

真正保护优先股股东权益的是公司章程第 7 条（B）款之规定："减少任何类别股份上的实缴资本，都被视为对该类别权的变动。"故而，本案的关键在于，取消优先股并向股东偿还其已缴全部资本的行为是否属于第 7 条（B）款所规定的实缴资本减少情形？反对股东认为构成，公司则持相反意见。

原告公司辩称，"减少"意味着从一个数量减少至另一个更小的数量，但并不包括减少至零的情况，即减资后一定会有资本剩余。也就是说，公司认为取消优先股的提案意味着资本消灭而非减少，故章程规定的减资条款不能适用于该种情形，尽管这听起来十分荒谬。公司提出，虽然普通股股东同意只有在优先股股东允许的情况下才能零散地偿还其投资，但这并不意味着普通股股东一并放弃了他们在未经优先股股东允许的情况下一次性偿还其投资的权利。

Millett 法官也承认，"减少"一词通常意味着减少而非消灭，恰如"增加"从严格意义上来说并非从无到有。从牛津英语词典给出的含义来看，"减少"指的是削减或降低到更小的数量、程度等。英国判例法的经验似乎也认为，该词在一般意义上不包括废除。

Eastern Extension Australasia and China Telegraph Co. Ltd. v. The Commonwealth（1908）6 CLR 647 一案曾就一份授权政府减少电报费率的协议展开讨论，焦点在于"减少"一词的意涵，即协议的授权范围是否包括政府能够完全废除这些费率。C. J. Griffith 法官从词源学角度分析认为，"有权利减少"并不包括有权将费率减少为零或取消费率。J. Barton 法官认为，一般而言，减少费率意味着降价，当购买降价商品时，我们可能更关注商品的优惠力度，而非期待免费获得。但减价的权利似乎可以连续行使，直至减无可减，当剩余量达到极小之时，价格就相当于被废除了。对此有一个简单的答案，假设行使权利后一定会存在剩余量，直到达到某个"不可减少的最小值"，此时价格既没有减少到零也未被取消。实际上，减价权本身就意味着存在剩余，故完全取消并非行权的应有之义。

目前，该词在英国的主要含义与 21 世纪初澳大利亚的理解仍然相同，应当认为"不可减少的最小值"意指不能进一步减少、仅能完全消除的量。然而，理解一个词的意思和效果需结合使用背景，并非在所有情况下词语都应被理解成普遍或原有意涵。或许将"减少"理解成"达到数量为零"并非该词在词源意义上的正确使用，但也无伤大雅，重要的不是还原"减少"在词源或普遍意义上的含义，而是理解其在公司章程的第 7 条（B）款中意味着什么。

Millett法官认为,该词有两个含义,一个普遍意义,一个特定含义,都直接指向本案的正确结论。首先,公司章程第7条(B)款处理的是类别权变更的一般问题,特别是减少公司股本时的权利变更。由于在一般情况下通过减资提前(部分或全部)偿付优先股已缴资本不涉及股东权利的变动,无须征得优先股股东同意,该特别条款的设定旨在保护优先股股东免受此种减资风险,故将此类股份上已缴资本的减少视为权利变动。同时,该条之适用仅限于可能对优先股股东产生不利的已缴资本减资,而不包括可能使其获益的未催缴资本减资。但该条款的解释必须基于公司有权在获得股东特别决议批准的情况下减少其股本,在此语境下,"减少"一词仅指《1985年公司法》第135条第(1)款中规定的意涵。公司章程第6条和第7条都涉及类别权变更,构成了《1985年公司法》第125条所规定的"公司章程"条款:批准任何类别权变更的提案,必须召开类别股东会议并获得同意;并特别规定公司章程可纳入此类条款。第125条第(3)款(C)项指出了相关条件:"这些权利的变更与第80条规定的分配权授予、更改、撤销或续期有关,或者与第135条所规定的公司股本减少有关。"

在公司减资的背景下,"减少"一词常被用作减少到无的意义来使用。《1985年公司法》第135条第(1)款规定:"经法院确认,有股本的股份有限公司或有限担保公司可在公司章程授权的情况下,通过特别决议授权以任何方式减资。"毫无疑问,本条允许公司将其股本减少为零,尽管《1985年公司法》其他条款要求公司必须立即将其股本增至正数。法院也经常对之予以确认。因此,如果认为《1985年公司法》第135条第(1)款中的"减少"一词不包括减少为零,将推翻法院确认公司将资本减少为零的决议。事实上,法院确认公司资本减少为零的案例不胜枚举。在Anglo American Insurance Co. Ltd.案[①]中,法院批准公司将其每股面值1英镑的5000万英镑股本减少至零,随后公司又将股本增加到每股面值10美元,在指定汇率计算下总值仍为5000万英镑。该案判决中,法院赞同的是其减资决议而不及于随后的增资行为。J. Harman法官认可了公司将股本减少至零的会议决议,尽管他指出公司的后续增资行为也应一并记录,但这仅仅是为了避免误导他人,公司股本减资至零的行为无疑是符合《1985年公司法》第135条第(1)款规定的。因此,在公司减资背景下,"减少"可以包括取消或者废除,而不必拘泥于其普遍含义。

本案公司章程第7条(B)款设定的特殊背景则更具说服力,"减少"某一类别股的已付资本需征得受影响的持股股东同意,这显然是为了保护这些类别股东。

---

① [1991] BCC 208.

我们无从推测这一规定是因为优先股股东的要求还是普通股股东为吸引投资者认购而设置，但不可否认的是，该条款旨在保护优先股股东免受某些风险。问题在于，优先股股东需要防范的风险究竟是什么？结论应该是：该条款是为保护优先股股东免受 Greene 法官所认定的风险，即公司未经优先股股东同意提前将其投资全部或部分偿还。尽管公司辩称，如果没有优先股股东同意，公司不能将股本从 1 英镑减少为 99 便士或者从 1 英镑减少到 1 便士，但公司将股本减少至零却无须征得优先股股东同意。这一观点的成立将会使优先股股东所获得的保护变得毫无意义，这意味着该条款只能保护优先股股东免受部分减资的风险，而无法在全部减资的情况下保护优先股股东权益。这种认为优先股股东只能在部分偿还资本的情况下受到保护的观点是不切实际的。

公司承认章程第 7 条(B)款给予优先股股东一定保护。但问题是，该条款所提供的保护是完全保护还是有限保护？法官认为，公司所主张的保护范围仅包括对优先股股东权益的较小侵害，不及于对股东权益的严重侵害。诚然，优先股股东能在偿付其部分投资的情况下获得保护，但这种有限保护不足以保障其利益，也非为公司利益所需。如果公司希望能无须征得股东同意就提前偿还全部资本，只消一开始就发行可赎回股份即可。

仅用咬文嚼字的方式为"减少"一词赋予模糊内涵并非问题的解决之道，不妨采取举轻以明重的当然解释路径来进行分析。正如拉丁语的词源所示，"减少"(reduction)一词的字面含义是"带回"(bringing back)，描述了一个从较高点到较低点的连续过程。也就是说，事物可能只减少而不消灭，但不可能未经减少就直接消灭。因此，"减少"一词背后的法律效果取决于它是在授权性还是限制性的语境下使用。如在 Australasia 案中，赋予俱乐部委员会减少经济困难会员会费的权利并不意味着委员会有权直接免除所有会费。但在禁止被告处置其资产或使其资产价值降低到规定数额以下时，则应当包括使其资产完全丧失价值的情况，因为这种禁令的目的在于维持被告资产的价值，如果不对更为严重的情形进行禁止，就无法实现目标。

本案亦是如此。公司章程第 7 条(B)款看似是定义何种交易将被视为构成类别权变动，实则目的在于维护这些权利。减少股份上的已付资本被视为一种权利变动，未经同意不得实施，此处应为限制性语境，举轻以明重，减少股本尚且如是，彻底取消则更应受到制约。

原告公司提出的反驳论点缺少实质内容，并且在某些情况下显然属于误解。首先，如果公司章程第 7 条(B)款中的"减少"具有反对股东所认为的更广泛含义，则有悖于公司章程第 3 条(B)款各方所表达的明确意图。公司章程第 3 条

(B)款规定了优先股所附带的权利,包括"在公司清算或其他情况下"返还资本的权利。因此,优先股股东事先已经同意公司在持续经营时可返还其股本,其有权就每股股份获得固定金额,而不再就其他方面获得回报。公司指出,如果公司任何一次减资都要获得优先股股东同意,那么优先股股东就有可能趁机要求公司支付更高的金额,如此一来便违背了各方当事人的初衷。诚然,公司章程第3条(B)款的确规定了优先股股东在公司清算或其他情况下减资时应享有的权利,但这并不意味着优先股股东事先默认了减资的发生。恰恰相反,按照公司章程第7条(B)款的规定,未经优先股股东同意,公司持续经营期间不应发生减资。简而言之,公司章程第3条(B)款与第7条(B)款都是关于股东交易的条款,必须一并解读。

其次,公司提出,在权利变动的情况下,"减少"一词不能涵盖取消,因为取消意味着权利的完全消失,而变更的前提在于权利的存续。这一观点的依据是 Clerk 法官提出的意见,该意见亦在 House of Fraser plc v. ACGE Investments Ltd. 案①中获得了 Keith of Kinkel 勋爵的赞同。Keith of Kinkel 勋爵在该案判决书的第 207 页说道:"我们认为,取消优先股的提案涉及实现或满足股东的合同权利,不涉及对其权利的任何变更。变动权利需预先假定权利存在,且在变更后依然继续存在。如果一项权利得到实现后将不复存在,则会导致不同的情况。"

通常来说,无论是部分还是全部减资,实际上均不构成类别权的变动,然公司章程第7条(B)款要做的就是将其视为一种变动。因此,从人为意义上而言,不能对"变动"一词的使用进行直接解释。但原告公司强调,章程第7条所提到的所有其他交易都将在股份继续存在时影响其所附带的权利或价值,这才是 Clerk 法官所述的真正变更。只有第7条(B)款所提到的"减少"被赋予扩展含义时才包含注销股份。影响现有股票价值的方式多种多样,都需要加以防范。然而,只有一种方式能够将股份全部取消。因此,不能从在多种行为中只有一种行为可以消灭股份这一事实中得出任何推论。

有必要回顾一下原告公司所提出的奇怪论调,其认为即便将公司章程第7条(B)款扩展适用到将实缴资金清零的情形,该条款也不得适用于随后的股份注销。如果这种说法是正确的,通过增加一个步骤(优先股股东不仅不会反对该提案,相反还很欢迎),公司就可以避免征求优先股股东的同意(不会产生现今的反对情形)。这种观点完全没有说服力。

---

① [1987] A.C. 387.

原告公司的主要论点是，公司章程第 7 条(B)款旨在保护存续股东，即保护那些依旧是公司成员而非从公司退出的股东。但对该论点最有力的反驳便是，章程第 7 条(B)款的确不保护注册资本变动之后的股东，也无意这么做，该条的目的仅在于保护股东免受未经同意而发生的资本变动影响。随后公司又认为如果反对股东对"减少"一词的解释是正确的，将有可能产生各种荒谬后果，但这些论点都没有依据。特别是公司错误推论，由于公司清算时也会向优先股股东返还资本，故未经优先股股东事先在类别会议上批准，公司不得清算。公司已发行股份的注册资本，代表公司清算时对债权人的保障。资本维持原则是公司法的基本原理之一，非为严格规定的情形下，不得将公司的资本退还给股东。一般而言，在公司持续经营期间，对于任何已发行股份，注册资本的减少都需经法院确认，不论是否已缴足股款或是否附带股东回报，因为此举减少了在公司清算时对债权人的保护。但当债权人已获全额清偿后，将公司清算资产作为偿还资本向股东分配的行为并非减资，而是对公司股本的分配与运用，它实现了股东在公司债务清偿后获得资本返还的权利。

随后，原告公司又认为从广义上解释"减少"一词将与公司章程第 3 条(C)款规定的权利相冲突，即公司有权赎回其发行的可赎回优先股。公司指出，优先股的赎回涉及向持有人偿还股份，从而减少这些股份的实收资本。对该观点可从多处反驳，在此略提两点。首先，减资与股份赎回在本质上完全不同，在公司法上也被视为两道基本不同的程序。如果公司章程第 7 条(B)款是根据《1985年公司法》第 135 条来减资的，那么它就不应该适用《1985 年公司法》第 160 条所规定的赎回优先股的情形。其次，公司章程第 3 条(C)款无论如何必须优先于第 7 条(B)款的规定，这是因为前者给予公司无须事先获得相关股东的同意便能赎回股份的特定权利，对比之下第 3 条(B)款并未赋予公司这种权利。

综上所述，公司章程第 7 条(B)款适用于本案的减资提案，优先股股东类别会议同意是本提案有效的先决条件，法院对于缺少此先决条件的减资提案没有确认权，故驳回上诉。

Leggatt 法官、Neill 法官同意 Millett 法官的理由，上诉应予以驳回。

【案例评述】

本案中，原告公司意图通过取消优先股的方式来消除因其产生的额外管理成本，决定依《1985 年公司法》第 135 条由法院确认公司减资决议的方式来实现其目标。原告公司提议取消所有授权优先股，并参照优先股股东在公司清算时的权利，向优先股股东偿还已缴资本和应计股息，进而减少公司股本。股东大会通过该项提案后,公司请求法院确认公司减资有效,但优先股股东对此提出了反对意见,认为根据公司章程的规定,该次减资应当经过类别股东会议同意。

公司章程第 6 条规定,如果公司的决议涉及变更优先股股东权利,需获得优先股股东同意或类别会议批准,同时,章程第 7 条(B)款将此类实缴资本的减少视为权利变动。因此,法官最终没有确认本次减资,理由在于减资造成了优先股权利的变更,并且缺乏优先股股东对变更的一致同意。公司提起上诉辩称,章程第 7 条(B)款所规定的"减少"一词并不包括减少至零的情形,但上诉法院认为,理解一个词的意思和效果应结合其所在环境,通过解读其在公司章程第 7 条(B)款中的含义,上诉法院最终判决驳回了上诉。

本案涉及两个方面的法律问题,即类别权变更的认定和公司减少资本。

一、类别权的变更

(一) 类别权变更的制度设计

类别权是类别股东所享有的重要权益,其变更和废除将对类别股东产生直接影响。英国公司法规定了类别股份和类别权,类别股份是指具有相同权利的股份,类别权是指依附于股份的权利,两个概念相辅相成,但二者的内涵和外延均未有权威定论。[①] 优先股作为享有优先权的股份,是一种类别股份。

一般而言,公司须在征得类别股东同意的基础上变更类别股上的权利。英国《1985 年公司法》第 125 条规定了类别权利变更的程序,具体有以下几种:(1) 当公司股东协议规定了类别权,但是没有规定如何变更时,需要公司所有成员对变更达成一致同意或者通过一些策略性的安排达此目的;(2) 公司股东协议没有规定类别权,公司章程也没有相关的变更条款,也只有在两种情况下才能变更,即代表该类股份四分之三表决权的股东以书面形式同意变更或者由类别股东组成的类别股东大会决议通过;(3) 股东协议或者公司章程已经规定类别权利,且已经包含权利变更的条款,除了特别的例外情况,只需依照条款所规定的程序作出变更即可。

不过,英国《2006 年公司法》废止了以上条款,而是在第九章"股份类别和类别权利"中对类别权的变更作了相关规定,将类别权的变更分为具有股本的公司、不具有股本的公司以及其他条款之下的法院权力之例外。本案涉及具有股本的公司的类别权的变更,根据英国《2006 年公司法》,依附于公司股份类别的权利,只有在两种情况下可以被变更:其一是根据公司章程中相应的权利变更条

---

① 《英国 2006 年公司法(第 3 版)》,葛伟军译注,法律出版社 2017 年版,第 502 页。

款;其二是当公司章程未包括该条款时,该类别股份的持有人根据本条同意变更。此处的类别股股东同意也包括两种情形:一是代表该类别已发行股份至少四分之三名义价值的持有人的书面同意;二是该类别持有人认可变更的单独成员大会上通过的特别决议。①由此可见,英国公司法仅规定变更类别权时,需要经过一些特别的程序,但并未明确哪些事项或哪些公司行为变更了类别权。

(二)减资是否构成类别权的变更

对于何种变更属于类别权的变更,学界存在"严格限制说"和"宽泛解释说"两种不同的观点。前者认为类别权变更仅指特定的、直接的章程性权利变动,而间接的章程性变动影响的是权利的享有而非权利本身,不构成权利的变动。后者则包含能产生类似直接变动效果的间接权利变动。因此,不仅类别权本身的范畴存在争议,而且何种情况构成类别权的变更进而需要进行类别表决亦存在不同的理解。

英国通过大量的普通法判例来解释什么情况将会构成"类别权变更",就实践来看,法院总体采纳权利变更的狭义解释,认为类别权只有变更后实质上不同于此前的权利,才能视为变更。如 House of Fraser plc v. ACGE 一案中,上议院就认为,若公司在减资的时候已经偿还并且注销了累积优先股,就无须召开类别会议批准,因为这种情况下权利并未改变,而是得到了实现。②

因此,传统实践通常认为,公司通过普通股股东在股东大会上的特别决议,将优先股股本归还给股东并取消优先股的行为不构成类别权的变动。恰如 Buckley 法官在 Saltdean Estate Co. Ltd.③案的判决中指出:"在减资时先退还优先股资本,与股东在公司清算时所享有的优先偿付权相对应……是股东间交易的一部分,并且是优先股权利束的组成部分。实施该行为并不涉及对股份所附权利的变更或废除。"

尽管本案中的 Millett 法官也承认这种观点,但涉案公司的章程第 7 条(B)款作出了特别规定,将公司减资视为一种变动,据此,Millett 法官提出,本案公司减资必须获得该类别已发行股份四分之三持有人的书面同意。虽然 Millett 法官是根据章程规定得出的结论,但这一观点却为后续类别权变更的讨论奠定了基础。在之后的英国判例法中,有法官对传统观点提出了质疑,如 Barney Reynolds 法官就认为,不能在不影响权利享有的前提下变动权利,亦不能在不

---

① 《英国 2006 年公司法(第 3 版)》,葛伟军译注,法律出版社 2017 年版,第 503—506 页。
② 王东光:《类别股份制度研究》,法律出版社 2015 年版,第 126 页。
③ [1968] 1 WLR 1844 at pp. 1849-1850.

影响权利的前提下变动权利的享有。

这种质疑观点并非不根之论。尽管英国判例法规定,按照比例减资对优先派息的优先股权利不构成变更①,即在公司对所有股份按比例减资的场合,优先股股东实际能享受的分红数额可能受到影响,但其优先分红权并没有发生变动,然而,本案中通过减资取消优先股股份的行为却更像是单独针对优先股股份的"定向减资",同公司非等比减资的情形类似。由于非等比减资将直接改变公司固有的股权架构,如果通过单纯的资本多数决就能作出有效的减资决议,将会从客观上为大股东滥用资本多数决的表决机制来压制中小股东合法权益提供便利。因此,有必要对非等比减资这类特殊情形作出例外处理,以我国司法实践为例,法院通常认为定向减资应当通过公司全体股东一致同意才能形成有效决议。② 本案亦是如此,普通股股东能够轻易地利用资本多数地位形成减资及取消优先股的特别决议,但这一决定将对优先股股东的权益造成影响,如若无法将减资视为对类别权的变更,就会导致优先股股东陷入不利的被动困境。这也可以解释为何在通常情况下,优先股股东在认购伊始便会在公司章程中设置相应权利变动的认定条款以寻求庇护,本案中法院对减资决议的不予认可亦得益于公司章程第 7 条(B)款的特殊约定。

二、公司减少资本

(一) 公司减资的原因

公司减资的原因多种多样,如本案中的理由则纯粹是普通股股东基于个人利益的考量。由于董事们认为维持单独类别的普通股和优先股所产生的额外管理费用不甚合理,公司一直都在设法通过取消优先股来消除这些费用,尽管这并非公司的实际经营需要,而仅仅是作为普通股股东和优先股股东间博弈的工具。

英国公司法中确立的资本维持主要包括两个原则:一是资本只能用于公司经营目的。二是除非经法院确认,否则资本不能返还给股东。故而在法律的框架下,公司减资的原因往往是为公司考虑,主要基于以下三种情形:一是公司的名义资本多于实际所需资本,公司通过出售多余的资产,将所得资金返还给股东;二是股本已发行但未缴清,但公司已有多于实际所需要的资本;三是公司资

---

① [1916] 2 Ch. 450.
② 例如,陈玉和诉江阴联通实业有限公司公司决议效力确认纠纷案判决书[(2017)苏 02 民终 1313 号]、华宏伟与上海圣甲虫电子商务有限公司公司决议纠纷判决书[(2018)沪 01 民终 11780 号]。

产遭受巨大的损失,公司的账面已不能真实地反映公司的资金情况,公司需要减少资本,弥补亏损。

当然,根据英国判例来看,法院批准公司减资的情形多种多样,远不限于前述三种原因,法院是否能够审查通过公司减资的特别决议,主要取决于该决议是否满足减资的各类条件,而非重点考量公司减资的具体原因。更何况,在英国《2006年公司法》施行后,法院确认并非在任何情况下都是公司减资的必要步骤,具有股本的有限公司既可以选择通过法院确认的程序减资,也可以通过发表具有偿债能力声明的方式进行减资。

(二)公司减资的条件

1. 成文法对公司资本减少的约束

英国《2006年公司法》对公司资本减少进行了改革,对于股本有限的私人公司,公司既可以通过偿债能力声明所支持的特别决议也可以通过经法院确认的特别决议减少其资本;对于公众公司,则必须通过经法院确认的特别决议才能减少资本。[①] 而按照《2006年公司法》之前的规定,减少资本必须由公司通过经法院确认的特别决议,即公司减少资本的条件有二:其一是公司须以不低于75%的票数通过减少资本的特别决议;其二是该决议须由法院确认。根据《1985年公司法》第135条,若细则有授权,股份有限公司可减少资本、股份溢价账户或资本赎回储备金。[②] 法院在决定是否颁发确认法令时,享有一定的裁量权。当公司减资不符合保障公司债权人利益的法定条件时,法院只能拒绝确认,禁止公司减资,这是因为法院确认的主要目的在于保障公司债权人利益不因资本的减少而遭受损失。另外,法院在确认时还需考虑到社会公众的利益,即资本的减少是否会对购买公司股份的社会公众造成信赖利益的损失。与此同时,法院确认还有另外一重功能,意在通过确保资本减少的公平、合理和公正,来保障公司成员的利益,防止股东利益遭受损害。

2. 公司章程对公司资本减少的限制

除成文法限制外,公司资本减少还需遵循章程限制。法律赋予公司增加或者减少资本的权利,但是如果股东之间达成协议,通过公司章程、备忘录或者股份的发行决议等对公司增减资本进行一定的约束,这些规则的创设将产生相应的限制效力。

一方面,在英美法系下,公司章程具有很强的自治性,主要体现为订立公司

---

① UK Companies Act 2006 ss. 641.
② 〔英〕丹尼斯·吉南:《公司法》,朱羿锟等译,法律出版社2005年版,第124页。

章程的自由、订立主体的自由、在不违背法律强制性规定的情况下订立事项和具体内容的自由、修改与变更的自由等,因此,优先股等类别股东可以同公司协商,在章程中明确规定自己的权利。另一方面,英国作为世界上最先开始进行股份类别划分的国家,早在《1948 年公司法》就授权由公司章程自行设置类别股种类和内容。随后的《1985 年公司法》第 2 条依旧授权由公司章程自由设定类别股种类与内容,规定"在受制于《1985 年公司法》的条款且不妨碍赋予既存股份之上的权利的情况下,公司可以通过普通决议决定发行任何附带权利或者限制的股份"[①]。《2006 年公司法》第 641 条第 6 款也规定,公司资本减少的效力,须受限于限制或禁止公司资本减少的公司章程条款或备忘录。当类别股权利内容发生变更时,英国现行《公司法》为了保护类别股股东的权利,设置了类别股股东分类表决制度,并在第 13 部分"决议和会议"中就相关表决程序作出了规定。但是,由于英国成文法下法定条款能够为类别股东提供的保护范围十分狭窄,类别股股东通常需要确保其权利的变更和享有须在公司章程中有充分的保护性规定,或在权利被剥夺时能够获得足够的赔偿。

　　公司资本是否可以减少,最终要通过特别决议,并且得到法院的确认,法院有权对减资是否公平作出相应判断。本案中,公司章程第 7 条(B)款明确规定,减少任何类别股份所支付资本,都将被视为对该类别股权利的变更。因此,原告公司取消优先股并偿还股东已缴全部资本的行为若构成公司章程第 7 条(B)款规定的实缴资本减少的情形,则需单独经类别股东会议表决。换言之,如果公司资本的减少影响某一类别股东的权利,则非经该类别股东同意,法院不得颁发确认法令。因此,获得该类别股东的同意,是颁发确认法令的前提条件之一。Millett 法官极具说服力地解释了"减少"一词的内涵,并认为公司将"减资"一词的内涵仅仅限缩在减至大于零的数额的辩解不能成立,该次资本减少造成了类别股的权利变更,需由公司优先股股东类别会议批准。上诉法院的这一判决无疑代表了正确的方向,对于司法实践具有重要的意义。

[①] 王东光:《类别股份法理研究》,载《科学·经济·社会》2013 年第 3 期。

英国优先股判例译评之四[①]

——公司减资中的优先股股东权益

【裁判要旨】

（1）优先股股东受公司章程约束，且公司章程规定公司有权减资和改变股票的数量和金额。

（2）公司与优先股股东之间不存在这样的契约关系——无论公司如何变迁，优先股股东每年都可获得6000英镑的收益。

一审法院：衡平法院。

二审法院：上诉法院。

上诉法院于1886年11月23日对本案进行了开庭审理，由Cotton法官、Fry法官、Q.C. Rigby法官和W. P. Beale法官作出如下判决：

（1）应被告提起上诉（二审），撤销衡平法院于1886年10月29日所作下列判决：

a）原告有权就动议通知书申请禁令；

b）不对诉讼费用作裁决。

（2）原告败诉，应解除禁令，支付诉讼费后，驳回起诉。

【案件事实】

海底电报公司是一家股份有限公司，于1872年成立，总股本为13万英镑，每股面值为10英镑。公司的13000股股份全部发行完毕，在发行优先股之前，每股已缴足10英镑。根据公司章程，股份红利与实缴金额成正比。该公司章程规定公司有权通过发行新股增资，并有权赋予新增股份优先权。同时，章程规定新增资本被视为原始资本的一部分，并与原始资本遵守相同的规定，但授权增资

[①] Bannatyne v. Direct Spanish Telegraph Co., [1886] 34 Ch. D. 287 (1886).

的决议另有规定的除外。此外,章程允许公司通过特别决议减资,并改变其股票的数量和面额。

1874 年 7 月 3 日,以下特别决议被通过,并在 17 日举行的会议上正式确认:

(1) 授权董事为本公司购买铺设在巴塞罗那和马赛之间的海底电缆。

(2) 为实现此次收购以及公司的其他目的,授权董事通过发行 6000 股每股面值 10 英镑的新股增加公司资本,并在配股时缴清股款。

(3) 该等新股有权获得每年 10% 的固定优先股股息,如果公司任何一年的净利润不足以支付该年的全部优先股股息,则余额应从下一年的利润中支付(但不计利息),必要时还应从以后年份的利润中支付。

新股已全部发行并缴清股款。

公司成立之初只有一条连接康沃尔(Cornwall)和毕尔巴鄂(Bilbao)的电缆,购买价格为 11.2 万英镑。1882 年,这条电缆开始出现故障迹象,并于 1884 年发生故障。在此期间,该公司在这两个地方之间铺设了一条新的电缆,其资金是通过发行债券筹集的。由于电缆故障造成了相当一部分资产的损失,公司被告知,在积累到足够的资金修复电缆之前,或者在减少资本以使其名义资本与资产相符之前,公司不能适当地支付任何股息。董事们建议采取后一种做法,在 1886 年 9 月 30 日召开的公司特别会议上,通过了以下决议:

> 由于公司丢失了原本的电缆,公司资本从 190000 英镑(目前为 6000 股每股面值 10 英镑的优先股,全部已发行并缴足股款,以及 13000 股每股面值 10 英镑的普通股,其中 12931 股已发行,每股缴足 9 英镑,69 股未发行)减至 95000 英镑。该减资将通过把每股已发行股份的入账实缴金额核销 5 英镑,以及每股未发行股份的名义金额核销 5 英镑来实现,已发行股份中的核销金额属于未由可用资产代表的资本。董事会可以制定他们认为合适的规定用以交换股份证书,以符合前述决议。

该决议已于 1886 年 10 月 19 日的会议上确认。

原告是一名优先股股东,他代表自己和全部优先股股东(被告董事除外)对公司和董事提起诉讼,要求宣布该减资特别决议是越权和无效的,并且要求法院颁发禁令,禁止被告实施该决议,并禁止被告向法院申请确认该减资决议有效。

原告于 1886 年 10 月 29 日向 Bacon 法官申请禁令。

Q. C. Marten 和 H. B. Howard 代表原告主张,根据决议和优先股股份证书所证明的,公司无权修改与优先股股东的合同。他们引用了 Blisset v. Daniel 案[①]和 Allhusen v. Borries 案[②]作为参考。

被告公司辩称,优先股股东必须承担其股份份额所占的资本损失的一部分,并不存在"无论公司遭遇何种变故,股东都应享有每年 6000 英镑的永久收益"的合同;优先股股东在获得其股份时应遵守公司章程明确赋予董事在获得公司批准后减少"资本"(包括普通股资本和优先股资本)的权利。

代表被告的 Burton Buckley 也持同样的观点,并主张如果采纳原告的论点,就等于认为尽管公司章程明确规定董事有权减资,但董事实际根本不可能减少资本。

Bacon 法官认为公司所提出的减资做法将终止公司和优先股股东之间形成的合同,10% 的优先股股息由公司决议和由决议所签发的股权证书所保证,如果他允许所提议的减资做法,将使优先股股东的合法权利被随意剥夺,因此,他认为原告有权在审判之前要求颁发禁令。法官没有就诉讼费用问题作出裁决。

被告公司上诉,上诉法院于 1886 年 11 月 10 日和 22 日进行了辩论。

Q. C. Rigby 和 W. P. Beale 法官认为:"在资产损失的情况下,减少名义资本的权利现在已经很明确了。在 Ebbw Vale Steel, Iron, and Coal Company 案[③]中,已故主事官认为 1867 年公司法案(30 & 31 Vict. c. 131)未授权公司将名义资本减少至实缴资本额以下,但 40 & 41 Vict. c. 26 号法案明确规定可以减少实缴资本。该案的优先股股东是准合伙人,应与其他股东共担风险。"

Cotton 法官认为这个问题更应该是法官是否认可减资计划的自由裁量权问题,而不是禁令的理由。

在本案中,海底电报公司章程的第 7、9 和 10 条内容如下:

第 7 条 经公司特别决议事先批准,董事可通过发行新股增资,发行新股的总额、股息优先权、资产分配优先权或股息延期(分配)、资产延期(分配)由特别决议作出规定,若特别决议未作规定,则以董事认为适宜的方式酌情作出规定;尽管公司可能尚未分配现有全部资本,但并不影响公司通过这种方式增资。

第 9 条 应将通过发行新股所筹集的所有资本视为原始资本的一部分,并且在所有方面与原始资本遵守相同的规定,本章程或授权增资的决议

---

① 10 Hare, 493, 522.
② 15 W. R. 739.
③ 4 Ch. D. 827.

另有规定的除外。

第 10 条 公司有权随时通过特别决议减资,并改变其股份的数量与面额。

上诉方并不否认,如果公司与优先股股东达成了排除公司提出(批准减资决议)申请的决议,那么禁令将成立;但上诉方认为公司与优先股股东达成的交易并非如此。根据公司章程第 7 条,公司可以通过特别决议创设优先股,并且这些优先股优先于现存优先股。本案不存在以下协议——在任何时候、任何情况下,优先股股东每年都可以获得 6000 英镑的收益,即只要公司资本保持不变,他们就有权根据自己的股份获得每股 10 英镑的固定优先股息。公司章程第 9 条规定,应视设立新股所筹集资金为原始资本的一部分,并在各方面与原始资本遵守同样的规定。创设优先股的特别决议在股息分配上赋予优先股股东优先权,但在其他方面优先股构成原始资本的一部分,需承受公司可能发生的任何风险,其中之一便是公司减资。公司章程第 10 条规定,公司有权随时通过特别决议减资,并改变其股份的数量与面额。结合上述规定:该公司可以减少包括以优先股股息所创造的任何资本在内的资本,并改变其股份的数量与面额。当然,这必须按照法案规定进行,在本案中发生了可依法案授权减资的事件,即公司损失了大部分资产。原告试图在公司与优先股股东所达成的合同中引入一个并不存在的条款,事实上,该条款已被章程条款排除在外。该合同是优先股股东有权依出资获得 10%的固定股息,而在其他方面则与其他股东地位相同。优先股股东根据公司章程规定获得股份,公司章程规定公司有权减资。第 10 条适用于公司所有资本,非仅适用于原始资本,而仅减少一部分股本(不包括优先股)的决议是越权的。原告辩称这是一个从优先股股东手中取钱给普通股股东的计划,但事实并非如此;这是一个真正诚实的提案,获得了几乎所有优先股股东的支持,因为实施该计划被认为对所有股东最有利。如果不减资,那公司的利润将被扣押多年,以此来弥补损失的资本。法官拥有宽泛的自由裁量权,可在批准减资时施加条件,从而防止出现任何不公正的情况;除非法院发现存在明确的协议,规定行使减资权不得违背任何优先股股东的意愿,否则无权禁止批准减资的申请。

由 Q. C. Marten 和 H. B. Howard 代表原告认为:"这是普通股股东企图剥夺优先股股东在入股时与他们所达成的协议的利益。根据他们的协议,当资产被置换后,优先股股东将重新开始获取每股 1 英镑的股息,被拖欠的股息也将从公司以后的年度利润中补足。"

Cotton 法官提出他倾向于认为原告可能有一份合同,使法院能够通过禁令进行干预并询问原告是否存在这样的合同。

原告认为,1874 年的第三项决议①和股权证书②相当于一项。按照被告的解释,优先股股东将任由普通股股东摆布。公司章程第 10 条被主张超越一切,但该条款的存在并不表示该公司可以违反其已达成的任何协议而根据该规定行事。当时的协议是就支付的每股 10 英镑得到 1 英镑的股息。在解释交易条件时必须要考虑到,在 1874 年发行这些股份时,公司不能减少实缴资本。

Fry 法官认为:在 1871 年的 Crédit Foncier of England 案③中,法院批准了一个减少实缴资本的计划。Ebbw Vale 案于 1877 年作出判决,随后 Kirkstall Brewery Company 案作出判决。在 1874 年,人们普遍认为可以减少实缴资本。

Cotton 法官向原告提问,确认其是否认为存在优先股股息会阻止资本的减少问题。

原告方的回答是否定的。原告并不反对减少资本,并认为只要在公司继续经营的情况下,其就能够获得所约定的股息。原告并不主张在公司清算时对资本有任何优先权。关于合伙关系的案例在这一点上没有提供太多指导,但 Blisset v. Daniel 案和 Allhusen v. Borries 案提供了一些类比。至于有人提出的观点,即这不是一个可以颁发禁令的案件,而是一个可以在向法院申请批准减资时处理的案件,1867 年的法案没有关于股东出庭的规定,1877 年的法案也没有相关规定。因此,如果出庭可能会被告知没有诉讼资格,但实际上不会得到通知,该申请将作为无异议的请愿书进行审理。

Q. C. Rigby 法官主张:1877 年法案并未确认 Ebbw Vale 案,该法案只是指出了疑点。因此,在发行这些优先股时,实收资本不得减少,这一点不能被视为法律,正如 Fry 法官所指出的,当时的理解是相反的。如果优先股股东的存在是为了防止公司减资,那么当公司发现其(名义)资本超过实际能动用的资本时,便不会向普通股股东返还任何资本。如果与优先股股东所达成的协议是继续给予其一定数量的股息,那么减资就不会损害他们的利益。

---

① 该等新股有权获得每年 10% 的固定优先股股息,如果公司任何一年的净利润不足以支付该年的全部优先股股息,则余额应从下一年的利润中支付(但不计利息),必要时还应从以后年份的利润中支付。

② "股份将有权获得每年 10% 的固定股息,如果在任何一年,公司的净利润不足以支付当年的全部优先股股息,余额将从下一年的利润中支付(但不计利息),如果需要,还将从以后年份的利润中支付。"

③ Law Rep. 11 Eq. 356.

【判决理由】

1886 年 11 月 23 日，Cotton 法官认为：这个上诉涉及了一个非常重要的问题。

被告公司成立于 1872 年，初始资本为 130000 英镑，有权通过发行新股份增加资本，并有权对可能创建的任何股份给予优先权。1874 年，公司通过决议，增资 6000 股新股，每股 10 英镑，这些股票在股息方面有优先权，但在资本方面没有优先权。公司失去了一条电缆，从而损失了相当一部分资本。公司通过决议，决定通过减少包括普通股和优先股在内的股份票面金额的一半以减少资本。Bacon 法官面对一位同时持有普通股股份的优先股股东的起诉，颁发了一项禁令，禁止公司及其董事执行这些决议，并阻止其向法院申请批准减资。这是公司对该禁令的上诉。公司章程中最重要的条款是第 7 条、第 9 条和第 10 条。

英国《1867 年公司法》当时正在实施，公司章程第 10 条规定公司减少资本时应参考该法案加以考虑。当然，如果没有该法案，就不可能有效地减少资本，但公司章程中已经有可以减少资本的规定，并且根据该法案的规定，公司章程的这一规定可以产生效力。在 Cotton 法官看来，在处理"优先股股东获得股份的交易条件是什么"这一问题时，必须考虑这一点。他认为他无须阅读 1886 年 9 月 30 日通过的减资决议。《1877 年公司法》正式生效后，毫无疑问，实收资本的减少得到了议会的批准，但当然，不能仅凭《1877 年公司法》来考虑优先股股东是根据什么协议加入的。

《1867 年公司法》笼统地赋予了（公司）减少资本的权利。在依《1862 年公司法》及依公司条款法案所成立的公司中，存在优先资本是众所周知且十分普遍的事情。认为公司董事和公司根据该法案以及现在根据《1877 年公司法》所采取的行动是越权的或应受制约的观点，其依据何在？关于减资是否越权，Cotton 法官并不怀疑其合法性，根据这些法案，他们有权这样做；但问题仍然在于，减资行为是否违反了董事和公司与优先股股东之间所达成的协议，我们必须考虑这一问题。

最初有人争辩说，存在优先股股份就表明存在不应减资的协议。一定程度上该观点已被摒弃，但还是要处理此问题。Cotton 法官认为该观点不具有说服力。《1867 年公司法》笼统地赋予（公司）减资的权利，并且本案中的公司章程规定，优先股在形成时应为资本的一部分。如果清盘，资本部分流失，优先股股东和普通股股东必须按比例承担亏损，因为这些股份虽然在股息分配上有优先权，但在资本方面没有任何优先权。如果是这样，当因资本流失导致公司减少股份面值,从而减少了公司的资本时,不能仅由普通股股东承担损失,优先股股东也应承担,而最终没有人争辩说不能减少资本,优先股股东仅在股息分配上有优先权,在资本方面不享有优先权。

但有人认为,除非优先股股东仍然拥有与现在相同数额的股息,否则本案中的合同将被打破。该观点认为:合同主要内容是"这6000股股份已全部发行,全部缴清,并享有10%的优先股息。这便相当于每股1英镑,必须把这件事看作签订了一份合同,即只要公司有利润可支付,永久给予优先股持有人每年6000英镑的收益,虽然公司可能会减资,但不能减少收益的任何一部分。如果公司在其减资决议中规定尽管优先股股东的股份从每股10英镑减少至每股5英镑,但每年仍应支付优先股股东6000英镑的收益,那公司此时是可以减资的"。重新审视交易条件后,Cotton法官认为,如果有交易条件因减资而被破坏,那么原告和其他优先股股东就有理由,不是去破坏议会法案的权力,而是阻止那些与他们签约的人以不符合协议的方式运用该法案所赋予的权利……这些权利是赋予公司或其董事的权利,而非强加的职责。

现在的问题是,合同的内容是什么以及提议采取的行动会如何破坏合同。董事们有权为公司购买一条新的海底电缆,并决议:……(2)为实现该目的及公司其他目的,授权董事们通过发行6000股每股面值10英镑的新股增加公司资本,且这些新股需在配股时全额支付;(3)这些新股有权获得每年10%的优先固定股息,如果公司任何一年的利润不足以支付,则优先股股东有权无限期地追索后续年度的利润。实际上并未提出异议的是,在Cotton法官看来这种异议也不可能成立,即规定发行每股面值10英镑新股的第二项决议不包含任何会因根据法案将普通股和优先股从每股10英镑减至5英镑而被违反的合同。在关于股息的第三项决议中是否有任何合同来阻止将10英镑的股份减少为5英镑的股份,从而将支付给优先股股东的股息减少至减资后其股份数额的10%?诚然,实际支付的股份的10%是每股1英镑,但在Cotton法官看来,该交易内容并不是每股1英镑,从而使每年优先股的收益为6000英镑,而是股票金额10%的股息,并且如果按照减资决议生效的后果,以任何方式将股票从每股10英镑降至每股5英镑,则该交易将通过给予优先股持有人10%其所持有的公司资本来履行。在进行该交易时必须考虑到一点,公司章程中有一条特殊条款,即公司可随时减资,并且改变其股份的数量和面值。毫无疑问,当时并没有考虑到会发生这样的情况,但那些在章程条款中有该规定的情况下进行交易的人应该知道并考虑到,尽管他们购买了(面值)10英镑的股份,并签订了10%股息的合同,即只要股价为10英镑,他们每股就应获1英镑的股息,但根据公司章程规定减资可能是必要的。Cotton 法官认为,他们也应被视为了解并考虑到《1867 年公司法》的规定,该法案规定如果最初制定的章程或通过特别决议修改的章程授权,股份有限公司可通过特别决议修改其公司章程大纲中的条件以减少资本。这只是一般性的规定,不仅适用于原有的非优先资本,也适用于任何优先资本;但关于该交易,公司章程第 10 条明确指出章程旨在将减资权适用于任何可能设立的优先股,尤其是考虑到前一条款,即这些优先股是原始资本的一部分。

据称,虽然依据当前生效的《1877 年公司法》可有效执行决议所提出的做法,但在进行该交易时有效的法案即《1867 年公司法》,已经决定无法实现这一做法,也正因此,不予考虑《1877 年公司法》。但 Cotton 法官认为,在通过发行新股进行交易时,根据《1867 年公司法》的规定,可以减少实收资本,尽管在 1877 年 1 月的 Ebbw Vale 案中,已故主事官认为不能这样做,但《1877 年公司法》并未将其视为法律,而只是为了消除疑惑与困难,规定《1867 年公司法》中的"资本"应包括实收资本。本案法官认为已故主事官在 1877 年案例中阐述的观点不正确。在他看来《1867 年公司法》本身就足够宽泛,足以使现在所做的事情成为可能;但无论如何,我们必须假定,就双方当事人的理解而言,他们参照了 Crédit Foncier of England 案;并且 1877 年 Ebbw Vale 案的裁决所引起的疑问不得影响对 1874 年达成合同的解释。因此本案法官认为,董事们所提出的提案,即减少资本并允许股息维持在减资后股份(面值)的 10% 并不违反任何公司与优先股股东之间的合同。

在 Cotton 法官看来,原告败诉,禁令应该予以撤销。由于各方已经同意将其视为审判,所以此诉讼将被驳回,并由原告承担费用。

Fry 法官认为,1867 年通过的一项法案规定,"任何股份有限公司"均可通过特别决议修改其公司章程的条件以减少其资本。该条的措辞很笼统,并且指向任何股份有限公司。在 Fry 法官看来,考虑到在该法案通过时,优先资本的存在已是司空见惯、众所周知的事,而且必须认为立法机构已充分了解这一事实,因此不可能争辩说该"股份有限公司"不包括部分资本为优先资本的股份有限公司。由于该法案是 1867 年颁布的,根据该法案的实践惯例,公司可以减少包括实缴资本在内的资本。1870 年 7 月,Malins 法官在 Muntz Metal Company 案中下达了这样的命令;1871 年 1 月,Bacon 法官在 Crédit Foncier of England 案中也下达了类似的命令。Fry 法官指出,根据能够注意到的资料,直到 1877 年 1 月,没有产生过对于法院批准减少包括实缴资本在内的减资计划权利的怀疑。

根据议会法案和权威当局宣布的法律状态,本案公司于 1872 年注册,公司章程授权公司通过发行新股增加资本,并在其认为合适的情况下给予这些股份优先权。公司章程规定以此种方式筹集的新资本应被视为原始资本的一部分，并进一步明确赋予了公司减少资本的权利。在 Fry 法官看来，这些公司章程条款明确的意图是授权设立和减少优先资本。根据《1867 年公司法》所作的规定以及实践情况来考虑，根据当时通过的决议，公司设立了优先资本；每股 10 英镑的股份将在配股时缴足，第三项决议规定，新股有权获得每年 10% 的固定优先股股息。目前的问题是，根据特别决议是否产生了一项合意，排除了该公司减少其优先股实缴资本的权利。考虑到现行法律，特别是考虑到必须与这些特别决议一起阅读的公司章程，Fry 法官认为合理明确的是，双方的意图是所创建的优先资本将受到公司章程第 10 条的约束，由此可以减少。如果合同双方有意排除这一点，那么特别决议的措辞将与现在的大有不同，它们将以明确的措辞来排除减资的权利，从而与被告方向法官所提出的观点存在明显的不同。

根据 Fry 法官的观点，优先权是一项依据股份数额每年获得 10% 固定优先股股息的权利。根据对一系列文书条款的解释，这些优先资本受到减资权的限制。Marten 先生的观点是特别的论点，他并没有否认公司有权减少优先资本，但他坚持认为如果有限资本被减少，优先股股息率必须按照比例增加，以使股息数额保持不变。这将违反特别决议的规定，决议规定的优先股股息并不是一个给定的数额，而是特定的比例，该比例是基于决议中未明确表述的其他金额来计算的。Fry 法官认为这是一个完全站不住脚的观点，双方之间的真实协议是，被创立的优先资本受到明确规定于公司章程中的减资权的限制。在这些特别决议中，没有任何措辞或迹象表明排除了明确赋予公司的减资权。这个事实对于原告来说是不利的，其需要证明的命题之一就此被否定了。Fry 法官同意驳回这项诉讼并由原告支付诉讼费的结论。

【案例评述】

本案是关于公司减资中优先股股东权益的案件。原告是一名优先股股东，代表自己和全部优先股股东（被告董事除外）对一家海底电报公司及公司董事起诉，要求禁止公司执行减资决议，主张减资决议的内容违反了公司与优先股股东达成的合同。Bacon 法官认可了原告的观点并向被告颁发了禁令，公司提出上诉。在上诉中，Cotton 法官从现行法案是否授权减资、存在优先股股份能否减资以及公司减资决议是否违反优先股股东与公司之间达成的合同三个方面进行讨论。他认为根据现行法案公司有权减资并且减资决议不违反优先股股东与公司之间的合同，最终得出了原告败诉、撤销禁令的结论。Fry 法官认为，根据当时的法案，公司能够减少实缴资本是确定的，结合法案、决议以及公司章程能够得出公司优先资本能够减少的结论。此外,他认为决议确定的优先股股息是特定的比例而不是给定的数额,并最终认可了 Cotton 法官在驳回诉讼方面的结论。

本案值得关注的争议焦点有三点:其一是公司是否具有如其决议所述的减少实缴资本的权利,其二是公司的资本损失是否应由普通股股东与优先股股东共同承担,其三是公司与优先股股东达成的协议中所约定的优先权是针对股息还是股息率。本案法官最终根据公司章程与减资决议作出裁判,体现了创设优先股行为之结果是约定的产物,应当首先尊重公司与优先股股东就此的意思自治。

一、公司减少实缴资本的权利

本案涉及的第一个问题是公司的实缴资本能否依法减少。本案中与这个问题相关的法律依据包括《1867 年公司法》(30 & 31 Vict. c. 131)、《1877 年公司法》(40 & 41 Vict. c. 26)以及法官在 Ebbw Vale 案中所创设的先例。其中《1877 年公司法》明确授予了公司减少资本的权利,能够使案涉公司实现其特别决议所提议的做法。而能否根据《1867 年公司法》减少公司实缴资本存有争议。对此,本案的两位法官均认为《1867 年公司法》所规定的可以减少的"资本"包括实缴资本,并选择不参照 Ebbw Vale 案中法官的观点,从而认可了公司在本案中减少实缴资本的权利。

由于已发行股本的减少会对资本维持产生影响,关系到公司经营与股东、债权人的实际利益,因此资本维持的原则之一是除非经法院确认,否则资本不能返还给股东。根据 2006 年之前的法律框架,如果要减少已发行股本,必须要满足以下三个条件:(1) 法院确认;(2) 章程授权;(3) 特别决议通过。[①] 但是,《2006 年公司法》对此进行了改革,法院确认并非在任何情况下都是必要的。公众公司的资本减少决议,必须经过法院确认。对于私人公司,法院确认是代替签发偿债能力声明的可选择替代方法。[②]

在公司减资的情况下,类别股东通常所关心的是,资本减少是否公平,是否触及他们的利益。如果资本减少的计划被视为对优先股股东构成不公平,那么法院可能会不予减少。法院必须要考虑,在不同类别的股东之间,或者在同一类别的不同股东之间资本减少的计划是否公平、公正。资本减少如果造成了某

[①] Companies Act 1985, s 135(1).
[②] 葛伟军:《英国公司法要义》,法律出版社 2014 年版,第 137—139 页。

个类别股份的权利发生了变动,而且该类别股东对该资本减少并没有一致同意,那么法院会不予确认资本减少。① 英国制定法要求公司通过的任何缩减资本的决议都应当提交法院,由法院按照标准对其公正性进行审查:其一,审查股东是否受到了公正对待;其二,审查缩减的原因是否已经恰当地通知了股东,即股东是否在了解的情况下作出了选择。法院在审理减资是否公平对待各类股东时,通常根据类别权区别对待股东(shareholder should be treated in accordance with their class right),即在优先股与普通股共存的情况下,如果优先股的优先权适用于股利分配,而不涉及剩余财产分配,那么公司缩减资本,不论是优先股还是普通股,均应依照股份的价值按比例承担;反之,如果优先股的权利适用于剩余财产分配,那么普通股股东应首先承担损失。

二、优先股股东承担资本损失

本案中原告优先股股东最主要的主张是公司减资的特别决议剥夺了优先股股东的利益,使普通股股东获利。按照原告的主张,公司决议的最后结果是优先股股东首先承担公司损失。按照优先股的一般原理,普通股股东应当优先承担公司资本损失,但这一点最终要依据公司自治内容确定,只有在约定优先股股东在资本方面没有优先权的情况下,优先股股东才会与普通股股东不分先后地共同承担资本损失,这也与前文提到的"权利一致原则"相吻合。

根据本案中设立优先股的特别决议及股权证书的内容,本案涉及的优先股是可累积的盈余分配优先股。同时根据公司章程所述,优先资本在其他方面构成原始资本的一部分,并不拥有其他方面的优先权,优先股和原始资本一样受到公司章程限制,能够以特别决议的方式被减少。由此可以得出,本案优先股只在利润分配方面具有优先性,在资本方面则与普通股处于一样的地位,不具有优先性。根据这些约定,本案法官在判决理由中阐述:由于本案中的公司章程规定优先股在形成时应为资本的一部分,在资本流失时,优先股股东和普通股股东必须按比例承担亏损。因为这些股份仅在股息分配上有优先权,在资本方面没有任何优先权。由此得出结论,当因资本流失导致公司减少股份面值,从而减少了公司的资本,这不能仅由普通股股东承担,优先股股东也应承担。

确定了优先股股东与普通股股东共同承担资本损失后,优先股股东的优先权是在于股息还是股息率这一问题就迎刃而解了。只有在将特别决议与股权证

---

① 葛伟军:《英国公司法要义》,法律出版社2014年版,第137—139页。

书的约定认为是优先股股东按照股票票面金额一定比例获得利润分配时,优先股股东才能够在公司减资时与普通股股东共同承担资本损失。

　　本案在优先股股东是否与普通股股东共同承担资本损失这个问题上,反映了公司与优先股股东之间的协议和公司章程相关规定的效力次序。在讨论到这一点时,本案法官提到这是存在法官自由裁量权的问题,而不是授予禁令的理由。法律在当时并未作出明确的规定,公司与股东间的意思自治成为裁判依据,体现了优先股制度本身具有的公司法中的契约性特点。优先股制度的创立需要有明确的法律规定,但优先股制度设定的结果是约定的产物。

英国优先股判例译评之五[①]

——类别权变更

【裁判要旨】

在公司有多种股份类型的情况下,公司减资时应当考虑是否存在优先权的情形。根据备忘录和公司章程,本案中优先股股东既不享有资本上的优先权,也不享有投票权,而仅享有固定的累积优先股股息,该累积股息的数额是根据股东实缴或记为实缴的股份进行计算的。此外,公司有权对所有类型的股份,包括普通股和优先股进行有比例的减资,虽然这样会减少优先股股东的实际股息数额,但这并不会改变优先股股东的权利,因此公司按比例减少股份的行为只需要按照一般修改公司章程条款的程序进行表决即可,不需要经过优先股股东的同意。除非公司章程中有特别规定,一般情况下无表决权的优先股股东无权被召集出席股东大会。

【案件事实】

Mackenzie公司成立于1900年10月2日,从事葡萄酒和烈酒销售。公司资产是20万英镑,被划分为10000股,每股20英镑,其中6000股是固定股息率为4%的固定累积优先股,其余的4000股是普通股。已发股本包括全部付讫的5300股优先股和1578股普通股,剩下的700股优先股和2422股普通股尚未发行。

公司备忘录的相关条款如下:

第5条 公司总资产是20万英镑,共划分为10000份股票,每股20英镑,其中6000股为固定股息率为4%的固定累积优先股,其余4000股是普

[①] Mackenzie & Co., [1916] 2 Ch. 450(1916).

通股,其各自的权利和特权在本章程中予以规定。

第6条 除本章程对类别股份的创设有相反规定外,附着于任何类别股份的权利、特权和优势,经持有该类别三分之二以上已发行股份的股东书面批准(但不得未经此类批准),均可以任何方式进行变更、修改、处置或影响。

公司章程的相关条款如下:

第59条 公司可以通过特别决议修改公司章程中的规定,使得其可以去做以下这些事或其中任意一项:

(c)以法律授权的任何形式减少其资本……

第62条 公司原始资本中的第1股到第6000股都是享有固定股息率为4%的固定累积优先股。其持有人有权优先从公司可分配利润中获取股息,股息按每年已付清或记为已付清优先股授权资本额4%的比例计算;该股息应是累积的,并于每年的1月1日和7月1日每半年支付一次,且在公司终止时,优先股股东对这部分可分配利润享有优先主张权。

第64条 附着于任何类别股份的权利、特权和优势,经持有该类别三分之二以上已发行股份的股东书面批准(但不得未经此类批准),均可以任何方式进行变更、修改、处置或影响。

第68条 至少提前21天发出通知(不包括通知送达或被视为送达的日期,但包括通知发出的日期),说明会议地点、日期和时间,如果是特殊业务,则应说明该业务的一般性质,以下文所述的方式向根据下文所载规定有权收到公司通知的成员发出通知。如果任何成员因意外疏忽或未收到该通知,也不会使该会议通过的任何决议或进行的任何程序无效。

第79条 每位成员亲自出席会议举手表决,每一位普通股股东都享有每股一票投票权。每一位缺席的普通股股东的代理人或律师都有权代该股东投票,同时要向大会主席证明其享有代理权限。在投票时,持普通股股份的股东所持的每一股普通股拥有一票投票权。优先股的股东在通常情况下不享有投票权,除非公司连续六个月不按照4%的股息给优先股股东分配固定累积股息。如果优先股股东在股东大会上享有投票权,则每持有五股优先股就享有一票投票权。

第129条 召开会议的通知可以由公司或者董事会发至每一位公司股东,可以亲自当面通知,也可以通过邮件的方式发送至每一位股东在参加公司登记大会时登记的地址。

第131条 所有的股东都要在登记表上填写接受邮递的地址,以便通知能够有效送达股东处。股东所填写的地址必须在英国,如若地址不在英国,则该股东需要在英国找一名代理人,并填写这位代理人的地址,以便通知可以顺利送达。除了上述人员外,其他人无权收到本公司的任何通知。

根据1908年7月28日和8月26日的特别决议,该公司被宣布为私人公司,成员人数应限制在50人以内,不允许进行任何公众认购的邀请。

该公司的优先股股息是定期支付的,但是自1912年以来,普通股的股息就没有派发过。1915年公司对资产进行了评估,发现公司已经损失了34390英镑,这相当于在所有已发行的股本中,每一股都遭受5英镑的损失。在这笔损失总数中,在葡萄酒销售上的损失为27663英镑,勾销了在德国和奥地利目前无法实现的大约为1400英镑的账面债务,投资贬值了4327英镑,以及用1000英镑用来重建。这些投资都以法定最低价格进行估算,超过实际价值。

因此,一项计划提议:取消未发行的股份,同时每股减资5英镑;鉴于公司葡萄酒销售的低迷状态,20634英镑的资产会超过公司的需求,因此这项计划也提议每股返还给股东3英镑以进一步减资。

1915年9月15日,上述计划的副本及一份来自董事会的通知函送达每一位股东。董事会通知函如下:由于现有资产不能代替现有资本,因此有必要使各种类型股份的每一股份面值减少5英镑,并且提议以每份额3英镑的价格返还给每位股东。另外补充说明,为了能实施该计划,将召开临时股东大会,通过必要的决议以减资并以每股3英镑的价格退还给股东。从附随的通知中可以得出,计划中规定的事项将于1915年10月8日在登记部门正式生效并实行。召开第一次会议的通知中还建议注销尚未发行的股份,该通知函总结道:必须获得法院的批准。根据公司章程,优先股股东在临时股东大会上不享有投票权,但是董事会成员很希望听到优先股股东们同意该方案的消息。对于这份计划,1947股优先股股东表示同意,2210股优先股股东表示反对,1143股优先股持有人持中立意见。

1915年10月8日和11月5日,公司分别召开了两次股东大会。在两次股东大会上,普通股股东一致通过并确认了一项特别决议,主要通过以下几方面实施:(1)取消未发行的700股优先股和2422股普通股;(2)注销已亏损或不能代表现有资产的资本,即5300股优先股和1578股普通股每股面值减少5英镑;(3)分别向5300股优先股股东和1578股普通股股东返还每股3英镑的股本。其结果为,将公司注册资本从20万英镑减至82536英镑,其中5300股为面值12

英镑的 4% 累积优先股,1578 股为面值 12 英镑的普通股。

所有优先股股东均未出席或者派代表出席第一次会议,但在提交决议之前向会议宣读了代表反对者声音的书面信件。反对的原因主要是:优先股的特别权利将因此发生变更,但却没有依据公司章程第 64 条得到持有已发行优先股三分之二的股东的书面批准;德国和奥地利的账面债务的损失和投资的贬值只是暂时的;整个计划极不公平,因为其结果将在很大程度上使普通股股东受益,而牺牲优先股股东的利益,没有给公司带来任何总体利益。第二次股东大会的通知没有送达优先股股东,优先股股东也没有出席或派代表出席第二次股东大会。1916 年 2 月 28 日,公司向法院提出申请,请求法院确认减资方案。在听证会上,1947 股优先股股东同意该份请愿书,1889 股优先股股东持反对意见,该比例已经超过了已发行优先股的三分之一。反对者的主要理由是:

第一,根据备忘录第 6 条和公司章程第 64 条的规定,当我们持有超过三分之一的已发行优先股时,在没有经过书面同意的情况下,我们的权利不能被修改或被改变(见 Welsbach Incandescent Gas Light Co. 案①)。这项减资计划减少了我们的固定股息,现在的问题是不论公司资产是否减少,我们都应该享有固定股息。股票价值初步减少至每股 15 英镑,股息应该增加到每股 5.33%。当然,我们不会在随后每股将要返还的 3 英镑上主张任何股息,但是每股价值 12 英镑的股份应该继续获得每股 5.33% 的股息。

第二,尽管我们在两次会议上都没有投票权,但是有权获得开会的通知并且出席,发表观点。根据公司章程第 68 条和第 131 条,我们的诉求是正确的,有根据的。虽然第一次会议我们收到了非正式的通知,但我们没有收到有关第二次会议的任何通知。

第三,这个计划是不公平的,且仅关注普通股股东的利益。对德国和奥地利的债务以及投资折旧仅仅是临时的,在战争期间,不应该作出减资的决定。

【判决理由】

Hon. Frank Russel 法官和 W. R. Sheldon 法官赞成公司的观点,认为优先股股东在公司资产方面没有特权。

J. Astbury 法官认为,当公司有不止一种股份形式时,请求减少公司资本,

---

① [1904] 1 Ch. 87.

应考虑公司中是否有对资本享有特权的股东,这一点应当在请愿书中阐明。

首先,优先股股东也是公司章程第 59 条规定下有权进行减资的股东。优先股股东仅有的特殊权利规定在备忘录第 5 条以及公司章程第 62 条,即享有 4% 的累积优先股息,公司每年都会根据他们所持有的股份数额从公司总资本中定期给付。这项权利并没有因为公司资本的减少而受到减损,在 Bannatyne v. Direct Spanish Telegraph Co. 案[①]和 Barrow Hematite Steel Co., No. 1 案[②]中,公司资本减少并不是对备忘录第 6 条以及公司章程第 64 条中所记载的特殊权利的改变。当然,如果损失并没有被很好地证明或者减少是不必要的,优先股股东可能会反对,就像 Barrow Hematite Steel Co., No. 2 案[③]一样。但是,本案的情况并不是如此。

其次,优先股股东没有权利参加股东大会,因为在会议上他们并没有投票权。但是,事实上他们被邀请参加第一次会议,也被充分予以通知所有将被提议做的事情。这种非正式性也被公司章程第 68 条所修正了。

最后,这个计划总体来说是公平的,并且得到了 1947 股优先股股东的支持,即使有 1889 股优先股股东反对。公司六分之五的资产损失显然是永久性的。其余六分之一的损失——包括对德国和奥地利的债务以及投资折旧可能是临时的。但是,这些资产价值并不太可能在不久的将来会有所回升。

Astbury 法官认为,公司章程第 64 条所规定的特别权利或特权明显指的是备忘录第 5 条所规定的特别权利或特权,并被章程第 62 条所定义。也就是说,优先股股东的权利是享有 4% 的固定累积股息,这些股息是按照优先股股东已实缴或被记为实缴的名义资本计算的。章程第 59 条规定,公司有权减少公司资本。章程第 79 条规定,普通股股东(没有出现的情况除外)有权单独在公司会议上进行投票,该规定也被记录在公司备忘录和章程中。公司有权通过普通股股东的投票以任何法律允许的方式减资。这些优先股每股面值为 20 英镑,且附着于这些股份上唯一的特殊权利、特权、优势是按照已实缴或记为实缴的名义资本享有 4% 的固定累计股息。

原告首先主张,如果减资包括优先股股份,那么未经持有该类三分之二已发行股份的股东同意,公司无权减少资本。Astbury 法官认为这一主张是不符合公司章程条款架构的。优先股股东的特殊权利、特权和优势仅仅是章程第 62 条

---

① (1886) 34 Ch. D. 287, 300, 301, 305.
② (1888) 39 Ch. D. 582, 596, 601-603.
③ [1900] 2 Ch. 846, 855.

所规定的,仅限于按照优先股股东已实缴或记为实缴的名义资本享有固定优先股股息的权利。这不影响公司根据章程第 59 条享有的在减资获得法院认可的情况下,以任何授权的方式减少公司资本的权利。

当公司存在不同类别股份,减资造成的损失应当归属于清算时应当承担的那些股东,具体可参照 Bannatyne v. Direct Spanish Telegraph Co.[①]案,其中 J. Kay 法官也曾表述过以上观点。[②] 根据其他法官的意见,第一,Astbury 法官认为,当公司中既存在普通股,又存在对股息享有优先权,但对资本不享有优先权的优先股时,资本减少应该平均地落在两类股份上。然而,后面的案件[③]表明,如果是出于正当的原因将损失不按比例分摊到不同类型的股份上,法院也不一定不批准该计划。记载在备忘录中的优先股明确了根据实缴的名义资本享有优先股股息的具体数额,但是其对资产没有优先权,这种情况只能被视为法院拒绝批准涉及优先股减资的理由。尽管如 J. Cozens-Hardy 法官在 Barrow Hematite Steel Co., No. 2 案[④]中所述,如果损失没有得到充分证明且没有合理理由减少优先股股本,优先股股东有权反对该减资,因为这对他们来说并不公平,形成对普通股股东的不当优待。

第二,优先股股东没有收到参加本次通过公司减资决议会议的通知,尽管这些优先股股东承认他们并没有权利在公司会议上进行投票。在 10 月 8 日和 11 月 5 日召开的会议之前,9 月 15 日公司向所有股东都发了通知函,详细地说明所要提议的内容,并提请股东注意:根据公司章程,优先股股东在股东特别大会上没有表决权,但董事会很乐意听取他们是否批准该项计划的意见,并且回复了每一位优先股股东。1947 股优先股股东是同意该计划的,但是 2210 股优先股股东持反对态度,剩余的优先股股东保持中立。然而在本次法庭审理中,1947 股优先股股东支持这项计划,1889 股优先股股东反对。在这种情况下,首先,公司章程中没有规定优先股股东可以参加他们不享有表决权的会议。其次,即使他们有权参加会议,本案中没有向优先股股东发出通知也是无关紧要的,因为每一位优先股股东的手头都有一份关于会议议程的完整通知说明,他们提的建议也得到了回复,并且他们也可以根据自己的意愿来参加会议。

第三,Astbury 法官并不赞同出于以上两个原因就认为公司的计划是不公

---

① 34 Ch. D. 287,300.
② Union Plate Glass Co., [1889]42 Ch. D. 513.
③ British and American Trustee and Finance Corporation v. Couper, [1894] A. C. 399; Credit Assurance and Guarantee Corporation, [1902] 2 Ch. 601.
④ [1900] 2 Ch. 846.

平的。首先,德国和奥地利债务人还欠有一笔很小的金额,董事们认为它们不太可能被收回不是没有理由的。其次,很多股票的价值下跌被认为是永久性的,而这两笔金额共同构成损失的六分之一,并且被认为在减资中应予以考虑;而主要损失来自于资产明显的永久性损失。总体而言,根据面前的证据,加上全部普通股股东以及 1947 股优先股股东同意,1889 股优先股股东反对,Astbury 法官认为并没有足够理由将其认定为一个不公正、不公平的计划;也没有足够的理由认为,对于该项公平合理的减资计划,公司中有权参与投票的人没有达成一致意见。

【案例评述】

本案的原告是享有固定累积股息的优先股股东,被告是一家葡萄酒公司,被告因为经营亏损打算通过一项减资决议,将每股价值 20 英镑的股票减至每股 15 英镑。除此之外,被告仍有资金闲置,打算以每股 3 英镑的价格返还给股东以实现减资。原告认为被告每股减资 5 英镑的行为将会减少原告享有的股息,属于对原告享有的固定累积优先股股息权利的变更,应取得三分之二以上优先股股东的同意才可作出变更。

本案的争议焦点在于:第一,优先股股东的权利内容究竟是固定的股息率还是固定的股息数额。第二,根据公司章程,公司有减资的权利,但减资将间接导致优先股股息减少,这是否属于类别权的变更而应当经过类别股股东的同意。

英国法中关于类别权的变更主要涉及两个方面问题,即类别权变更的程序和类别权变更的范围。

一、类别股股东的权利内容

英国的类别股制度体现在《2006 年公司法》中,其规定公司可以发行不同种类的股票,允许公司自行决定差别种类的股票以获得相应的权利,不同种类的权利规定于公司章程中,一般不得擅自变更,而法律并未明确规定类别股的具体法定类别。[①] 可见,英国公司法对于类别股采用的是公司章程自治的模式,更多地依赖于成熟的投资环境和完善的与之衔接的司法制度。

我国现行公司法中仅规定发行类别股的公司需要在公司章程中规定类别股

---

① 任尔昕:《关于我国设置公司种类股的思考》,载《中国法学》2010 年第 6 期。

的权利和义务,但是并未对类别股的权利内容进行具体规定。① 在《优先股试点管理办法》中亦规定公司须在章程中明确优先股股东的权利,第 16 条对公司章程中规定优先股采用固定股息率和浮动股息率的情况下的股息率进行了规定,该办法第 28 条规定了上市公司向不特定对象发行优先股仅能采取固定股息率的方式约定优先股股东的收益。② 根据该办法的相关规定可以得出,目前我国对于优先股股东的收益约定方式主要为约定股息率。同时在《上市公司章程指引》第 16 条注释部分规定发行优先股的公司应当在章程中明确优先股股息率采用固定股息率或浮动股息率。由此可见,我国当前法律法规中,对于优先股股东的股息支付方式为固定股息率或者浮动股息率,因此,优先股股东的权利内容为固定或浮动的股息率。

二、类别权变更的程序

关于类别权变更的程序,英国《2006 年公司法》提供了全面的规则,区分了有股本的公司和没有股本的公司。对于有股本的公司,依附于公司股份类别的权利只有在以下情况下可以变动:(a) 根据公司章程中变动权利的条款,或者(b) 当公司章程中未包含该类条款时,该类别股份持有人同意可变动。③ 此处的公司股份类别持有人的同意是指(a) 代表该类别股份已发行股份(为库存股而持有股份的除外)至少四分之三名义价值持有人的书面同意,或者(b) 该类别股份持有人认可变动的单独股东大会上通过的特别决议。④ 对于不具有股本的公司⑤也有类似的规定。规定类别权变更程序的目的在于为类别股东提供特别的保护,给他们对于提议变更事项的否决权,即使公司的章程规定他们无权在这些事项上投票。⑥ 法理依据在于"任何人不得为他人约定",即其他股东不是该类别合同的当事人,无权为类别股股东设定义务或变更其类别权。

除此之外,法律还提供了进一步的保护,英国《2006 年公司法》第 633、634 条赋予了少数类别股股东异议权,规定在变更决议作出或通过的 21 日内,代表

---

① 2023 年修订后的《公司法》第 95 条规定:"股份有限公司章程应当载明下列事项:……(五) 发行类别股的,每一类别股的股份数及其权利和义务……"
② 《优先股试点管理办法》第 16 条规定:"公司章程中规定优先股采用固定股息率的,可以在优先股存续期内采取相同的固定股息率,或明确每年的固定股息率,各年度的股息率可以不同;公司章程中规定优先股采用浮动股息率的,应当明确优先股存续期内票面股息率的计算方法。"
③ Companies Act 2006,s 630(2).
④ Companies Act 2006,s 630(4).
⑤ Companies Act 2006,s 631.
⑥ 〔英〕保罗·戴维斯、莎拉·沃辛顿:《现代公司法原理(第九版)》,罗培新等译,法律出版社 2016 年版,第 681 页。

不低于正在被讨论类别的已发行股份总额15%的持有人（不同意或不表决赞成变动异议的人），可以书面向法院提出申请，撤销变动；作为库存股而被公司持有的股本不予考虑。如果提出该申请，除非直到法院确认，否则变动不具有效力。法院收到申请后，如果认为综合考虑所有情形变动将不公平妨碍申请人所代表类别的股东，法院可以拒绝变动。

针对实践发展中出现的种种不公平损害类别股股东的情形，判例法也确认了类别权变更应遵循普通法基本规则，即必须遵循诚信原则并为整个公司的利益考虑。在 British American Nickel Corp. Ltd. v. O'Brien Ltd. 案中，公司发行了一种抵押债券，并以一份信托契约作为担保，同时规定经该债券总额四分之三的债券持有人同意，有权批准对他们权利的任何修改。后公司提出一项重整计划，内容之一是以抵押债券换取收益债券，债券持有人大会通过了这项计划。但大量债券持有人支持该计划是由于被允诺得到大量的普通股，而这样的激励没有向其他的债券持有人开放，亦没有披露的计划。假如没有大量受到激励的债券持有人支持，该计划不可能被通过。因此，法院判决该决议无效，理由是这些债券持有人没有考虑整个类别的债券持有人的整体利益，而仅基于个人利益行使权利。

三、类别权变更的范围

正是因为类别权变更的程序为类别股股东提供了特别的保护，使其不被股东大会的特别决议所左右，才显得界定类别权变更的范围尤其重要。那么，怎样的提案才构成类别权的变更呢？

当提案直接影响到类别权时我们当然容易判断，比如提案直接降低优先股股东的股息比例、减少对优先股股东的投票权、改变优先股股东在破产清算时的顺位。然而，当所提议的变更对类别股股东的权利产生了不利影响，但并没有达到法院认为构成《2006年公司法》或公司章程中所称的变更时，该如何判断？《2006年公司法》并未定义什么是"变更"，只规定了变动权利包括废除权利（章程另有规定除外）[①]，但判例法在不断发展中产生了一系列的规则。

（一）公司减资是否构成类别权变更

一般而言，出于以下几个目的，公司可能会进行减资：第一，公司发现其资产超过公司经营所需，可能会造成大量的资本闲置；第二，公司在持续经营的过程中发生损失，使得公司资产的账面价值不能真实反映公司资产的真实价值，在这

---

① Companies Act 2006, s 630(6).

种情况下,如果公司不进行减资,在弥补亏损之前不能向股东分配利润;第三,由于资金占用成本过高,放弃相对昂贵的融资方式,比如对利率较高的优先股进行减资,采取其他更经济的方式融资。公司可以根据自身的经营状况作出减资决议,这是公司的权利。然而,当公司股份划分为一种以上时,减资可能会影响到类别股股东的权利。

英国《2006年公司法》规定,对于具有股本的公司,除了基于董事的偿债能力声明而减少资本的私人公司外,其他公司的减资必须获得法院的批准,但并没有表明减资程序优先适用第630条规定的类别股保护程序。然而,最近一段时期以来,法律已经把类别股股东的单独同意,描述为涉及类别权变动减资的"前提条件"。因此,如果没有此种类别股股东的同意,法院没有权力确认减资。认为法院无权否决类别权的观点,与《2006年公司法》第641(6)条的规定相符,后者规定公司法定减资程序要遵循公司章程限制或者禁止减资的规定。[①]

本案是判断公司减资是否构成类别权变动的重要判决,所涉及的类别股股东的类别权是根据其实缴或记为实缴的股本享有4%的固定优先股股息。首先,由于其只享有固定优先股股息,在清算时并不享有优先权,因此,当公司清算时,所发生的亏损应当由该类优先股和普通股股东共同承担。换句话说,假如公司进入清算阶段,优先股股东与普通股股东是同一顺位,必然要按比例承担已经发生的亏损。因此,减资并没有影响到优先股股东的优先权。但是,假如优先股股东在清算时享有优先权,那么已发生的亏损应当先由普通股股东承担。其次,由于亏损发生的减资行为减少了股本,优先股股东所能收到的固定优先股股息也减少,这间接影响到固定优先股股息是否属于类别权的变更。法官认为原告享有的优先权并非享有固定的优先股股息,而是根据其实缴或记为实缴的股本享有4%的优先股股息,在这个意义上,原告的优先权并没有被改变,因此驳回了原告的请求。在本案中,法官区分了权利本身的变动和权利的享受被变更,具有重要影响。除了本案外,还有其他一系列的案件对判断类别权的变更具有重要影响。

(二)分拆股份是否构成类别权变更

在 Greenhalgh v. Arderne Cinemas Ltd. 案[②]中,公司发行了面值2先令和面值10先令的普通股,两种面值的普通股享有完全相同的权利,每股享有一个投票权。后公司股东大会通过普通决议将每股面值10先令的股份分拆为5股

---

① 〔英〕艾利斯·费伦:《公司金融法律原理》,罗培新译,北京大学出版社2012年版,第176页。
② Greenhalgh v. Arderne Cinemas Ltd.〔1946〕1 All E. R. 512.

2先令的股份,并与原先的普通股享有相同的权利。原告 Greenhalgh 持有大量被告2先令的普通股,若决议通过,原告本可以享有被告40%的投票权将大大降低,因此向法院起诉,认为该决议使得其依附于2先令股份上的权利被变更。法院判决认为,形式上,每股2先令股份上的权利没有改变,只是由于每股10先令股份的再次分割使得原来只能投1票的股份现在可以投5票了,大大稀释了2先令股份的权利。Lord Greene 法官承认,在这个层面上,原始2先令普通股的权利的确"在商业意义上"受到了"影响"。但是从法律层面考察,作为交易的结果,该类股份的权利并没有被改变,他们仍然是他们自己,就其持有的每一普通股,与其他已发行(包括新发行)的普通股一样,平等地享有一个投票权。[①] 不仅如此,法官还进一步对另一种情况作了解释,他指出,如果该类股份上的投票权被改变了,比如,面值2先令的股份变为每股只有五分之一的投票权,那么此时,该类股东股份上所依附的权利就发生了变更。

(三)发行新股是否构成类别权变更

在 White v. Bristol Aeroplane Co. Ltd. 案[②]中,公司章程规定,"影响、修改、改变、处置或废除附于构成公司资本的类别股份之上的权利或特权,均需获得该类别股份持有人单独召开的股东大会以特别决议批准"。同时规定,"优先股股东的优先权包括:每年优先获取已付清资本额5%的股息,在公司解散时优先获得尚未分配的股息和参与剩余资本分配的权利,以及特定情形下参加股东大会并投票的权利"。后来公司提出一项增资方案,增加66万股面值1英镑的优先股和264万股面值10先令的普通股,新增的优先股、普通股分别与原来的优先股、普通股享有同等权利。新增的优先股和普通股均向现有的普通股股东发行。这项增资议案导致的结果是,普通股股东获得66万股优先股,超过既存的优先股数量的一半,使得原优先股股东的独占地位被打破,沦为少数优先股股东。原告 White 代表优先股股东提起诉讼,认为影响到优先股股东权利应获得类别股股东大会批准。在该案中,公司章程特别约定"影响"类别股份的权利也应召开类别股股东大会。但是 Evershed 法官却指出,尽管"影响"是一个非常宽泛的词,但本案的关键不在于"影响"和"改变"的区别,而在于受到"商业上的影响"还是"法律上的影响"。本案中尽管优先股股东对权利的享有和有效使用受到了影响,但在法律意义上优先股股东并未受到影响。

从上述一系列判例可以看出,法院对于类别权的变更向来采取十分限缩的

---

① 蒋雪雁:《英国类别股份制度研究(下)》,载《金融法苑》2006年第3期。
② White v. Bristol Aeroplane Co. Ltd.,［1953］Ch. 65.

解释，不愿意扩大其适用的范围。对于大家争议的什么是"变更"、什么是"影响"，法官也没有过多解释，因为从"影响"到"变更"本身就是一个程度的问题，很难说一项决议是否变更了类别权，只能说其在多大程度上影响了类别权。但是，假如以类别权受影响的程度来判断权利是否发生了变更，也未免太具有模糊性了。因此，法官们换个角度，解释"被变更的是什么"，而非"变更本身是什么"。[①] 无论公司章程采用的是变更还是影响，被变更的只能是权利本身，而非权利的享受，只能是法律上受到影响，而非商业上受到影响。公司作为一个利益的集合体，无论公司作出怎样的决议，公司的利益相关人或多或少总会受到一定影响，若对类别权的变更作较为宽泛的解释，将扩大类别权保护机制的适用，严重影响到公司行为的自由和商业决策的快速作出。

当然，也有学者提出相反的意见。有学者认为，影响权利的享有也可能会影响到权利本身。因此，判断类别权变更的真正标准应当为是否影响到类别权的章程性地位，假如一项提议涉及类别权的章程性地位的变更，不论其是否影响到权利本身，都应当属于类别权的变更；相反，假如类别权的变更不影响类别权的章程性地位，只涉及该类别权的一般性事项，则不属于类别权变动，不需要类别股股东的单独同意。[②]

从类别权变动范围的角度来看，类别股股东似乎处于十分不利的境地。然而，实践中类别股股东真的会如此受普通股股东的剥削吗？事实上未必。首先，类别股股东未必是小股东；在私募股权投资时，投资者往往具有较强的议价能力，其可以在公司授予类别权时在公司的章程中约定具体的哪些情形会构成类别权的变更，比如约定当公司减资时应当取得类别股股东大会的单独同意。其次，因为在对类别权进行定义时采取的是十分宽泛的解释，若不对类别权的变更采取限制的解释，将会极大影响公司行动的自由。最后，结合整个英国公司法，也为小股东提供了很多渠道的救济手段，比如在类别权变更程序中谈到的少数股东的异议权[③]，通过判例法确立的应当为整个类别股股东利益行事，以及《2006年公司法》第994条规定的对不公平侵害行为的一般救济都为小股东提供了必要的保护。总体来看，对类别权变更的限制性解释是为了与法律的其他制度相协调，更好地实现小股东利益保护和公司行动自由的平衡。

对比我国对类别股股东权利的保护，我国相关法律法规并没有对"损害类

---

① 蒋雪雁：《英国类别股份制度研究（下）》，载《金融法苑》2006年第3期。
② 葛伟军：《英国公司法要义》，法律出版社2014年版，第110页。
③ Companies Act 2006, s 630(5).

别股股东权利"的事项进行进一步的划分,并未明确指明需要进行分类表决、由类别股股东多数表决通过的决议是仅包括直接对类别股股东权利进行变更的事项,还是也包括对公司事项进行整体调整而间接影响类别股股东权利的事项。

在我国 2023 年修订的《公司法》中,第 146 条规定"发行类别股的公司,有本法第一百一十六条第三款规定的事项等可能影响类别股股东权利的,除应当依照第一百一十六条第三款的规定经股东会决议外,还应当经出席类别股股东会议的股东所持表决权的三分之二以上通过",第 116 条第 3 款规定的事项中即包括"股东会作出……减少注册资本的决议"这一情形。同时,《优先股试点管理办法》第 10 条也作出相同规定,对类别股股东的权利进行保护,所列举的需要优先股股东单独表决的事项皆与优先股股东权益直接相关。

纵观英国、美国等国家或地区的立法,尽管对于分类表决事项的规定表现为概括型、列举型和概括加列举型三种模式,但立法的基本思路是一致的,即需要进行分类表决的事项都是与类别股股东的权益有直接利害关系的事项。[①] 因此,只有在直接针对类别股股东权利进行变更的情况下,才需要进行分类表决,由类别股股东对相应事项进行投票表决。

---

① 王建文:《论我国类别股股东分类表决制度的法律适用》,载《当代法学》2020 年第 3 期。

英国优先股判例译评之六①

——类别权的变更与类别表决的适用范围

【裁判要旨】

公司欲通过以下方式减资：注销股息率为5%、面值为1英镑的累积可赎回优先股（1971年7月31日前以票面价值赎回），作为交换，这些股东将获得股息率为6%的等额无抵押贷款股票（unsecured loan stock）②。在该公司诉请法院确认减资效力时，遭到少数优先股股东反对。另外，支持公司减持的多数优先股股东同时也持有公司约52%的普通股和无表决权股份。争议焦点：（1）多数优先股股东在投票赞成减资时是否以全体优先股股东的利益为出发点，亦即对整体利益的变更是否得到有效批准；（2）公司的减资决议是否公平。

有证据证明，基于多数优先股股东持有大量普通股，故其投票时只考虑了如何对自身利益最大化，而未站在优先股股东整体利益最大化的角度。因此，本案中对优先股股东整体利益变更的决议并未得到有效的批准。公司应承担证明减资决议公平的责任，但由于转换为无抵押贷款股票的利益不足以弥补损失，因此公司的证明责任并未被免除。少数优先股股东应承担证明减资决议不公平的责任，他们的证据表明，转换所带来的利益不足以弥补造成的损失，交易将是不公平的。因此，法院对公司减资决议的效力不予确认，并驳回申请。

【案件事实】

持有人投资信托有限公司成立于1933年，注册资本为2275000英镑。1970

---

① Holders Investment Trust Ltd., [1971] 1 W.L.R. 583 (1970).
② 判决中原文为"unsecured loan stock"，此处将其译作"无抵押贷款股票"。无抵押贷款股票是指向公司提供的无抵押贷款。尽管名称中包含"股票"一词，但它与股票的性质有所不同。在许多方面，无抵押贷款股票的特征与债券类似（两者都提供固定回报、有到期日等）。但是，与债券不同的是，如果发生违约或清算，无抵押贷款股票的持有人对公司资产没有求偿权。因此，无抵押贷款股票的风险高于债券。

年10月5日,公司向法院递交了一份申请书,申请法院确认其减资决议有效,该决议欲将公司股本从2275000英镑减少到1025000英镑,方式为注销股息率5%、面值为1英镑、总值为1250000英镑的累积可赎回优先股(1971年7月31日前以票面价值赎回)。作为交换,这些股东将获得股息率6%、总值1125000英镑的无抵押贷款股票。所有的优先股全部发行并全额缴清,同时这些优先股享有在公司清算时优先偿还资本以及拖欠股息的权利,且优先于其他任何类别股,但不享有进一步参与利润或资产分配的权利。

公司剩余股本包括834600英镑的股票和1800000股无投票权"A"股普通股,每股2先令,这些股票均已发行并全额缴清。另外,还有每股2先令的104000股的普通股尚未发行。减资决议已获公司特别决议正式批准,并且也获得优先股股东类别会议的批准。然而,在类别会议上,持有95000优先股的Lionel Barber自愿和解协议的受托人投票反对该决议,在此将他称为"反对的受托人"。另一和解协议的受托人持有30000股优先股,但是由于他们未就应如何投票达成一致,因此没有投票。该决议以必要多数获得通过,因为近90%的优先股归William Hill先生设立的三个信托的受托人所有,他们投票赞成该决议。这些受托人(可称他们为"赞成的受托人")同时持有约52%的普通股。在请愿听证会上,Instone先生代表公司出席,Drake先生则代表"反对的受托人"一方出席。

Drake先生反对减资决议有两点理由:(1)他认为优先股股东作出的特别决议无效,不发生法律效力,因为支持的受托人未以优先股股东整体利益最大化为出发点进行投票。相反,由于拥有大量普通股,他们以有利于自己拥有的全体股票和股份的方式进行投票。(2)Drake先生认为即使该特别决议有效,执行此减资条款也不公平,因为该条款将使优先股股东行使偿还或赎回优先股权利的最早期限从1971年7月31日延长至1985年10月31日或最晚至1990年的某个不确定日期,且虽将股息率从5%提高到6%,但这仍不足以补偿优先股股东的损失。自一开始,他就认为减资提案不符合优先股股东的整体利益。

Instone先生据此提出如下主张:第一,若一项减资决议按照公司的规定得到了有效批准,那么即便该决议不符合整体利益也是正常的。第二,若多数优先股股东投票赞成减资是诚心实意地基于优先股股东整体利益最大化,那么该减资决议的批准即为有效。第三,证明责任取决于是否存在此批准。若存在,那么法院将对该减资决议予以确认,除非有反对意见证明其是不公平的;但若不存在,只有证明该决议是公正的,法院才会确认减资决议。

【判决理由】

法官认为,必须考虑多数类别股股东在作决定和行动时是基于类别股股东的整体利益,还是为特定类别股股东的利益从而侵害了其他类别股股东的权益。

(1)现在我要指出一些明显的问题。在这些问题上,如果没有经验丰富的人指导,某一类别股的许多股东可能都未曾意识到他们在类别会议上投票时应牢记什么。股份受益人可能仅关注其个人利益,即便他认为该提案应被拒绝,但影响其利益的附带事宜也可能导致他投赞成票。负有信义义务的受托人也要尽全力为受益人谋利。独立来看不利于股份持有人利益的提案对受益人来说其前景仍然可能是有益的,因为提案会授予受托人在同一信托中持有的该公司的其他股份。本质上,这就是此处所争论的问题。正如我所提到的,在1250000英镑的优先股中,有近90%归属于支持的受托人,并且他们同时也拥有约52%普通股。

(2)在此情况下,有必要分析支持的受托人征求和得到的建议,以及受托人接受这一建议的程度。首位支持的受托人是某一律所的合伙人,他代表受托人给予信托有关的股票经纪人写了一封日期为"1970年9月1日"的长信。该受托人在信中提出意见:"作为受托人,我们应谨慎地采纳。"这封信简要列出了股权以及减资提案,还提到公司的主张,即公司并没有利润去赎回优先股,而且在可预见的将来能否获得这些利润也是可疑的。除此之外,该信也讨论并质疑了公司的主张——未能赎回股份并不意味着该公司违约。

a)我认为此主张的依据似乎是《1948年公司法》第58条第1款,因为该条款授权公司发行可赎回优先股。其被规定在(a)项下:"公司不得赎回任何此类股份,除非公司有利润,但公司的利润一般通用于分红,或为赎回而发行新股。"创设优先股的决议应依《1948年公司法》的相关条款发行优先股,并按1971年7月31日的票面价格赎回。因此,这似乎是在说如果无利润就无须赎回,也就不存在违约。但这不由法院决定,回头我将讨论这个问题。目前而言我只需要说明,我对公司的主张表示怀疑。受托人的信接着提出质疑,即如果股票在7月31日未被赎回,那么股东是否会得到任何救济,除非有可能申请强制清算。

b)目前为止,这封信未涉及受托人对公司股权的利益,但信的最后两段反复提到这一点,信的第五段写道:"无论如何,受托人在公司股本中拥有大量股份(从记录中可知,现已扩展到整个普通股的约52%),使得受托人考虑任何可能导致其有义务寻求公司清算的程序都不切实际;这就不难得出以下结论,即对于三家信托而言,如果优先股尚未转换,且公司在到期日拖欠还款,那么受托人将没有任何的救济途径。"随后,这封信提出了与"不令人满意的现状"相比,减资提案所拥有的一些优势,包括利率上升20%,利息为法律上可追回债务,以及资本权利属于公司20年内(或提前清算)合法追回的债务,因此优先考虑所有股东的请求权。该信转而谈论节省公司税的问题,即减资将会使公司的年利润每年增加20000英镑,从而提高受托人所拥有股权资本的价值。该信继续写道:"由于公司股权中有大量的信托股份以及优先股,因此,受托人政策会不可避免地在需求出现时为公司提供财务支持,另外,根据1965年Hill House的指控,两家信托公司提供了约120万英镑的贷款(现已偿还)。"1970年4月5日前一年,该公司信托股权的市场价值开始上涨,从约1100000英镑增加到约1800000英镑。这封信随后说道:"尽管三家信托都对持有人投资信托有限公司有不成比例的巨大投资——事实上,很大程度上也是由于此——受托人认为他们的政策是应继续与公司合作,并接受现有转换建议,要告知他们这样做是谨慎的。"这封信总结道:关于公司诉请法院确认通过将发行的优先股转为无抵押贷款股票的方式进行减资,现在受托人被要求陈述其是否能够告知法院他们同意该计划,与现存优先股相比,受托人希望获得对新无抵押贷款股价值的看法,以及就该问题如何达成决定的指导意见。

c) 我认为,毫无疑问,如果不涉及公司法原则,那么那封信实际上提出了正确的问题,即信托整体的最大利益是什么,但从公司法角度来看,这封信并未提出正确的问题。没有迹象表明,受托人希望被告知什么才是优先股股东整体的最佳利益。因此毫不惊讶,经纪人9月4日的答复是在征求意见的基础上提供建议。在一定程度上,答复重申了受托人信中的一些要点,但其中一段却提出了另一新观点:"如您所提,我们以前曾对持有人投资信托5%可赎回优先权估值,我们认为,尽管有赎回日期,但在转换提案之前,优先股的价值在名义上将是约9%,因为有预料,公司将无法在到期日赎回股份。我们预估,提案中贷款股票价值的名义基准将为50—55,如此一来,接受转换的要约将增加15%的持股资本价值。"

d) 除此之外,还有另外三段。经纪人说道:"仔细考虑了你说的所有话之后,我们认为,受托人除了接受转换要约之外别无选择,特别是鉴于在三家信托中持有该公司52%的普通资本,这使得对受托人而言请求法院对公司进行清算变得不切实际——如果有可能的话——而且因为如果优先股未被转换,受托人将无法获得任何救济,而从公司的财务状况来看拖欠还款是不可避免的。"他们继续说道:"进一步看,贷款股票利息允许的税收减免将导致21250英镑的净收益,从而带来普通资本的收益增加,以及持有大量股权资本的信托收益。"最后,这封信是这样结束的:"因此,由于受托人实质上拥有两类类别证券,受托人似乎在该问题上只有有限选择权,但是接受转换要约将会提高其信托的收益和资本,同时为最终的资本还款提供更高程度的安全性。"在此情况下,我们认为受托人接受转换建议是审慎的。受托人的建议如下:"因此,我们接受该建议,在优先股股东的类别会议上以及1970年10月5日召开的股东特别大会上都投了赞成票,同意公司用无抵押贷款股份替代所述优先股的提案。"

(3) 在我看来,这种信件往来尤为清楚地表明,其所征求、所给予以及所采取的建议都建立在信托的整体利益上,并且考虑到他们持有的大量股本。如果从公平的角度来看并且不考虑公司法的相关规定,这是一个完美的基础。但本案与此不同,法院必须要确定的是,支持的受托人对减资决议投赞成票是不是因为他们诚心实意地为了优先股股东的整体利益最大化。自始至终,我未发现有任何证据证明,受托人曾将他们的想法应用于公司法下的正确问题,也没有任何证据足以证明他们真的认为它是减资决议获得有效批准的必要条件。因此,在我看来,修改类别权决议未获得任何有效批准。可以看出,在这个问题上,并未提出任何举证责任,并且我认为没有必要再继续说明。尽管举证责任是存在的,但我认为本案不存在有效批准。因此,结果便是就公平问题的举证责任而言,由支持减资的一方来证明该决议是公平的。除非该举证责任被免除,否则法院将拒绝确认该减资决议。现在,所有关于交易公平性的证据似乎都强有力地表明减资是不公平的。

a) Ashcroft先生是反对的受托人之一,同时也是一名注册会计师,他代表反对的受托人一方提交了一份长篇幅且详尽的证词,并作为证据进行展示。Andrews先生也提交了一份证词,他是Samuel Montagu & Co. Ltd.的注册会计师,在过去两年里,就发行、兼并的咨询以及谈判问题,被多家上市或者未上市公司的多数或少数股权持有人雇佣过。简言之,证据显示,拟议转换所带来的好处,特别是将利率从5%上升至6%,远不足以弥补因转换优先股对股东所造成的不利影响,尤其是公司还推迟了还款日期。在我看来,申请人一开始就没有任何证据。另外,在辩论中Instone先生不得不承认,根据《1948年公司法》第58条,如果公司的主张正确,那么不得在1971年7月31日强制公司赎回优先股,此时优先股股东可能会以获得禁令的方式获得补救，即限制公司向普通股股东支付任何股息，直至优先股全部被赎回为止，而且当 1250000 英镑的利润可用于分红时，也有可能强制该公司赎回优先股。但是 Instone 先生补充道，如果公司认为该笔资金被其子公司有效地使用，那么优先股股东将无能为力。

b）Drake 先生强烈地指出，该公司未能为赎回优先股从盈利中积累任何储备金；相反，却将 500 万英镑分配给普通股股东。然而，Instone 先生让步的真正意义在于这对市场以及优先股的估值可能产生的影响。正如公司前述所主张的，优先股股东几乎无力在 7 月 31 日强制公司赎回，取而代之，他们实际上手上已经有了一个强有力的武器，因为禁令的威胁必然对市场产生惊人的商业效果。尤其是没有任何迹象表明，这是被支持的受托人以及向受托人提供建议的经纪人铭记于心的一个因素。如果它被铭记于心，那么必然会有痕迹，并且建议可能也会有所不同。另外，与面临被申请前述禁令的威胁所带来的商业后果相比，公司也许更愿意依《1948 年公司法》第 66 条通过简单减资赎回优先股。

c）Instone 先生认为该计划对优先股股东很慷慨，并且认为该公司本可以提出另一种方案。但是，他说本案的问题不在于该方案对优先股股东而言是不是最佳方案，而是该方案是否公平。我同意该观点，不过在我看来，这个计划似乎大大低于任何谓之公平的门槛。如果与我所持观点一致，证明公平的责任在公司，那么公司并未尽责；如果与我所持观点相反，证明公平的责任在反对的受托人一方，那么他们需要证明该方案是不公平的。我无须考虑基于优先股股东可能获得我所提及禁令的可能性，便可以达成此结论。在我看来，这种可能性确信无疑。因此，我拒绝确认公司减资申请，驳回其申请书。

【案例评述】

本案中，持有人投资信托有限公司决议将公司股本从 2275000 英镑减少到 1025000 英镑，其方式为注销总值为 1250000 英镑、股息率为 5％、面值为 1 英镑的累积可赎回优先股股份，这些优先股股份在 1971 年 7 月 3 日以前是可赎回的，作为交换公司向优先股股东分配股息率为 6％的等额无抵押贷款股票。公司临时股东大会及优先股股东类别会议批准该减资决议，该决议也获得了必要多数的通过，因为近 90％的优先股股东赞同该决议。此外，赞成减资的多数优先股股东同时持有约 52％的普通股。当公司诉请法院确认减资请求时，遭到持股 95000 优先股股东的反对。

本案的争议焦点为:多数优先股股东在投票赞成减资时是否以全体优先股股东的整体利益为出发点,亦即对整体利益的修改是否得到有效批准;公司的减资决议是否公平。法官认为,多数群体在作决定和行动时,必须是基于类别股股东的整体利益考虑,而不是为特定类别股股东的利益从而侵害了其他类别股东的权益。本案中,有证据证明,多数优先股股东在投票时仅以其大份额持股股权为出发点,即只考虑了如何使其自身利益最大化,而未站在优先股股东整体利益最大化的角度。少数优先股股东在就减资决议进行表决时投票反对,因此,涉及修改全体优先股股东利益的减资决议并未获得有效批准。本案涉及的主要法律问题为:优先股类别表决权的认定、类别表决权的行使、类别表决权的适用范围。

一、优先股类别表决权的认定

表决权(voting right),是指股东通过股东大会上的意思表示,可按所持股份参加股东共同的意思决定的权利。[①] 表决权是股东的本质性权利,股东通过行使表决权维护自身的合法权益,实现对公司及管理层的控制。[②] 表决权在现代公司运营中起到连接公司所有权与经营权的作用。一方面,表决权不但维系和控制着公司所有者与经营者之间的关系,还控制着经营者的权力;另一方面,它也反映着股东之间的内部关系,既是控股股东对中小股东进行控制的工具,又是不同股东之间争夺公司控制权的工具。[③] 普通股股东的表决权是普通股股东参与公司经营管理的重要权利。根据"一股一权"原则,普通股股东每拥有一个股份就拥有一个表决权。但是在股东异质化的背景下,"一股一权"已经显得僵硬,表决权配置的适度调整更能满足现实的融资需求。[④] 优先股是相对于普通股而言的特殊股份形式,是类别股的一种。所谓类别表决,指当公司中存在不同类别股份,一项波及不同类别股东权益的议案付诸表决时,需由各种类别股股东分别审议,并获得各自种类股份股东同意才能通过的制度。[⑤] 优先股类别表决权,则是指优先股股东在普通股股东大会之外召开的类别股东大会上的表决权,优先股股东对变更其在公司中的参与权的有关公司议案作出意思表示,从而形成

---

① 梁上上:《论股东表决权》,法律出版社2005年版,第3页。
② 王东光:《类别股份制度研究》,法律出版社2015年版,第41页。
③ 梁上上:《论股东表决权》,法律出版社2005年版,第44—45页。
④ 王东光:《类别股份制度研究》,法律出版社2015年版,第41页。
⑤ 刘大洪、张晓明、蒋银华:《类别股东表决制度研究》,载《华南理工大学学报(社会科学版)》2005年第6期。

类别股股东团体的意思。①

优先股表决权和普通股表决权,都属于股东表决权的一种,但是两者存在巨大的差异。首先,表决权的来源不同。普通股表决权源自法律规定,为股东的固有权,除非法律明确规定限制,否则公司章程或公司决议无法予以剥夺或排除;而优先股表决权并不是优先股股东固有的,源自公司章程的规定。② 其次,表决权行使的范围不同。表决权是公司所有与经营的连接点。普通股股东表决权的范围主要是通过行使表决权决定公司重大经营决策和董事、高级管理人员的人选;③优先股表决权体现的不是对公司的控制,而是对损害优先股的公司决议的消极否决权。优先股股东的表决权范围小于普通股股东的表决权,优先股股东无权行使普通股股东大会的召集权和提案权,并且一般对公司没有经营管理权。最后,表决权的行使场所不同。普通股表决权由普通股股东在普通股股东大会上行使;优先股表决权由优先股股东在普通股股东大会之外分类召开类别股股东大会上行使,我国《优先股试点管理办法》第10条即规定类别表决权和普通表决权分类行使。④

二、优先股类别表决权的行使

优先股股东通过让渡表决权换取收入权和资本权的优先性,因此优先股股东表决权的设计成为平衡优先股股东与普通股股东的关键问题之一。⑤ 优先股股东通常在普通股股东大会上无表决权,也无权选举代表自己利益的董事进入董事会。而普通股股东享有表决权优势,他们可以控制普通股股东大会进而占据董事会席位,以此完成对公司经营决策的控制。虽然优先股股东和普通股股东都是公司股东,但二者对公司经营管理的控制力不同,在公司财产资源有限的情况下容易产生股东内部的零和博弈,而优先股股东因处于表决权劣势地位,故其利益极易受到侵害。从美国优先股发行公司来看,作为公司内部控制人,普通股股东及其代理人董事经常利用其控制地位对优先股股东实施机会主义行为。⑥ 为保护类别股股东的合法权利,法律就某项决议的通过不能仅依普通股

---

① 刘胜军:《类别表决权:类别股股东保护与公司行为自由的衡平——兼评〈优先股试点管理办法〉第10条》,载《法学评论》2015年第1期。
② 《国务院关于开展优先股试点的指导意见》第一(五)条。
③ 梁上上:《股东表决权:公司所有与控制的连接点》,载《中国法学》2005年第3期。
④ 《优先股试点管理办法》第10条。
⑤ 谷世英:《优先股法律制度研究》,法律出版社2015年版,第146—147页。
⑥ Melissa M. McEllin, Rethinking Jedwab: A Revised Approach to Preferred Shareholder Rights, Colum. Bus. L. Rev., 2010, pp.903-904.

股东大会的决议即认定为有效,而需要征求利益关系类别的股东的意见。包含优先股在内的类别股表决权的存在使得优先股股东可以对损害公司决议的事项进行否决,类别表决权为包括优先股等类别股股东提供事前救济手段,防止普通股股东滥用多数决侵害其权益。[1]

对于双重股东身份的股东,即一个既拥有普通股又拥有优先股的股东,其如何行使表决权影响公司决议是否能够通过,关乎优先股股东与普通股股东的利益平衡。在本案当中,由于赞成减资的多数优先股股东同时持有约52%的普通股,因此,反对减资的优先股股东认为支持减资的受托人拥有大量普通股,他们以有利于自己拥有的全体股票和股份的方式进行投票,而未以优先股股东整体利益最大化为出发点进行投票,所以对类别股股东大会作出的减资决议提出质疑。类别表决权作为保护优先股等类别股股东的事前救济手段,可以有效地保障优先股股东的参与权,从而保护自身的合法权益。优先股股东在类别股股东大会上投票同意变更类别权的,必须出于对该类别权的整体利益的考虑。[2] 如果公司减资决议因侵害少数优先股股东的权益而构成表决权之滥用,则公司减资决议无效,更何况减资条款本身执行存在不公之处。

三、英国优先股类别表决权的适用范围

关于类别表决权的适用范围,目前各国存在三种立法模式。其一是概括式立法模式,即仅概括地规定变动、损害类别股股东权益的事项应取得类别股股东的同意,代表国家有英国;其二是列举式立法模式,即详细列举适用分类表决的各种情形,代表国家有日本和美国;其三是概括与列举相结合的立法模式,代表国家有德国。[3] 类别表决权适用范围的立法模式选择,涉及立法对类别股股东保护与公司行为自由之间利益冲突的衡量。作为概括式立法模式的代表之一,英国《2006年公司法》第630条规定以类别权的变更为标准来划分类别表决权的适用范围。

(一) 英国公司法对类别权变动的规定

作为授权式立法国家,英国的成文公司法并未对优先股制度予以明确具体的规定,而是由公司章程对优先股的具体权利作出规定。[4]英国《2006年公司法》

---

[1] 刘胜军:《类别表决权:类别股股东保护与公司行为自由的衡平——兼评〈优先股试点管理办法〉第10条》,载《法学评论》2015年第1期。
[2] British America Nickel Corp. Ltd. v. O'Brien,[1927] AC 369.
[3] 王建文:《论我国类别股股东分类表决制度的法律适用》,载《当代法学》2020年第3期。
[4] 谷世英:《优先股法律制度研究》,法律出版社2015年版,第87—88页。

没有规定优先股制度,而是将优先股作为类别股的一种,在第九章"股份类别和类别权"对类别权的变动作出规定。具体而言,依附于公司股份类别的权利,只有在以下情况中可以被改动:根据公司章程中变动那些权利的条款或者当公司章程未包括该条款时,如果该类别股份持有人同意变动。这并不妨碍对权利变动的任何其他限制。公司股份持有人同意是指,在股本公司中排除作为库存股,代表该类别已发行股份至少四分之三名义价值的持有人书面同意(不具有股本的公司中,至少四分之三类别成员的书面同意),或者该类别持有人认可变动的独立成员大会通过的特别决议。公司章程所包括的变动依附于股份类别的权利之条款的任何修改,或在章程中加入任何该条款,其本身视为变动那些权利。①

(二) 类别权的识别与变更

英国学者认为,类别权是指特定类别的股东在诸如利息和表决权以及清算时的权利等方面所享有的相对于普通股的特别权利;②类别权不同于自益权、共益权,更不同于股东个人的权利,其可以变动或解除。③ Gower 教授认为,一旦创设了某个特定类别股份,该类别股份上的权利,如果被明确作为类别权规定在备忘、章程或者发行条款中,或者与分红、资本返还、投票权或者权利变更的程序有关,那么该权利就是类别权。④ 英国公司法未对类别权作出明确的规定,在 Cumbrian Newspapers 案中,Scott 法官首次对类别权进行了阐释。Scott 法官把公司章程规定的权利分为三类:第一类是附属于特定股份的权利;第二类是授予非公司股东或者成员的个人权利,但是与公司事务的行政管理或者业务经营有关;第三类是尽管不依附于特定股份,但是授予公司股东或者成员的权利。他指出,除第二类以外,第一类和第三类都可以构成类别权。因此,某些权利尽管不依附于特定的股份,但仍可能是类别权。⑤ 类别权应当是依附于股份上的权利,不随股份持有主体的变化而有所改变。如果授予的权利与特定主体相关,则不属于类别权,而是特定主体基于股份获得股东身份,又基于股东身份和特殊原因获得特定权利。⑥

类别权是类别股股东享有的重要权益,类别权的变更对类别股股东产生直

---

① 《英国 2006 年公司法》,葛伟军译,法律出版社 2008 年版,第 391—392 页。
② 〔英〕丹尼斯·吉南:《公司法》,朱弈锟等译,法律出版社 2005 年版,第 119 页。
③ 葛伟军:《论类别股和类别权:基于平衡股东利益的视角》,载张育军、徐明主编:《证券法苑》(第 3 卷),法律出版社 2010 年版。
④ Eilis Ferran, Company Law and Corporate Finance, Oxford University Press, 1999, pp.337-338.
⑤ 葛伟军:《英国公司法原理与判例》,中国法制出版社 2007 年版,第 83 页。
⑥ 王东光:《类别股份制度研究》,法律出版社 2015 年版,第 123 页。

接影响。公司可以变动类别股上的权利,但必须征得类别股股东的同意。① 对于何种变更属于类别权之变更,存在"严格限制说"与"宽泛解释说"两种不同的观点。② 英国存在大量的普通法判例尝试在不同情形之下回答什么构成"类别权的变更"。对类别权的变更比较容易认定而且没有大的争议的,比如直接废除类别权、注销类别股份、减少优先股股息的比例等。如在本案中,持有人投资信托有限公司意欲通过注销原有优先股、转换为无抵押贷款股的方式变动优先股上的权利,这必须适用类别表决机制征得优先股股东的同意,因为优先股股东的类别权会因此发生变更并受到侵害。但在某些情形下,公司的议案是否构成对类别权变更确实存在较大的争议。③ 英国法院对类别权的变更采取严格狭义解释,司法实践认为对类别权的不利影响不全部构成对类别权的变更。比如,在 Adelaide Electric Supply Co. Ltd. v. Prudential Assurance Co. Ltd. 案中,法院认为股份分红由英镑改成澳元不构成类别权变更。④ 在 Greenhalgh v. Arderne Cinemas Ltd. 案中,法院认为,分拆股份不构成类别权变更。⑤ 在 White v. Bristol Aeroplane Co. 案中,法院认为公司结构或另一类股份附属权利的改变为变更或者影响该类别股份的类别权。此案再次肯定了 Greenhalgh v. Arderne Cinemas Ltd. 案的观点,即对权利的影响和对权利享受的影响是不同的,法律意义上的影响不同于商业意义上的影响。⑥ 如前所述,英国通过《2006 年公司法》从广义上界定类别权,而英国法院通过相关判例对类别权变更进行严格狭义解释。

综上所述,英国在概括式立法模式下,通过判例法将类别表决权的适用范围严格解释为类别权变更或受侵害。但英国此种概括立法模式仍存有不足:其一,对于非判例法国家而言,模糊概括以类别权变动或受不利影响为根据缺乏确定性,容易导致类别表决权适用范围不够明确,进而引发纠纷;其二,类别股股东难以预期类别表决权限的边界,不能提前预估判断自己投资的风险,无法满足个性化需求。

四、我国优先股类别表决权适用范围的立法评析

2023 年之前,我国《公司法》中并未明确规定优先股制度,仅为优先股等类

---

① 王东光:《类别股份法理研究》,载《科学·经济·社会》2013 年第 3 期。
② 王东光:《类别股份制度研究》,法律出版社 2015 年版,第 125 页。
③ 刘胜军:《论类别股东会》,载《商事法论集》2014 年第 1 期。
④ Adelaide Electric Supply Co. Ltd. v. Prudential Assurance Co. Ltd., [1934] A. C. 122(HL).
⑤ Greenhalgh v. Arderne Cinemas Ltd., [1946] 1 All E. R. 512.
⑥ 蒋雪雁:《英国类别股份制度研究(下)》,载《金融法苑》2006 年第 3 期。

别股制度作出授权性规定,即授权国务院可以对公司发行《公司法》规定以外的其他种类的股份另行作出规定。① 2013 年 11 月 30 日,国务院颁布《国务院关于开展优先股试点的指导意见》,首次对我国优先股试点作出安排。2014 年 3 月 21 日,证监会出台《优先股试点管理办法》。《国务院关于开展优先股试点的指导意见》第一(五)条、《优先股试点管理办法》第 10 条对优先股表决权的适用范围作出了相同规定。具体而言,公司持有的本公司优先股没有表决权,优先股股东持有的每一优先股有一表决权,其有权对以下事项进行分类表决:(1) 修改公司章程中与优先股相关的内容;(2) 一次或累计减少公司注册资本超过 10%;(3) 公司合并、分立、解散或变更公司形式;(4) 发行优先股;(5) 公司章程规定的其他情形。亦即上述事项的决议,除须经出席会议的普通股股东(含表决权恢复的优先股股东)所持表决权的三分之二以上通过之外,还须经出席会议的优先股股东(不含表决权恢复的优先股股东)所持表决权的三分之二以上通过。这两部法律文件开启了我国优先股制度试点的实践,也为我国《公司法》中包括优先股在内的类别股制度的建立和发展奠定了立法基础。

不同于英国的概括式立法模式,我国对优先股表决权的适用范围采取列举式立法模式。列举式立法模式有利于弥补概括式立法模式的弊端,既可以避免类别表决范围模糊和边界不确定,为类别股股东提供合理预期,又可以满足不同公司和类别股股东的个性化需求,符合我国当前的司法实践。但是,从比较法角度来看,我国优先股类别表决权的适用范围相比同为列举式立法模式的《美国示范商事公司法》和《日本公司法》而言更加宽泛,具体表现为:《优先股试点管理办法》第 10 条所列举的前四项类别表决事项均为强制性规范,规定过于宽泛,公司章程不能排除适用,缺乏灵活性,第 5 项"公司章程规定的其他情形"作为兜底条款授权公司章程赋予优先股股东更多的类别表决事项;而美国和日本仅规定类别股相关公司章程条款的变更为强制类别表决事项,其他类别表决事项均为默示条款或称为任意性条款。此外,对于类别表决权的行使,大多数国家或者地区都将优先权的变更或者损害优先股股东或有损害之虞作为前提条件。② 正所谓"没有损害就没有救济",对于优先股表决权也不例外。而我国《优先股试点管理办法》第 10 条中优先股类别表决权的行使并未以公司行为损害类别表决股东或者损害类别股股东之虞为前提,公司行为自由和经营灵活性将受妨碍。③

---

① 2018 年修正的《公司法》第 131 条。
② 王东光:《类别股份制度研究》,法律出版社 2015 年版,第 124—133 页。
③ 刘胜军:《类别表决权:类别股股东保护与公司行为自由的衡平——兼评〈优先股试点管理办法〉第 10 条》,载《法学评论》2015 年第 1 期。

2023年修订的《公司法》正式引入了类别股制度,该法第146条对类别股股东表决权的适用范围作出规定,即发行类别股的公司有修改公司章程、增加或者减少注册资本,以及公司合并、分立、解散或者变更公司形式等可能损害类别股股东的决议事项时,应当由普通股股东和类别股股东分类表决;公司章程可以对须经类别股股东会议决议的其他事项作出规定。相较而言,《优先股试点管理办法》第10条是对优先股类别表决权适用范围的具体性规定,而《公司法》第146条是对类别表决权适用范围的整体性规定,且限定了类别表决权适用于"可能影响类别股股东的"决议事项,与域外立法中类别表决权适用的前提条件相接轨,实现了类别股股东保护与公司整体利益的平衡。

英国优先股判例译评之七[①]

——公司清算情形下拖欠优先股股息

【裁判要旨】

(1) 优先股股东就其被拖欠累积股息,对公司清算时的剩余资产享有优先分配权。也就是说其优先权并不仅限于剩余资产中属于公司利润的那部分,还涉及剩余资产之全部。

(2) 公司决议的真实含义是指构成剩余资产的全部资金应当在优先股股东之间进行分配。

【案件事实】

涉案公司于 1896 年成立,最初资产是 30000 英镑,被分成 3000 股,每股 10 英镑。后来,资本增加到 80000 英镑,分为 4000 股每股 10 英镑的优先股和 4000 股每股 10 英镑的普通股,具体情况如下:(a) 1896 年,公司通过并确认了一项特殊决议,即通过增设 2000 股每股面值 10 英镑的新股(称为优先股),将公司资产增加到 50000 英镑,并赋予优先股持有人享有固定累积优先股股息的权利,股息率为实缴股本的年 6%,决议还规定优先股股东在股息的分派和资本的偿付两方面优先于普通股分配,但是在利润和剩余资产两方面没有优先权。(b) 1897 年,公司又通过并确认了一项特别决议,该决议将公司资产从 50000 英镑增加到 80000 英镑,其中:1000 新股为普通股,每股 10 英镑;2000 新股为优先股,每股 10 英镑,这些优先股股东享有股息率为实缴股本年 6% 的固定累积优先股股息,且在股息和资本方面优先于公司当时股本中的普通股,并在所有方面与 1896 年创建的 2000 股每股面值 10 英镑的优先股享有同等地位,但在利润和剩余资产两方面没有优先权。

[①] Wharfedale Brewery Co. Ltd., [1952] Ch. 913 (1952).

1952年1月24日,公司进入自主清算程序。在公司清算决议通过之时,拖欠的优先股股息超过112000英镑。在清算之日,可用于分配股息的利润大约为1700英镑。1952年4月,清算人(手中管理的)可供分配的剩余资产为62887英镑,他发出传票以确定优先股股东是否(a)有权优先于普通股持有人的任何资本偿还,获得优先股6%累积优先股息的全额欠款,或(b)仅以公司在清算之前赚取的未分配利润为限,有权优先于普通股持有人的资本偿还,获得优先股股息的欠款。

法官裁定,根据决议的真实解释,构成剩余资产的全部资金可在优先股持有人之间分配。[1]

【判决理由】

Wynn-Parry法官认为,该传票提出了一个简短的该公司自愿清算程序中的解释问题,该公司已于当年1月进入清算程序。在决议通过之日,公司已发行的股份分为优先股和普通股,每股面值10英镑,其中4000股优先股和2500股普通股已经发行,这些股份均已全额出资。截至该日,尚未支付的优先股股息总计超过112000英镑。在清算之日,在公司持续经营的情况下,可用于股息分配的利润约为1700英镑。在清算中,公司的剩余资产为62887英镑,问题是如何在优先股股东和普通股股东中分配这些剩余资产。答案取决于设立优先股的决议中相关条款的解释和稍后必须提及的特定权威。

公司资本最初由一种类型的股份构成,但是后来资本增加了,部分优先股就是根据第一次增资的决议设立的。随后公司又通过一项决议通过增设优先股来增加资本,但是这些优先股的优先权与之前设立的优先股所附带的权利是一样的。决议规定,优先股股东有权获得每年6%的固定累积优先股息,并且该优先股在股息和资本两方面优先于其他股份。基于现实的考量,大家一致认为该条款应理解为优先股在清盘时在股息和资本方面均应优先于其他股份。

在本案需要裁决的问题上存在权威冲突,即根据这些条款中的规定,无论在清算开始时是否有利润可用于支付股息,优先股都有权获得拖欠股息。

法官提及的第一个案子是W. J. Hall & Co. Ltd.案[2]。在该案中,公司章程规定,在公司进行清算的情况下,公司在那时的可分配剩余资产"在支付完公司的债务后,应该首先用于偿还上述500股优先股或当时可能发行的优先股,其

---

[1] [1952] Ch. 913.
[2] [1909] 1 Ch. 521.

次用于支付至清算开始时的5%优先股股息负债(如果有的话)",余额归普通股股东所有;且在上述案件中,该公司清算开始时的累积利润小于当时拖欠的优先股股息。Swinfen Eady 法官对两点作出了裁决。首先,他认为优先股股东无权主张获得超过累积利润的拖欠股息。其次,他认为无论是否宣布偿付股息,拖欠的股息都是应支付的。在判决书的最后,他这样说道:"综合阅读备忘录和章程条款,我认为优先股股东有权获得他们被拖欠的5%股息,无论该股息是否被主张,但仅限于目前可供分配的利润。"

本案 Wynn-Parry 法官认为 Swinfen Eady 法官的推理并不严谨。Swinfen Eady 法官处理的条款规定,在公司清算的情况下,公司的剩余可分配资产应该特别用于支付5%的优先股股息欠款。剩余可分配资产无疑是一项混合基金,但是在清算时,必须都被视为资产,而不是被视为部分资产和部分利润。

Neville 法官首先在 New Chinese Antimony Co. Ltd. 案[1]中对 Swinfen Eady 法官的裁定发表了评论。在该案中,公司章程的形式与前述案件中基本相似。Neville 法官在判决过程中指出,优先股股东的权利由发行优先股的特别决议决定。他阅读了相关决议条款,并表示:"在我看来,这些词语的含义非常清楚。我们需要处理的基金并非资产、收入以及利润,而是剩余资产,这就是所要分配的。资产和收入之间没有任何区别,唯一的问题是'拖欠上述优先股股息'是什么意思。"

Neville 法官进一步讨论了有关条款的含义,并提及 Swinfen Eady 法官在 W. J. Hall & Co. Ltd. 案[2]判决中提出的一点以寻求支持。对于建议将股息限于已宣布的股息分配,Neville 法官继续说道:"在这种情况下,Swinfen Eady 法官裁定:除非有利润,否则不能支付拖欠股息。恕我直言,我不能同意该观点,但它也不适用本案。我处理的是剩余资产的分配,而不是对股息的主张。我看不出有无利润有什么区别。"诚然,这一意见是附带意见,但它清楚地表明法官不同意 Swinfen 法官在早前案件中的推理。

Wynn-Parry 法官认为 Neville 法官的观点是正确的,并让他明白法官可以反对早前相似案件中 Swinfen Eady 法官给出的理由。

W. J. Hall & Co. Ltd. 案进一步在后来的 Springbok Agricultural Assets Ltd. 案[3]中受到了批判。在该案中,P. O. Lawrence 法官考虑到公司章程中的

---

[1] [1916] 2 Ch. 115, 118.
[2] [1909] 1 Ch. 521.
[3] [1920] 1 Ch. 563.

一项规定,即在公司清算的情况下,优先股股东有权要求剩余资产先行支付优先股的已缴股本;其次,清偿清算开始前拖欠的优先股股息(如有);最后与其他股份持有人按比例分享剩余的资产(如有)。

他在判决书中说,他认为该决议在本质上是与 New Chinese Antimony Co. Ltd. 案①相似的,尽管与 New Chinese Antimony Co. Ltd. 案中的决议表达方式不一样。随后,他说:"有人认为本案受 Swinfen Eady 法官在 W. J. Hall & Co. Ltd. 案中的裁决影响。该案是依据一项条款的解释作出的,虽然与公司第 4 条决议的(d)条款相类似,但是措辞并不是完全相同。我认为我并不受该裁决的约束,因为措辞并不相同。但是无论如何,我并不同意这位法官给出的判决理由。他似乎认为拖欠的优先股股息数额仅限于公司在持续经营期间本可适当宣布但未实际支付的股息数额。该法官认为虽然没有宣布派发股息,但是仍然有股息欠款,在这一方面,我是认同他的观点的。但是,他继而认为公司必须有一定可分配利润,才可以宣布和支付优先股股息,我并不认为这是本案中特别决议的真正含义。"

当阅读前面的那些观点时应当记住,那位法官已经在前面两段中明确表示,他认为在那个案件中他必须考虑的条款实质上类似于 W. J. Hall & Co. Ltd. 案中的公司章程。之后,P. O. Lawrence 法官明确表示他同意 Neville 法官在 New Chinese Antimony Co. Ltd. 案中给出的理由。

这正是冲突所在。根据 Wynn-Parry 法官的判断,他面对 W. J. Hall & Co. Ltd. 案与 Neville 法官和 P. O. Lawrence 法官的处境相同。也就是说,他不受其约束。事实上,在他看来,他有资格说,尽管这两位法官的意见在每个案件中都是附带性的,但权威的观点都不支持 Swinfen Eady 法官的观点。本案 Wynn-Parry 法官不能同意 Swinfen Eady 法官的观点,并且发现自己无法遵循他就第二点上得出结论的推理过程。回过头来看本案的相关决议,Wynn-Parry 法官发现他必须考虑的这项决议中所使用的措辞与他所提及的三个案件中每个案件的实质性规定之间没有任何区别。正如他所说,现代权威的影响是,他必须将该决议理解为"该等优先股"在股息和资本方面均优先于其他股份,但不得赋予参与利润或盈余资产(分配)的任何其他权利。

在 Wynn-Parry 法官看来,这里的"利润"一词指的是"分别授予其持有人按实缴股本每年 6% 的比率收取固定累积优先股股息的权利",也就是说,它指的是优先股股东在公司持续经营时的权利。同样,"剩余资产"一词指的是后面的规

---

① [1916] 2 Ch. 115.

定,他已经读过,开头是"而这些优先股应享有优先权"。

因此,Wynn-Parry 法官认为这些决议的真正含义是当我们开始考虑清算的情况的时候,唯一要考虑的资金是构成剩余资产的资金,而且要考虑分配的也只是这笔资金。

根据这一推理,在 Wynn-Parry 法官看来,本案完全符合 Neville 法官在 New Chinese Antimony Co. Ltd. 案中和 P. O. Lawrence 法官在 Springbok Agricultural Assets Ltd. 案[①]中的判断。此外,就他个人而言,即使没有这两个先例,仅以早前的 W. J. Hall & Co. Ltd. 案为参考,他得出的结论是,(就优先股被拖欠的累积股息)全部可分割资金(62887 英镑)均可在优先股持有人之间进行分配,但须支付尚未支付的清算费用。

【案例评述】

本案所涉公司是一家成立于 1896 年的公司,在 1952 年,公司进入了自主清算。在清算时,公司应分配给优先股股东的股息已超过 112000 英镑,而公司利润约为 1700 英镑,清算人管理的公司剩余资产为 62887 英镑。该公司于 1896 年和 1897 年通过了多项决议,其中一项是优先股股东有权优先享有固定累积股息,股息率为每年 6%;另一项是优先股股东在股息的分派和资本的偿付两方面优先于普通股分配,但是在利润和剩余资产两方面没有优先权。该清算管理人向法院提起诉讼,意图确认优先股股东是在所有的剩余资产中可优先于普通股股东获得固定股息率为 6% 的累积股息的偿付,还是仅仅在公司开始清算前的可分配利润中可优先偿付其前述累积股息。

本案的争议焦点是优先股股东就其累积股息的优先权,是仅限于剩余资产中属于公司利润的那部分,还是及于剩余资产之全部,即被拖欠的股息是否可以从并未包含任何未分配利润的剩余资产中支付。法官的结论是优先股股东就其累积股息,对公司清算时的剩余资产享有优先分配权。

一、优先股股东的股息分配请求权

进行营业的公司,优先股股东依据细则或发行条件可以优先分派股息,这类股份的股东在其他各类股份的股东分派股息之前,有权按固定的比率提取股息。但必须确定两种情况:一是优先股的股息是累积的还是非累积的;二是优先股是

---

① [1920] 1 Ch. 563.

参与分享还是不参与的。① 首先，所谓累积股息即在任何年度，由于当年利润不足而未发的股息得从后来的年度的公司利润中补偿；而这种积欠的股息在其他各类股份的股东分派股息前优先得到分配。② 显而易见，凡在解释优先权的条款中规定优先股股息按特定百分比优先分红的权利时，则其股息是累积的。非累积的优先股是指任何一个年度的领取股息权决定于当年的利润是否足够分派股息，股息一经分派，即使不足额，不得再从后来的年度的利润中补偿。例如，如有文字规定优先股的股息限于以当年利润拨付，则其股份自当认为是非累积的。其次，优先股无权参与公司的任何剩余利润的分配。但是，若细则有明确规定，优先股股东可以参与分享剩余利润，这样的优先股又被称作参与优先股。③ 例如，授权股东有权优先获得6%的股息，并在普通股股东已获得10%利息后，再参与剩余利润的分配，以不超过6%为限。

当公司清算时，不论自主清算或强制清算，除非公司的借款和债务（包括清理费用）已经全部清偿，优先股的股东无权获取任何付款。根据英国上议院在当时的裁定，关于股东之间的权利，拖欠股息和股东对公司清算财产的分配权适用同一原则。该原则是："凡在条款（或其他条文）中已规定了公司在营业时各类股份参加分派利润的权利，以及在清算时分派公司财产的权利，则很显然，在这两种情况下各类股份的权利直接参照该规定即可。"④

本案中的涉案公司先后共发行4000股优先股、4000股普通股，一项有关优先股发行条件的决议规定，优先股股东有权获得每年6%股息率的固定累积股息，并优先于普通股股份获得股息分配和资本偿还。因此，该涉案公司发行的即为累积优先股。至于是否为参与优先股，也是法院所要解决的问题，最终，法院认为决议的内容可以理解为在分配剩余资产时优先股股东有权在普通股股东前先行就其被拖欠累积股息和股本进行偿付，若剩余资产还有剩余，再去考虑对普通股股东偿付，若还有剩余，则普通股股东还可以分配，此时优先股股东无权参与分配。

二、优先股股息的法律性质辨析

清算时优先股股东被拖欠的股息，须在清偿债权人负债后支付，那么在清算

---

① R. E. G. Perrins & A. Jeffreys, Ranking & Spicer's Company Law, HFL Publishers, 1977, p. 127.
② Weymouth Waterworks Co. v. Coode & Hasell [1911] 2 Ch.
③ 〔英〕丹尼斯·吉南：《公司法》，朱羿锟等译，法律出版社2005年版，第112页。
④ Company Act 1985, s 55.

时,拖欠股息的支付不是应该偿还的债权人债务,而是成为各股东之间权利分配的一部分。《1948年公司法》第302条规定,在支付优先债务的情况下,公司的债务必须同等地解除。从此处可看出,优先债务并不包含清算前拖欠股息的豁免。因为根据《1948年公司法》第212(1)(g)条,此类股息需递延到其他债权偿还之后,并且不能与其他债权同等地解除,因此股息不是第302条含义中的"债务",而且付款是第302条所设想的成员之间分配的一部分。因此,股息是由于股东身为公司内成员的索要而非公司外部债权人对债务的索赔。第212(1)(g)条考虑到,拖欠股息的支付可以在各股东之间相互权利的最终调整中考量,而不是作为债权人的债务支付。使用"可以"而不是"应该"这个词并不重要,因为它允许在公司的章程中作出特殊规定。"可以"一词并不意味着清算管理人可以决定将股息视为负债还是作为各股东之间权利最终调整的一部分。《1948年公司法》第259(3)条明确规定,在清偿完债权人的所有款项之后,可能会有"应付给公司投资人的款项"。此处,"应付给公司投资人的款项"当然也包括清算前的股息。因此,优先股股东并不是公司的"债权人",优先股股息也是不应偿还的"债务"。

三、公司清算时优先股股息偿还的条件

根据当时英国公司法的规定,当公司清算时,优先股股东无权取偿积欠的股息,这是一条基本原则,除非:公司章程特许;或者在公司开始清算之前已经宣布偿付;或者有文字明确表明,当公司清算时,优先股股东享有优先取得股息的权利。

(一) 已宣布分配优先股股息

据此条件,公司决定分配股息之前或决定不分配股息之后均不产生不履行债务问题,但是公司一旦宣布分配优先股股息,该支付就变成一种具体的债务,任何违反该优先权的股息分配行为都会损害优先股股东利益。如前所述,如果在当年的会计年度内,没有按照规定分红,则称累积优先股股息拖欠。此股息不被认为是公司的债务,因而在该优先股股东与公司债权人竞争中不会优先支付于该优先股股东,但是此股息在最后调整各股东之间的权利时应被优先考虑。[①] 该案中,在公司开始清算前,并未宣布分配优先股股息,优先股股东是否有权在清算时获得拖欠的优先股股息,完全取决于有关公司章程及有关决议或有关条款的规定。

---

① Insolvency Act 1986 s.74(2)(f).

（二）章程或决议明确规定

如果章程或决议明确赋予这一权利，那么唯一的问题在于是否存在这种拖欠的优先股股息。关于何时应付拖欠股息的问题，现在的做法是将它们视为在某些日期到期，即使当时没有宣布分配股息。在其他情况下，通常会优先考虑优先股。但当时英国公司法并未明确提及清算时的情况。因此，对公司章程或有关决议的理解就至关重要。例如，在某公司的条例中载有："优先股……应给予该股东按实缴资本计算6%年利率的固定累积的优先取息权。不论现在和将来，有关股息的分派和资本的偿还，优先股均优先于其他股份。"法院认为这段文字"不论现在和将来，有关股息的分派和资本的偿还，优先股均优先于其他股份"，当然是指清算时的权利，因为公司在营业时的优先分配股息已经在条例中提到过，所以没有必要在此处重复，那么此处优先分配的权利就是指在清算情形下的权利。所以，优先股股东在公司清算时，有权在普通股取偿股本之前，取偿积欠的股息，即使过去没有公布过分配股息。

不过，有关条款或公司章程、决议等非常复杂，并且区别非常细小，需要对其进行解释，即充分理解所用措辞的含义。例如，在 Walter Symonds Ltd.[①]一案中，优先股发行文件规定优先股"对其实缴股本有权按照年利率12%获得固定累积优先股息……且在股息支付和股本偿还方面均优先于普通股，但无权分享任何进一步的利润或参与资产分配"。法院认为，这些规定就是预见到清算情形，因为只有在清算时才有参与资产分配的问题。于是，该条款其余部分也同样适用于清算，在清算日前优先股没有得到清偿的股息同样享有优先受偿权。这个案例与 Wood, Skinner & Co. Ltd.[②]一案的措辞非常相似，但是对两者的理解与最后的判决有所区别。该案中，优先股股东"对其实缴股本有权获得每年6%的固定累积股息"，且表述为优先于"普通股获得股息和偿付资本"。法院认为，因其后半部分并非专门指清算情形，其优先权仅限于公司营运期间已宣告的股息，一旦开始清算，所拖欠的股息就没有这种权利。综上可看出，英国早期在公司章程或决议上的草拟手法拙劣，措辞不清晰，容易拾人牙慧且容易在诉讼中发生棘手的问题。法院的说理和判决也就变得非常重要，本案也正是此时期一个很好的典型。

本案中一项有关优先股发行条件的决议，规定优先股股东有权获得每年6%股息率的固定累积股息，并优先于普通股股份获得股息和资本。但该决议并

---

① ［1934］Ch. 308.
② ［1944］Ch.

未明确规定是否指公司清算时的情形。因此本案涉及两点:(1)对涉案公司内部决议的解释;(2)对既有的判例的适用。而对涉案公司内部决议的解释依赖于对既有判例的适用。本案共提及三个先例,第一个判例 W. J. Hall & Co. Ltd. 案中,法官的观点是拖欠优先股股息的分配仅限于利润,第二个和第三个判例分别是 New Chinese Antimony Co. Ltd. 案和 Springbok Agricultural Assets Ltd. 案,这两个案件中法官反对 W. J. Hall & Co. Ltd. 案中法官的观点,认为拖欠优先股股息的分配及于剩余资产的全部,本案法官同意 New Chinese Antimony Co. Ltd. 案和 Springbok Agricultural Assets Ltd. 案中法官的观点。本案法官认为公司的内部决议约定的正是清算时的分配方案,在清算时的优先权就是指对于剩余资产有优先权,不是仅限于清算时的利润。这包括所有剩余资产,无论它们是否包含任何可支付股息的可分配利润。因为公司的约定本身可能存在一定的歧义,"就累积股息和资本对普通股股东享有优先权但并不构成对剩余资产的额外权利",法官认为这句话可以包含对剩余资产在累积股息上具有优先权的意思,前文三个案件的决议应该都有这个意思,法官认为本案和其他案件没有实质差异。决议中规定优先股股东不授予任何进一步分享利润或剩余资产的权利(not confer any further right to participate in profits or surplus assets),这里将"利润"和"剩余资产"并列写,会让人认为这里的"利润"指的是清算时的利润,但是法官认为这里的利润指的是公司正常存续状态的利润。因为清算时的利润本身没有意义,只是剩余资产的一部分,没有必要单独列出。因此明确了"剩余资产"的含义后,优先股股东就其累积股息对剩余资产享有优先权就没有疑义了,即决议的内容适用的是清算时的情形,可以理解为在分配剩余资产时优先股股东有权在普通股股东前先行就其被拖欠累积股息和股本进行偿付,若剩余资产还有剩余,再去考虑对普通股股东偿付,若还有剩余,则普通股股东还可以分配,此时优先股股东无权参与分配。

根据此案,如果优先股有权取偿积欠股息,则此积欠股息得从公司的总财产中进行支付,即所有剩余资产,而并不限于在公司清算时用来分配股息的现有利润。也就是说,如果章程的措辞明确,那么这些资产的来源是无关紧要的,即使它们来自盈余利润也是如此,虽然这些利润原本不能分配给优先股股东但可以分配给普通股股东。[①]实际上,在现代,公司的发行条件或章程往往清晰而明确地表达了优先股的权利,如"优先股股东对其实缴股本有权获得每年 X% 的固定

---

① Dimbula Valley (Ceylon) Tea Co Ltd v. Laurie [1961] Ch. 353; Bridgewater Navigation Co. [1891] 2 Ch. 317; Scottish Insurance Corp v. Wilsons and Clyde Coal Co. [1949] A. C. 462.

累积优先股息,公司清算时,有权获得实缴股本的偿还,以及优先于普通股获得计算到清偿之日的任何拖欠股息,但没有参与公司资产或利润分配的其他权利"。依据该条款,即使尚未宣布股息,也不管公司在经营时并没有足够的利润,积欠股息仍应照付,付偿积欠股息是计算至清算开始之日为止,而不是计算至偿还股本之日为止。[1]

　　现行起草公司决议或发行条件的人通常会将意图表达得更为清晰,使用的措辞也更为明确,以减少纠纷,但是在当时,面对尚不成熟的优先股制度,英国的法院通过一个个判例向我们展示了高超的法律技巧和正确的司法方向。本案中的法官并未完全遵循先例,而是开创性地提出了优先股股息支付的条件和应予分享的资产,虽然该案中法官的说理没有特别充分,但在优先股尚处于萌芽阶段且其在资本市场正体现重要价值、优先股股东的利益应受到特别保护的背景下,在遵循判例法的英国,该判决对于司法实践具有重要的意义,如后来的Compania de Electricidad de la Provincia de Buenos Aires Ltd. 案[2]便援引了该案的判决。

---

[1] EW Savory Ltd. [1951] 2 All E. R. 1036 at 1040.
[2] [1980] Ch. 146; [1979] 2 W. L. R. 316; [1978] 3 All E. R. 668; (1978) 122 S. J. 145 CHD.

英国优先股判例译评之八①

——类别权的定义

【裁判要旨】

(1) 被告的章程所赋予的特殊权利,尽管不依附任何原告作为股东所拥有的特定股份,但是依附于原告一段时间内的持股地位,否则,原告无权享有该权利。因此,原告的权利属于依附于某类别股份的权利,根据英国《1985 年公司法》第 125 条的规定,未经该类别权人的同意,类别权不能被更改或者消灭。所以,未经原告同意,由原告所享有的特殊权利也不得被更改或者消灭。

(2) 事实上,被告更改章程条款,赋予原告特殊权利,是双方协议成立的一个先决条件,而不是被告的一种合同义务。因此,原告享有章程赋予其的特殊权利并不是原告和被告之间的协议的内容,协议中也不可能隐含这样的条款。

【案件事实】

原告(Cumbrian Newspapers Group Ltd.)和被告(Cumberland & Westmorland Herald Newspaper & Printing Co. Ltd.)均是报纸出版商,1968 年,他们通过谈判达成了一项协议,根据协议,被告将获得原告的一份报纸——《帕里斯观察家》和特定广告安排的收益以及其他的一些利益;而原告将获得被告股本的 10% 作为交易对价。被告如约发行了 10% 的股份给原告,并且依据协议约定更改了章程,授予了原告如下权利:第一,对其他普通股的优先购买权;第二,对于未发行的股份享有权利;第三,只要持有被告已发行普通股不少于 10% 的股份,享有委任董事的权利。设置这些权利的目的是保障原告能够以股东的身份防止被被告兼并。这份协议如约进行并持续多年后,被告的董事提议召开临时

---

① Cumbrian Newspapers Group Ltd. v. Cumberland & Westmorland Herald Newspaper & Printing Co. Ltd., [1987] Ch. 1 (1986).

股东大会,并通过特别决议案,取消了为原告设置特殊权利的章程条款。

原告遂向法院起诉,其主张:(1)其所享有的特殊权利是类别权,未经其同意,不能被消灭;(2)申请禁止被告提议或者召开临时股东大会的强制令。

原告起诉的理由是:(1)被告章程细则授予原告的特殊权利使原告构成一类类别股股东,因此,未经其同意或者是符合《1985年公司法》第125条的规定,原告的权利不能被变更或者消灭;(2)未经原告同意,被告不得更改章程细则剥夺原告的这些权利(或无论如何他们不会启动这样的程序),这是1968年订立协议时安排的一个隐含条款。①

【判决理由】

John Brisby大法官支持原告的主张。他认为原告采用两种方式来呈现这个案子:(1)被告章程细则授予原告的特殊权利使原告构成一类类别股股东,因此,未经其同意或者是符合《1985年公司法》第125条的规定,原告的权利不能被变更或者消灭;(2)原告与被告于1968年签订的合同条款暗示了未经原告同意,被告不得更改章程细则剥夺原告的这些权利(或无论如何他们不会启动这样的程序)。

对于上述的第一点,尽管章程条款中指明原告享有这项特殊权利,该特殊权利显然是原告股东地位的附随权利,而非无论其是否持有股份都能享受的个人特权。之前有先例,比如Rayfield v. Hands案②。事实上,如果被告章程赋予的特殊权利仅是个人特权,而非股东地位的附随权利,它(在条款之外不存在赋予这些权利的任何合同的情况下)将是不可执行的。③ 当股东地位特定的附随权利由部分而非全部股东享有时,这些股东就构成了《1985年公司法》第125条或表A第4条规定的类别股东。特殊权利依附于他们当前所持有的股份,因为只有通过持有该公司的股份,他们才能执行章程包含的合同权利。这曾在Bushell v. Faith案④中被权威表述为这类特殊权利是表A第4条所指的依附于类别股份的权利,第125条的表述并不会使人作出相反的结论。事实上,《1985年公司

---

① Cumbrian Newspapers Group Ltd. v. Cumberland & Westmorland Herald Newspaper & Printing Co. Ltd. [1987] Ch.
② Rayfield v. Hands [1960] Ch. 1; [1958] 2 W. L. R. 851; [1958] 2 All E. R. 194.
③ Eley v. Positive Government Security Life Assurance Co. Ltd. (1875) 1 Ex. D. 20; Browne v. La Trinidad (1887) 37 Ch. D. 1; Hickman v. Kent or Romney Marsh Sheepbreeders' Association [1915] 1 Ch. 881; Beattie v. E. & F. Beattie Ltd. [1938] Ch. 708 and London Sack & Bag Co. Ltd. v. Dixon & Lugton Ltd. [1943] 2 All E. R. 763.
④ Bushell v. Faith [1969] 2 Ch. 438; [1970] A.C. 1099.

法》作为一个整体证实了这种观点。

对于上述的第二点，除非原告同意，否则不得更改被告的公司章程的条款是1968年的合同具有的商业效力的必要条件。在适当的情况下（即损害赔偿金不是充分的补救措施），公司不得(a)修改其章程，或者(b)按照修改后的章程采取行动，第一个主张在 British Murac Syndicate Ltd. v. Alperton Rubber Co. Ltd. 案中被法官确认，该案涉及由股东所召开的会议。第二个主张得到几本主流教科书的支持[①]以及适当的分析，并不与 Punt v. Symons 案、Baily v. British Equitable Assurance Co. Ltd. 案或 Southern Foundries (1926) Ltd. v. Shirlaw 案的审议结果相悖。在后一案件中，Porter 大法官的判决附带意见也遵从了先例，因为在那起案件中没有申请禁令，此外，British Murac 的决定似乎没有被引用。Nigel Howarth 大法官支持被告：对于原告的第一个主张，他认为章程中赋予的权利分为三个类别：(a) 附于特定股份上的权利，这是类别股份的唯一形式；(b) 并非基于股东资格而授予的权利，很显然这不是类别权；(c) 基于股东身份授予股东，但不依附于任何特定股份的权利，本案涉及的权利即为这一种。Howarth 大法官认为，第三种权利不是类别权，因为这些权利仅授予原告，而不被其他的普通股股东享有。无论原告是不是被告方的股东，被告章程中第5、7、9条授予原告的权利都存在，章程第12条授予原告的权利仅仅当原告持有10%的股份才存在。这10%的股份不限于1968年8月29日发行的股份。

事实上，对于什么是类别权没有明确的界定。《1985年公司法》表A第4条和第125条都只是表述为"依附于任何类别股份上的权利"。这个定义的前提是：这些股份必须有特殊性，正是这些特殊性才会将其与其他股份区别开来，构成单独的类别。在这个案件中，原告的股份并没有特殊之处，唯一特殊之处在于登记的持有人是原告。

如果原告的主张成立，只要原告持有至少一个份额的普通股，未经其同意，章程中第5、7、9条规定的权利就不能被更改，持有任何普通股均可达此目的。因此，如果原告处置其所有股份，则根据他们的论点，这个类别将不复存在。如果原告后续进一步收购被告的普通股（即使这些股份以前从未是一个单独的类别或其一部分），那么该类别将再次重组。这在填写年度报税表时会成为实际

---

① Francis Gore-Browne, Gore-Browne on Companies (43th ed.), Jordan & Sons, 1977, pra. 44; G. Brian Parker, Martin Buckley, Buckley on the Companies Acts (14th ed.), Butterworth & Co., 1981, pp. 47-48; L. C. B. Gower, Principles of Modern Company Law (4th ed.), 1979, pp. 558-559.

问题。[①]

Brisby 大法官认为，在 Eley v. Positive Government Security Life Assurance Co. Ltd. 案中，争议条文并非旨在赋予律师任何形式的合同权利。这相当于公司股东或者董事通过的决议，即律师应该暂时代表公司行事。在 Browne v. La Trinidad 案中，原告所依据的判决部分仅为附带意见，其所表达的是公司章程条款不是股东与公司的合同，而是股东之间的合同。在 Hickman v. Kent or Romney Marsh Sheepbreeders' Association 案中，法官认为，Eley v. Positive Government Security Life Assurance Co. Ltd. 案和 Browne v. La Trinidad 案都是说，章程所赋予的权利实际上不是赋予股东而是赋予个体的。因此，章程条款并未在股东和公司之间创设合同，章程中所赋予的权利只有在赋予股东时才具有执行力。如果这些权利没有被赋予股东，那么股东就不能申请公司强制执行，反之亦然。因此，被告应当胜诉。Beattie v. E & F Beattie Ltd. 案的争议点产生于公司和其中一个董事之间，对于公司与其股东之间的争议约定了仲裁条款，该董事是一名股东，但争议并没有提交仲裁解决。Hickman 案得到上诉法院的核准，并被援引。在 Rayfield v. Hands 案中，公司章程在担任董事的股东与非董事股东之间创设了合同，它并没有表明存在两种类别的成员或者股东。该案可能与确定被告章程给予原告权利的性质有关。它不涉及我们所讨论的最主要问题，即原告是否构成一类类别股东。在 Bushell v. Faith 案中，争议焦点在于章程所赋予的权利是否有效，或者其是否违背《1948 年公司法》第 184 条的规定。该案并不考虑这些权利是否使每一位董事构成一种类别股东。如果每一位董事都是一个类别，在那个案件中就没有必要通过章程来赋予股东特殊投票权。因此，根据原则和合理的常识，类别权只能依附于章程条款中规定的特殊股份，并且从发行这些股份的决议中能看出这些股份是独立的，区别于普通股。

对于原告的第二点主张，关于隐含条款存在的主张在事实上是站不住脚的。此外，法院只应该着眼于原告提出作为论据的一个非常明确和有力的案件——Allen v. Gold Reefs of West Africa Ltd. 案中，Nathaniel Lindley 法官作出的判决。

在任何情况下，公司签订的合同都不能剥夺公司股东通过特别决议修改公司章程的权利（见 Punt v. Symons & Co. Ltd. 案）。如果公司签订了这种合同，公司股东能够通过召开会议的形式来修改章程，能以通过有效的特别决议的

[①] G. Brian Parker, Martin Buckley, Buckley on the Companies Acts (14th ed.), Butterworth & Co., 1981.

方式来修改章程。即使涉及违约,也不能阻止公司修改其章程(见 Southern Foundries (1926) Ltd. v. Shirlaw 案)。British Murac Syndicate Ltd. v. Alperton Rubber Co. Ltd. 案与上述截然不同,显然是错误的。

J. Scott 大法官讲道:

原告 Cumbrian Newspapers Group Ltd. 持有被告公司已发行的 10.67% 的普通股。原告所持有的股份发行于 1968 年。与此同时,作为股份发行安排的一部分,被告通过了公司章程。根据该公司章程,原告享有如下权利:第一,相较于其他普通股,享有优先购买权;第二,对于未发行的股份享有权利;第三,只要持有不少于被告已发行普通股票面价值 10% 的股份,原告有权任命一名董事。

被告的董事会已声明,他们打算召开临时股东大会,并向股东大会提交一份特别决议,旨在废除上述赋予原告特殊权利的章程条款。

原告认为,其根据章程所享有的特殊权利即是"类别权",未经其同意不能被改变或者消灭。另外,原告认为他所享有的特殊权利是基于他与被告在 1968 年订立的合同。因此,他有权限制被告召开拟议临时股东大会,或者至少限制被告召开任何改变或者消灭原告特殊权利的特别决议。被告否定原告所享有的权利是类别权,否认原告享有这样的合同权利,并且声称其有权根据法定的程序变更公司章程。

这些论点触发了几个法律上的难题。首先,我必须从 1968 年的事件谈起,正是这些事件导致被告更改了章程。两家公司都是私营公司,正如他们各自的公司名称所示,他们都是坎伯兰郡的报纸发行公司。原告发行的报纸是《帕里斯观察家》(以下简称《观察家》),这是一份周刊报纸,在每周二发售,发行量为 5000 到 6000 份,主要市场在帕里斯。考虑到帕里斯面积的大小,报纸发行量几乎没有扩大的余地。被告发行的报纸为《坎伯兰 & 威斯特摩兰先驱报》(以下简称《先驱报》)。这也是一份周刊报纸,在每周六发售,发行量扩及整个坎伯兰郡地区,它的发行量比《观察家》的更大,且有扩大空间。《先驱报》是被告发行的唯一一种报纸。

而原告公司的业务量比被告大得多,它发行好几种报纸。由于其较大的规模和出版物数量,原告能够与广告商达成某些合作,将其报纸和某些其他报纸作为一个组合,以便在其中刊登广告。被告的《先驱报》不是这个组合或任何其他组合的成员,它吸引广告的能力因此而受损。

《观察家》和《先驱报》都是当地的报纸,由当地人所有和控制。原告公司的董事长和总经理都是 John Burgess，他和他的董事会从过去到现在一直非常重视保留坎伯兰郡的地方报纸，认为应当由本地人所有和控制。到 1968 年，全国大型报纸集团已开始在该国上下并购当地报纸产业。Burgess 先生和他的董事会成员均忧虑坎伯兰郡本地报业不能逃过这场宿命。1968 年初，原告与被告开始商议，将《先驱报》并入原告的公司，以便作广告宣传。有人认为，如果《观察家》和《先驱报》继续在帕里斯出版，《先驱报》与原告集团的合并将不能实现。这个问题是可以克服的。原告原则上愿意提供令人满意的条款，允许《观察家》退出市场，以便《先驱报》可以成为当地唯一在帕里斯流通的报纸。原告需要得到特别保证的是，如果《先驱报》成为唯一在帕里斯流通的报纸，将仍然是一家独立的报纸，由当地人所有和控制。

这就是 1968 年被告更改章程的背景。Burgess 先生代表原告与代表被告的高级总监 Burne 先生进行谈判，两位先生都不时向各自的董事会汇报，双方在谈判过程中均有律师的帮助，原告聘请了 Linklaters & Paines 律师事务所作为代理人，被告聘请了当地的律所 Little & Shepherd 作为代理人。

1968 年 2 月 16 日原告举行的董事会的会议纪要记录了早期提出的董事会议案：Burgess 先生报告说 Burne 先生将退休了，他们已经对于并入广告安排的问题进行了讨论：

（1）Cumbrian Newspapers Ltd. 收购 Cumberland & Westmorland Herald 公司 10% 的股份，以现金支付的方式或者股权价值交易的方式，其价值约 6000 英镑。

（2）Cumberland & Westmorland Herald 公司的章程条款变更为给予 Cumbrian Newspapers Ltd. 待售股份的优先购买权。

（3）《观察家》的版权出售给 Cumberland & Westmorland Herald 公司。

董事会同意 Burgess 先生继续对其他条件进行谈判。Cumbrian Newspapers Ltd. 将不会发行任何新股份或被收购，如果 Cumbrian Newspapers Ltd. 被收购了，那么上述协议将是无效的。

1968 年 2 月 16 日，Burgess 先生和 Burne 先生继续进行谈判。这次谈判是以双方律所起草的章程条款草案内容展开讨论的。接下来，1968 年 4 月 27 日召开了一次重要的会议，Burne 先生为他们的会议作了记录，并得到了 Burgess 先生的认可。Burne 先生认同 Little & Shepherd 律所起草的草案,其理由为:"有人认为,《先驱报》的律师拟备的提案草案,加上持有的10%的股份和其他安排提议,可以用来证明股东身份,同时是对 Cumbrian Newspapers Ltd. 的一个保证:'《先驱报》不会,也不能出售给某些外部组织'。"

笔记记录为:"Burgess 先生表示,他被告知,拟议的新条款可能会被修改,没有什么能够阻碍外部组织向股东提出购买他们股份的要约。在这种情况下,只要有足够的票数,章程条款就可以被修改。虽然他认为这种可能性很小,但是如果他的公司要停止在帕里斯出版报纸,他必须保护他的地位。"笔记中的这一段很重要,该段文字显示,Burgess 先生认识到了这种可能性,即为了使收购顺利进行,拟定的章程可能会被改变,但他认为这种可能性很小,以及假如新章程包括笔记中提到的附加条款,他做好了承担风险的准备。这些附加条款是:(a) 其中一个条款包括未来发行任何股份,Cumberland & Westmorland Herald 公司所持有的股份比例不能变更;(b) 只要 Cumbrian Newspapers Ltd. 持有 10% 的股份,就有权利指定一名董事。这份笔记继续记录了 Burgess 先生和 Burne 先生关于原告持有发行股份 10% 的安排以及被告加入原告广告宣传组合管理安排的内容。

1968 年 4 月 27 日的会议中,Burgess 先生和 Burne 先生似乎对于上述讨论的提议达成了广泛的共识。1968 年 5 月 3 日,在被告的董事会会议上讨论并接受了这项议案。会议记录如下:

"Burgess 先生代表 Cumbrian Newspapers Ltd. 提议一项工作安排,基于此他们的伦敦广告办公室应该在佣金制的基础上为《先驱报》行事,并且《先驱报》应该为广告订单的目的与 Cumbrian 周报集团(全部由 Cumbrian Newspapers Ltd. 拥有)和边界电视区集团合作(其中也包括苏格兰南部的所有权文件),只要《先驱报》同意接受他们的广告宣传,特别是《坎伯兰晚报》的广告,届时 Cumbrian Newspapers Ltd. 将停止出版《观察家》——所有这一切都有一个前提条件,即 Cumbrian Newspapers Ltd. 希望《先驱报》公司不被其他人收购。为此,有人建议《先驱报》公司应该允许 Cumbrian Newspapers Ltd. 持有 10% 的普通股,最好正在公司的股份转让时附加某些条款,如果任何公司的普通股持有人希望向其家庭成员以外的人转让股份,Cumbrian Newspapers Ltd. 应有权购买。"会议决议召开必要的临时股东大会。

1968 年 8 月 2 日,Burgess 先生写了有关两份合同协议的信件给 Burne 先生,第一封信的标题是"为表正式和记录的目的"。内容为:"考虑到

Cumbrian Newspapers Ltd. 被任命为 Cumberland & Westmorland Herald 公司的伦敦广告代理，Cumbrian Newspapers Ltd. 承诺向 Cumberland & Westmorland Herald 公司发行 2500 股，每股价值 1 英镑的普通股，该等股份在所有方面与现有的 Cumbrian Newspapers Ltd. 普通股享有同等地位。Cumbrian Newspapers Ltd. 为 Cumberland & Westmorland Herald 公司的伦敦广告代理商，将把 Cumberland & Westmorland Herald 公司纳入其集团销售的 Cumbrian 报纸集团和边界电视区集团的广告业务中。Cumbrian Newspapers Ltd. 将收取其为 Cumberland & Westmorland Herald 公司预订的所有广告的 10% 的佣金，Cumbrian Newspapers Ltd. 将尽最大努力增加 Cumberland & Westmorland Herald 公司的广告收入。"这封信件记录了原告所承担的合同义务。第二封信的开头这样写道："我写信是为了记录合同签订的条款和条件，Cumbrian Newspapers Ltd.（'我的公司'）准备收取 Cumberland & Westmorland Herald 公司（'您的公司'）10% 的股份，对该股份享有的权益不受所有费用、抵押权、留置权、股息分配顺序、其他分配的影响，不管是现在的还是以后的，明示的还是默示的。"信的结尾这样写道："如果你和你的董事会成员均同意设定的各项条件，请您签署并寄回本信件的 11 份副本，并附上已正式填写的接受表格。"

这封信的副本由被告的五名董事签署，包括 Burne 先生，并且寄回给了原告。当时在被告已发行的 2500 股普通股中，五名签署姓名的股东持有 2060 股。

这封信接下来细分为五个段落：第一段载有签署董事的承诺，即在预定召开的临时股东大会之前不处置其股份。第二段中，已签署的董事应当召开临时股东大会来更改被告的章程条款："特别是，如果您公司资本中有足够的未发行股份，可根据第三段的规定立即发售给我公司。"第三段要求被告的董事会须在第二段中要求的特别决议通过之后，向原告发售至少已发行股本 10% 的普通股。这一段将这些股份表述为"以我的公司向你公司转售《观察家》的版权为对价"。这封信的第四段包含已签署董事关于涉及被告公司事务的保证。第五段包含已签署的董事将在临时股东大会上对决议投赞成票的承诺。

这封信有几个要点需要我们关注：第一，已签署的董事是作为被告股东的身份签署这封信的，不是以董事的身份或者是被告的代理人的身份进行签署的，因此这封信上所赋予的合同义务不是被告的义务，而是签署人个人的义务。第二，签署人在临时股东大会前有义务提出的唯一议案是修订公司章程的决议，以便有足够的未发行股本使原告能够持有已发行股份的10％。本席认为，毫无疑问，到 1968 年 8 月 2 日为止，拟议的新条款的形式已得到双方的同意，这些新条款旨在向原告保证被告人将保持独立并以 Little & Shepherd 律所起草的草案为基础。奇怪的是，这份合同信函并没有规定签署的董事有义务将这些议定的条款提交临时股东大会通过。

从证据文件中可以看出原告很重视这些议定条款，并强调了我刚才提到的奇怪之处。如果达成一致的条款随后没有被采纳，毫无疑问，1968 年 8 月 2 日第一封信中列举的任何安排都不会付诸实践；原告也不会接受 10％ 的股份以及转移《观察家》给被告。被告在为此召开的临时股东大会上采纳双方协商一致的章程版本是 1968 年 8 月 2 日列举的合同义务生效的前提条件。

根据双方已经达成一致的协议安排，有一连串的步骤需要施行。(1) 1968 年 8 月 29 日召开被告公司普通股东的临时股东大会。在这次会议上，通过了根据 Little & Shepherd 律所的草案形成的双方已经达成一致的新章程。(2) 召开完临时股东大会之后，被告召开了董事会会议，考虑到原告向被告发行每股面额 1 英镑的 2500 股普通股，会议一致通过将被告每股面额 5 英镑的 280 股普通股发行给原告。原告持有被告的 280 股股份已经略超过被告已发行股本的 10％，而被告持有原告 2500 股只占原告已发行股本的 1％。(3) 1968 年 8 月 30 日，原告召开董事会会议，将 2500 股面额为 1 英镑的普通股转给被告以交换原告持有的被告公司的 280 股股份。另外，根据被告采纳的新章程，同意 Burgess 先生作为原告方的代表人加入被告方的董事会。(4) 通过 1968 年 10 月 28 日的契约，原告将《观察家》的版权和商誉转让给被告。转让的代价为 1 英镑，《观察家》随即停止发售。(5) 最后，原告和被告签订了一份正式协议，详细规定了被告成为原告广告宣传组成员的安排细则。这份契约从 1968 年 10 月 1 日生效，有效期为 10 年，直至任何一方终止契约，但需要提前一年通知。

现在被告提议废止 1968 年 8 月 29 日通过的章程条款，以剥夺原告根据这些章程条款享有的权利。被告的董事会成员可以通过股东投票和股东追随者的投票，以提议的方式通过一项特别决议，修改公司章程。本诉讼将决定被告是否有权修改公司章程。

在这个阶段，我必须更全面地阐述有关公司章程条款的内容。被告章程没有关于类别权的废除或变更的条款，其适用《1985 年公司法》表 A 的规定。

公司章程第 3 条规定:"公司股份资本为 25000 英镑,分为 500 股面值 5 英镑的 6% 优先股、2000 股面值 5 英镑的未分类股份和 2500 股面值 5 英镑的普通股。"该条款在被告的组织大纲中也有规定。

公司章程第 4 条规定:"上述 2000 股未分类股份应根据第 5 条的规定,或作普通股发行,或在股息、表决权、资本返还或其他方面附带优先权、劣后权、其他特殊权利或限制,以上均可由董事随时决定,但不得妨碍已授予既存股份或类别股份持有人的任何特殊权利。"

公司章程第 5 条规定:"(a) 除非公司特别决议和本条第(b)款另有规定,公司未发行的股份不得向下述人员以外的人发行:(i) Cumbrian Newspapers Ltd.;(ii) 于 1968 年 8 月 28 日注册成为公司股东成员之人;(iii) 股份发行时公司的全职雇员。(b) 除非公司在股东大会上通过的特别决议另有规定,所有未发行的普通股,在发行之前,应尽可能向发行时在册的普通股股东按其持股比例计算的数额发出要约……"该条款给予原告特殊保护,防止其在已发行股份中的持股比例因被告发行新股而被稀释,但鉴于除外条款的存在,该保护并非绝对。

公司章程第 7 条规定:"董事具有绝对的裁量权,在未说明原因的情况下拒绝登记任何股份转让,无论股款是否已经全额付清,但根据第 9 条的规定向 Cumbrian Newspapers Ltd. 转让的除外。"该条款确保原告在行使优先购买权时,董事不能拒绝相关股份转让。

公司章程第 8 条授权将股份转让给:(a) 其他成员;(b) 转让方的某些亲属;(c) 被告的雇员;(d) 特定的家庭信托。公司章程第 9 条是一个重要的优先购买权条款,除第 8 条和第 9 条明确规定的股份转让外,除非经章程明确规定的程序,公司所有股份的转让应首先向原告发出要约。

公司章程第 12 条规定:"如果且只要 Cumbrian Newspapers Ltd. 仍是公司已发行普通股 10% 以上的在册持有人,Cumbrian Newspapers Ltd. 有权随时指定一人作为被告的董事……"

原告称,其根据公司章程第 5、7、9 和 12 条享有的权利是类别权,未经其同意不得变更或废除。《1985 年公司法》第 9(1) 条规定:"在符合本法规定和组织大纲所载条件的前提下,公司可以通过特别决议修改其章程。"《1985 年公司法》第 125 条的标题是"类别权",它的几个小节与原告的论点有关。第(1)款介绍了本节,它写道:"本条涉及公司股本分为不同类别股份的任何类别股份所附权利的变更。"我提请大家注意"附于任何类别股份之上的权利"一词,它在本节中反复出现,在表 A 的第 4 条中也可以找到。第

125条第(2)款处理这种情况:"如果权利附属于公司组织大纲以外的一类股票,而公司章程中没有规定权利变更的条款……"在这种情况下,只有存在下列情况时才允许变更权利:"(a)该类别已发行股份面值四分之三的持有人以书面同意该项变更;或(b)该类别股份的持有人在单独的股东大会上通过的特别决议批准该项变更……"第125条第(4)款处理这种情况:"如果该权利附属于公司组织大纲以外的某一类股票,章程细则中规定了权利变更条款,在这种情况下,该款允许根据条款的规定变更这些权利,除此之外不允许变更。"

我认为,《1985年公司法》第125条旨在提供一套全面的规则,规定"附于任何类别股份之上的权利"(不管这个短语的真正含义是什么)可以变更的方式。因此,我认为必须判断原告根据公司章程第5、7、9和12条享有的权利是否属于第125条规定的附于某一类别股份的权利。如果是的话,则它只能按照章程细则规定的方式或按照第(2)款所述的程序(视情况而定)进行更改;如果不是,则第125条不适用于该等权利。

被告于1968年8月29日通过的公司章程中,无论是一般条款还是特殊条款,都没有涉及类别权的变更,特别是对第5、7、9和12条的变更;但是章程采纳了《1985年公司法》中的表A,表A第4条载有变更或废除类别权的规定。该条规定:"如在任何时间股本被分为不同类别的股份,则不论公司是否正在清算,任何类别股份所附加的权利(除非该类别股份的发行条款另有规定),均可在该类别已发行股份四分之三的持有人的书面同意下,该类别股份的持有人在单独的股东大会上通过的特别决议予以变更。"

本条的条款强调了一个问题的重要性,即原告的权利是否属于依附于任何类别股份的权利,如果属于,则《1985年公司法》第125条和表A第4条都适用于原告的权利变更,其结果是未经原告同意,公司章程第5、7、9和12条不得更改。但是如果不属于,则第125条和表A第4条都不适用,因此这些条款可以根据公司章程第9条所授予的法定权力,通过特别决议加以修改或废除。实际上,原告可能被不享有第5、7、9和12条规定的权利的公司其他成员剥夺这些权利。此外,自1968年8月通过条款以来,这种立场一直都是如此。

Scott大法官最终作出了如下阐述:

对于原告的第一个论点,首先要解决的关键问题是:原告依据被告公司章程第 5、7、9 和 12 条享有的权利依附于一种类别股份上吗？

公司章程中所规定的权利或利益能够划分为三个不同类别。第一个类别依附于特定股份上的权利或利益，这类权利的典型例子如股息分配权利和在清算时参与剩余资产分配的权利。根据《1985 年公司法》第 125 条和表 A 第 4 条，如果章程规定特殊股份带来的特殊权利不能由持有其他股份的人享有，就很容易得出结论这些权利是依附于某一类股份上的。按此规定，毫无疑问这一类别的权利属于依附于特定股份上的权利。Howarth 大法官首先提出应当将这一类别严格限定为在当时持有该股份的人才能享有。这种限制将排除依附于发行给特定人的股份之上的权利，但该权利是否为类别股取决于该特定人是否转让股份。在《帕尔默公司的先例》(Palmer's Company Precedents 17th, 1956) 一书中，提及一个在公司中创建终身监护人份额的形式。Howarth 大法官承认，根据这一先例，附属于某一股份的权利就是类别权。他也在本判决中接受了这一观点，即一项权利所依附的股份转让将导致该项权利废止的规定，本身不会妨碍将转让前的权利定义为依附于类别股份的权利。然而，原告根据章程第 5、7、9 和 12 条享有的权利不能列入第一类，上述权利没有依附于任何特定的股份。在第 5、7 和 9 条中，没有提及原告目前持有的任何股份。根据第 12 条赋予原告的权利是基于其持有至少被告已发行的 10% 的普通股。但是，这些权利不依附于任何特定的股份。只要原告持有足够数量的被告公司的普通股，原告就能行使这些权利。

公司章程中第二类权利或利益（虽然可能"权利"和"利益"两者都不是一个适当的描述），包括非基于公司股东身份，但基于与公司事务的管理或其业务行为有关的原因，而授予个人的权利或利益。Eley v. Positive Government Security Life Assurance Co. Ltd. 案中，被告公司章程规定原告必须是公司的法务人员。原告坚持这一条款是他和公司之间订立的合同。他败诉了。他败诉的原因与此案件无关，我提出这个案子只是为了强调这个条款是赋予个人的权利，不是基于公司成员或者股东身份。很明显，这一类的权利和利益不是类别权，其不能被认作为依附于某一类别股上的权利。Eley v. Positive Government Security Life Assurance Co. Ltd. 案的原告在章程通过的时候并不是该公司的股东，而是在章程修改后才成为股东。显而易见，赋予他的任何权利和利益都不是基于其公司成员的身份。在持有公司股份的前提下，通过章程条款授予了其权利，就不容易判断其享有的权利是否为依附于某一类别股份上的权利了。但是，在任何情况下，如果该章程条款赋予的权利或利益不是基于公司成员或股东的身份,则我认为这些权利不能被视为类别权,这些权利不依附于任何股份。

这个案件的辩护词第七段指出,原告享有的第5、7、9和12条规定的权利是"原告的个人特权,无论他们是否持有公司股份均享有上述权利"。如果这种辩护是有依据的,那么这些权利就属于第二大类别,也即不属于类别权。然而,Howarth先生没有坚持这种观点。在我看来他没有坚持这种观点是正确的。本案证据已经明显表明,被告章程对第5、7、9和12条的采纳和原告接受被告发行的280股面额为5英镑的普通股股票有着不可分割的关系。上述章程条款赋予原告权利和特权的目的是使原告能够以被告人股东的身份防止被告被接管。我认为原告根据上述条款所享有的权利不属于第二类。

那么,就只剩下第三类了。该类别包括的权利属于虽然不依附于任何特定股份,但是基于权利人公司成员或公司股东的身份授予他的权利或利益。根据第5、7、9和12条,原告的权利属于这一类别。其他例子可以在报告的案例中找到。

Bushell v. Faith案中,由上议院确认,章程中规定通过股东大会解雇董事时,该名董事持有的股份具有三票表决权。该规定的目的是防止董事被公司成员简单多数票决解雇。这项规定的有效性被二审法院和上议院所确认;胜诉理由对于现在这个案子来说不重要。但是,这项规定赋予的权利在我看来属于第三类,该权利不依附于任何特殊股份上。另外,该权利被授予拥有股东身份的董事/受益人。事实上,这项规定划分了两类股东,即担任董事的股东和不担任董事的股东。本案和Bushell v. Faith案一样,都与章程条款赋予的权利有关,同时又由Rayfield v. Hands案件所证明。该案涉及章程给成员施加的义务。该公司章程规定任何股东均可以以公平的价格将股票卖给董事。实际上,股东享有可以对董事行使的看跌期权。J. Vaisey认为章程中规定的董事的义务是具有强制力的,他认为董事的义务来源于其股东身份。这遵循了他之前在Bushell v. Faith案中作出的判决,事实上公司存在两种股东:非董事股东和作为董事的股东。前一类股东享有后一类股东所不享有的权利。这两类能够识别,不是因为各自持有特殊的股份,而是因为后者担任的职务。但是,前者的权利和后者的义务建立在他们分别持有该公司的股份的基础上。因此,他们所享有的特殊权利属于第三类权利。

在这个案子中,正如我之前所持的观点,第5、7、9和12条授予原告的权利是基于其股东身份。如果原告不是被告的股东,就不享有上述权利。如果原告要转让全部其所持有的被告公司的普通股,则其不享有上述权利。但是,这些权利不依附于任何特定股份之上。原告依据第5、7、9条享有的权利需要原告持有一定数量的股份。原告基于第12条规定享有的权利需要原告至少持有被告已发行的10%的股份,但是持有任意股份均享有上述权利。因此,原告依据章程所享有的权利正属于第三类。

那么,接下来要解决的问题是:第三类权利是否属于《1985年公司法》第125条以及表A第4条所述的依附于某一类股份的权利?Howarth先生依赖条文所使用语言的自然含义来判断,表A第4条表述为适用于"在任何时候股本被划分成不同类别的股份",第125条第(1)款中表述为适用于"其股本被分为不同类别股份"的公司。Howarth先生指出,上述条款中的表述加上反复提及的"附于任何类别股份上的权利",表明立法机关所考虑的仅为第一类权利,它旨在保护附于特定股份的权利,拒绝保护不附属于特定股份的权利。

Brisby先生认为,只要章程赋予的特殊权利是股东地位的附随权利,就属于第125条和表A第4条规定的权利,从而认定这些权利附于股东当前持有的股份。这是一个似乎没有权威性解答的问题,《1985年公司法》第125条的表述也没有提供确定的答案。因此,我认为应该尝试探究第125条的立法目的,并结合立法目的,解释适用该条文。

按照第125条的规定,组织大纲中可以设置类别权。公司法一直以来明确规定,在没有法定授权条款的情况下,或者除非组织大纲本身规定了变更程序,否则组织大纲中所载的权利不能被更改(见Welsbach Incandescent Gas Light Co. Ltd. 案)。《1985年公司法》第17条(即《1948年公司法》第23条)承认这项原则。第(1)款就更改公司组织大纲的条文提供有限的权利;第(2)款规定了例外情形"(b)款……没有授权更改或废除任何类别成员的权利(rights of any class of members)"。我提请注意"任何类别成员的权利"在股份有限公司的情况下,可以用"任何类别股东的权利"(rights of any class of shareholders)取代。

第125条第5款规定:"如果是记载于组织大纲上的依附于某类股份的权利(rights are attached to a class of shares),组织大纲和章程细则都没有关于这些权利变更的记载,这些权利在得到公司成员的一致同意下可以被更改。"

将第125条第5款与第17条第2款一并解读,表明就股份有限公司而言,"任何类别成员的权利"及"附于某类别股份的权利"(rights are attached to a class of shares),具有相同的含义。如果不这样理解的话,第三类就只属于"任何类别成员的权利",而不属于"附于某类别股份的权利"。这将使组织大纲中所载的第三类权利变为不可改变的,除非通过法院批准的安排计划,否则即使所有成员同意变更也不能更改。这不合常理。

然而,类别权变更经常见于章程细则而非组织大纲中。曾经有一种观点认为,除非在章程细则中就股东权利的更改作出特别规定,否则不能更改章程细则所赋予的股东权利。上诉法院在 Andrews v. Gas Meter Co. 一案中的判决证明了这种观点是错误的。《现代公司法(第 4 版)》[①]的作者 Gower 指出,表 A 第 4 条中规定了公司章程可以就类别股股东权利的变更作出规定,这种做法早于该判决。这与对第 4 条的历史解释是一致的,即第 4 条是以一种授权的形式而不是以一种限制的形式表达的。它允许可以按照规定的程序变更类别权,除了此之外,不限制类别权的变动。但是公平地说,表 A 第 4 条暗示,除非按照该条规定的程序变更,类别股份所附的权利至少不能由股东自己变更。

《1948 年公司法》第 72 条(现在是《1985 年公司法》第 127 条的一部分),表达为适用于其股本"分为不同类别股份"的公司。因此,第 72 条遗留了同样的问题,即第三类权利以及第一类权利是否在其范围之内。这一章节赋予至少占 15% 的少数不同意见者向法院起诉的权利,并给了法院是否确认变更的自由裁量权,但只适用于:"章程细则或组织大纲中授予了变更权利的条款……须得到持有人的同意……或者另一个特殊会议的决议……"因此《1948 年公司法》第 72 条的规定不能适用组织大纲和章程细则都没有规定类别权变更的情形。所以,在章程细则中包含类别权的情况下,第 72 条只适用于章程中包含表 A 第 4 条的某些条款的情形。

Gower 教授曾指出,这种区分几乎没有意义,或者根本没有意义,除在组织大纲和章程细则中没有规定对权利变更条款的情况下,类别权根本不能被改变。如果在没有规定变更条款的情况下,章程细则中所载的类别权可以通过股东大会通过的特别决议加以变更,为什么不给予持不同意见的 15% 少数人与《1948 年公司法》第 72 条相同的权利呢? Gower 教授的建议是,应将第 72 条视为隐含限制,即如果组织大纲或章程不包含任何关于变更类别权的规定,那么就不可能对其进行变更,当然构成法院批准的安排方

---

① L. C. B. Gower, Principles of Modern Company Law (4th ed.), Sweet and Maxwell, 1979.

案的一部分的变更除外。就组织大纲所载的类别权而言,这一论点并不例外(见《1948年公司法》第23条,现在是《1985年公司法》第17条)。但就章程所载的类别权而言,修改条款的法定权力(《1948年公司法》第10条,现为《1985年公司法》第9条)受到《1948年公司法》第72条的隐含限制。

Gower教授所提出的观点已经被《1985年公司法》第125条和第127条所采纳。附属于某一类别股份的权利,如果载于章程细则中,即使章程中没有关于变更类别权的规定也可以被改变[见第125(2)条]。无论章程中是否规定变更这些权利的条款,持不同意见的少数人都得到同样的保护[见第127(2)条]。

如果Howarth先生的观点是正确的,即在第125条的意义内,可以存在不附属于任何类别股票的权利,那么在我看来,Gower教授的论点仍然是相关的。如果权利载于组织大纲中,毫无疑问它们不能改变(见《1985年公司法》第17条);如果这些权利载于章程细则中,它们是否可以根据《1985年公司法》第9条的法定权力通过特别决议进行更改,或者第125条是否应被解读为隐含地排除了更改不附属于任何类别股份的类别权的法定权力?

通过特别决议修改条款的法定权力被表述为"受本法规定的约束"。问题是《1948年公司法》第72条和《1985年公司法》第125条和第127条是否提供了足够的背景来证明限制第9条授予的法定权力的广度是合理的。在我看来,它们没有。第72条是为了在某些情况下向公司的某些成员提供利益而制定的。正如Gower教授所指出的那样,这项权利之所以没有扩大到某些其他情况,很可能是因为立法机构在法律层面采取了错误的假设。但是,在本条未涵盖的情况下,对公司修改其章程的权利进行限缩解释不具有正当性。正如Simonds子爵在Kirkness v. John Hudson & Co. Ltd.案[①]中所说,"那些制定议会法案的人的信仰或假设不能制定法律"。如果如我所总结的那样,《1948年公司法》第72条没有限制在章程中没有规定变更条款的情况下通过特殊决议对类别权进行变更,那么《1985年公司法》第125条和第127条也没有这样做。

在我看来,如果被告所言是正确的,即第三类权利并不是依附于类别股份上的,根据第125条规定的目的,必须认可《1985年公司法》第9条的规定,即关于这种权利的条文能够通过特别决议的方式被更改。我认为这个结论与被告论点是否正确有关。如果章程细则中记载的类别权在股东大会

---

① [1955] A.C. 696, 714.

上受到特别决议多数人的控制,这带来的结果将是令人惊讶和不满意的,除非这是依附于特殊股份的权利。如果公司章程给予某一类特殊团体以特殊权利,就会奇怪地发现不是该类别的成员仅通过特别决议的方式就可以剥夺这些权利。

经过考虑,我得出一个结论,《1985年公司法》第125条和第127条以及《1980年公司法》第32条的目的是全面处理本公司的类别权可以被改变或废除的方式。包括:第一,《1985年公司法》第五部分第二节规定了"类别权"(从第125条到第129条),第125条的边注是"类别权的变更"。从语义上,似乎"类别权"(class rights)和"依附于任何类别股份的权利"是一样的,至少对于股本公司而言是这样的。第二,在《1985年公司法》第17(2)(b)条中"任何类别的成员的权利"一词在有股本公司和无股本公司中使用时,都强调了第125条中"依附于任何类别股份的权利"的表述被立法局视为与前者同义,至少对有股本的公司而言是这样的。第三,立法者的意图在于保护依附于类别股份上的权利避免因章程的改变而被变更或者消灭,如果立法者有这样的意图,却没有为第三类类别权提供这样的保护,这不太合常理。第四,如果第三类权利的变更或消灭不能适用第125条的规定,得出的结论似乎就是,如果这种权利被规定在组织大纲上,那它就完全不能被改变或者消灭。《1985年公司法》第125条的授权条款和第17条的授权条款都不适用于组织大纲规定的权利。在我看来第17条的规定有力地表明,立法者认为第125条能够用来解决组织大纲所规定的"任何类别的成员享有的特殊权利"的变更或者消灭问题。第五,结合我上述所提到的第三点和第四点,能够进一步得出结论:章程细则中规定第三类权利的变更比附于任何类别股份的权利的变更更自由,而组织大纲规定的第三类权利的变更却比附于任何类别股份的权利的变更更难,这种区分不仅仅是反常的,在我看来,这是不正当的。

根据上述理由,我认为《1985年公司法》第125条的立法意图是为了处理章程细则和组织大纲中给予任何类别成员的任何特殊权利的改变或者消灭。也就是说,这些权利不仅仅包括我所提及的第一类权利,也包括第三类权利。因此,我必须对第125条作出解释,以便在该条的语义准许的情况下,实现该项立法意图。在我看来,它就是这样的:

第1款指的是"股本分为不同类别股份的公司的任何类别股份的权利"。在我看来,如果特殊权利是基于这些成员的股东身份而赋予的话,那么这些成员就构成一种类别。目前这些成员持有股份就属于第125条规定的一种"类别股份",如果没有这些股份,他们就不是该类别的股东。这个类别包括拥有该股份所有权时的公司成员。为了实现第125条的目的,如果股东、准股东享有不同的权利,那么一个公司的股本就被划分为不同类别的股份。

第125条这种构造导致的结果是,在特定个人收购或处置股份时,股份可能进入或退出某一特定类别。我没有看到任何概念上的困难。Howarth先生指出了可能出现的一些行政困难,主要是关于在划分年度报酬时的细节问题。这些在我看来都可以通过行政手段加以解决。我不认为这些能对第125条的解释产生真正的影响。

在我看来,一个公司根据其章程细则,基于公司成员或者股东身份赋予一个或者多人特殊权利,使目前持有该股份的人构成了第125条所规定的一个类别,这些权利就是类别权。我已经阐述过这种观点,即原告根据章程第5、7、9和12条的规定所享有的权利是基于被告公司的成员或者股东身份。这意味着为了改变或者消灭这些权利,原告在持有被告股份的时候构成了一种类别股份。

对于原告的第二点主张,关于合同上的争论,已经得到充分的论证。因此我认为我应该解决它。合同争议首先是基于一项指控,在1968年或前后,原告和被告签订了一项协议,其中有一条规定原告将享有第5、7、9和12条赋予的权利;其次,该协议的隐含条款规定,未经原告事先同意,不得更改或废除这些条款。在我看来,这一点与事实不符。

我认为原告和被告之间并没有达成这样的协议,即被告同意原告拥有这些权利。1968年8月2日的第二封信证明达成的协议双方并不是原告与被告,这是原告和董事作为个人之间达成的协议。这些董事没有就原告拥有这些权利达成协议,他们最多同意在股东大会召开之前,召开特殊会议通过已达成合意的条款。我已经表明了我的意见,即通过这些条款是其余商定安排生效的先决条件。董事没有合同上的义务来保证这些条款能够通过,更不用说被告了。在这种情况下,原告和被告就原告将拥有争议的权利达成协议的主张,在我看来是不能成立的。

争议的隐含条款基于相同的原因不能生效。原告和被告之间没有就条款通过达成协议,所以为何会存在条文不能被改变的隐含条款?再者,正如Howarth先生所指出的,通过特别决议来改变章程不是公司的一项权利,而是公司成员的权利,公司签订的协议不能剥夺成员的权利。当然,公司签订一个条文不能被更改的合同是有可能的,但是公司必须在该协议中有强烈的意思表示。在 Allen v. Gold Reefs of West Africa Ltd. 案中，Nathaniel Lindley 法官说道："在处理涉及可撤销条款的合同时，特别是在公司成员和公司之间涉及公司股份的合同时，必须注意不要假定合同条款中包括章程条款不能被改变。"

1968 年 8 月 29 日，当被告发售股份给原告，并且原告接受了被告 280 股、每股面额 5 英镑的普通股时，原告就成为被告新条款当中规定的股东。通过新条款是为了发行股票。正如 Brisby 先生所主张的，双方都认为这种安排是长久的，根据我的判断，没有证据证明被告人默认同意不会更改这些条款。被告的董事谨慎地让被告不要对章程内容作出任何承诺。在我看来这是相当错误的，暗示了这个术语会有争议。

如果我得出的结论是认为被告应该承担所谓的隐含条款，那么后果将是什么？对此我已经进行了相当多的论述。我就这些争议简短地陈述我的观点：第一，在我看来，公司不能通过协议来剥夺成员通过特别决议来改变章程的权利，这一点是公认的（见 Punt v. Symons & Co. Ltd. 案）。第二，如果一个公司真的承诺它的章程不会被改变，公司成员仍有权召开会议，通过特别决议的方式来改变章程。第三，如果章程已经被有效更改，即使公司违反合同，也不能阻止已被更改条文的实施。在 Southern Foundries (1926) Ltd. v. Shirlaw 案中，Porter 法官正确地阐述了这一点："在我看来，一般原则应该这样来表述。一个公司有权改变其章程，借此使其有权依照更改后的章程行事。但是如果这与章程变更前有效订立的合约的规定相背离的话，该行为仍然属于违约。"Brisby 先生说，这种说法并不能代表法律。但在我看来，它可以。第四，当一个公司已经约定章程条款不能被改变，我想不出任何理由为什么在适当情况下，不能通过禁止召开会议的方式来阻止其改变条款。但我认为，禁令不能适当地给予，以妨碍公司履行其有关召开会议的法定责任，如《1985 年公司法》第 368 条。然而，在这种情况下，我认为原告的主张在类别权这一点上是成立的，我将以此为根据作出判决。

【案例评述】

本案的原告和被告均是本地的报纸出版商，1968 年原告和被告商谈一项交易，据此原告获得被告 10% 的股份，并且作为股份发行安排的一部分，被告修改公司章程并授予原告相较于其他普通股份对于尚未发行股份的优先购买权利以及指定董事的权利。授予这些权利的目的是让原告能以股东的身份阻止被告被收购。这项协议持续多年后,被告想要召开股东大会修改公司章程以废止原告享有的上述权利。

本案主要涉及两个问题,即原告所持有的股份是否属于类别股以及公司签订的合同能否限制公司变更章程的权利。

一、类别权定义

类别权是英国公司法上的特有概念,英国公司法均规定,公司发行的股份所享有的权利无须完全一致,公司可以根据商业需求赋予不同类别的股份不同的权利。如表 A 第 2 条规定:"在受制于《1985 年公司法》的条款且不妨碍于既存股份之上的权利的情况下,公司可以通过普通决议决定发行任何附带权利或限制的股份。"可见英国类别股份制度的基础规则允许各式各样的类别股份出现,由此也衍生出对于类别股份的特别保护制度。[1] 相比于一般的公司章程中授予的权利,《2006 年公司法》为其提供了特别的保护,规定变更类别权需要得到类别股股东的单独同意,并规定了类别权变更的一般原则。当然,公司的章程中可以自行设立更高或更低的变更程序标准。类别权可被规定在公司组织大纲、公司章程细则以及股东大会通过的特别决议中。

英国公司法并未对"类别权"作出准确定义。《1985 年公司法》仅在"优先购买权"一节中有对类别股份定义的参考,第 94(6)条规定,"类别股份定义的一个参考是,在股息和发行资本方面的投票权或参与决策权等方面,附于其上的权利相同的股份"。《2006 年公司法》第 629(1)条对类别股的定义是依附于股份的权利在所有方面都相同的一类股份;第 630(2)条规定,依附于类别股份的权利属于类别权[2],两者属于循环定义,并没有厘清类别权的内涵和外延。

由上述定义可见,附于股份上的权利最初应是平等的,当附于某些股份之上的权利与附于其他股份之上的权利不同时,这类股份就构成了类别股份。类别股份之间的差异可存在于财产权和控制权内容方面,类别股份可以在盈余分配、股息分配、剩余财产分配、股份销除或以盈余冲销股份、股份合并或因合并而分配股份、新股认购、股份转换的选择、权利处分等方面具有不同的权益。[3] 在英国公司法传统上有一些公认属于类别股的类型,包括优先股(preference shares)、劣后股(deferred shares)、无投票权股(non-voting shares)等。其中以

---

[1] 蒋雪雁:《英国类别股份制度研究(上)》,载《金融法苑》2006 年第 2 期。
[2] 英国《1985 年公司法》也采用了相同的定义。
[3] 徐子桐:《从银山化工案看类别股东表决》,载《证券市场导报》2004 年第 2 期。

优先股较为典型,在英国公司法中,优先股享有的权利一般可以包括:在股息分配时获得优先支付的权利、在公司清算时优先受偿的权利以及在特定情况下(如公司拖延支付股息时)出席股东大会和参与投票的权利。① 这些权利属于类别权是显而易见的,我们当然容易判断,然而商业环境的复杂性以及公司和股东、不同股东之间利益的多样性常常导致公司组织大纲或章程细则中记载的权利未必都能落入如此标准化的类别股形态;商业实践的不断发展和公司融资的多样化也会催生越来越多的类别权类型。因此,对于类别权的定义仍有必要进行进一步的判断。

英国作为一个判例法国家,法官司法实践进行了研究探索,并依次创造出了一系列规则。由本案可见,原告的股份是否属于类别股是本案的争议焦点之一,判断股份是否属于类别股在实践中至关重要。本案是定义类别权最重要的判决。

本案中,被告在收购时授予原告相较于其他普通股股东优先购买权,对未发行股份的优先购买权以及持有被告股份10%以上时,享有指定一名董事的权利,然而,这些权利并不依附于特定的股份,仅仅是授予原告的,争议于此展开。

Howarth大法官提出,把章程规定的权利或利益分为三类:第一类是依附于特定股份上的权利或利益,典型的如股息分配的权利、清算时优先参与分配的权利;第二类是非基于公司股东身份,但基于与公司事务的管理或其业务行为有关的原因,而授予个人的权利或利益,如公司股东同时也是公司的董事,基于其董事身份授予的管理公司的权利;第三类是虽然不依附于特定股份,但基于公司成员或公司股东的身份授予的权利或利益。第一类是典型的类别权,第二类不是类别权也没有争议。有争议的是第三类,即本案中被告章程授予原告的权利。

Howarth大法官支持被告,他认为"依附于类别股份上的权利"这个定义的前提是,这些股份必须有特殊性,正是这些特殊性才会将其与其他股份区别开来,构成一种特殊的类别。在这个案件中,原告的股份并没有特殊之处,要说唯一特殊的地方,那就是登记的持有人是原告的名字而已,是给予股东的个人特权。而且,如果第三类权利是类别权,只要原告持有至少一个份额的普通股,没有经过他的同意,章程中第5、7、9条规定的权利就不能被更改;如果原告卖掉其所有股份,这个类别将不复存在;如果此后原告又获得了被告的股份(即使这些股份从来不是一个类别),那么一个类别又会重新出现。这在填写年度报税表时产生了实际问题。

---

① 蒋雪雁:《英国类别股份制度研究(上)》,载《金融法苑》2006年第2期。

Brisby 大法官支持原告,认为只要公司章程明确授予的不是所有股东都享有的具有股东功能的权利或利益,均属于依附类别股份的权利。尽管章程指明原告享有这项特殊权利,但是这项权利是基于股东身份,而非个人权利或不论原告是否实际持有被告公司的股份都能享有的特权。当股东地位特定的附随权利由部分而非全部股东享有时,这部分股份就构成了《1985 年公司法》第 125 条或表 A 第 4 条规定的类别股。特殊权利依附于他们持有的股份之上,因为只有在一段时间内持有该公司的股份,原告才能继续执行章程包含的合同权利。

Scott 大法官支持原告。Scott 大法官赞同 Howarth 大法官关于三种权利的划分,他认为原告根据章程享有的权利属于第三种,关键在于第三种权利是否属于《1985 年公司法》第 125 条或表 A 第 4 条所指的附于类别股份之上的权利。他认为,如果第三种权利不是第 125 条所指的附于类别股份之上的权利,那么赋予这些权利的章程条款就可以通过特别决议修改,也即章程中记载的类别权,除非附于类别股份之上,否则会在股东大会上受到特别决议多数人的控制。Scott 大法官通过对《1985 年公司法》类别权修改的程序[①]进行解读,认为立法者的意图在于保护依附于类别股份的权利免受章程的改变而被改变或者消灭,如果第三种权利可以通过章程而变更或消灭,这与立法的本意不符,且如果第三种权利的变更和废除不受第 125 条保护,那这些权利将不能被变更或废除;基于上述理由可以推导得出,章程细则规定的第三种权利比附于类别股份之上的权利更容易变更,组织大纲规定的第三种权利却比附于类别股份之上的权利更难变更,这不合常理。因此基于上述原因,Scott 大法官认为《1985 年公司法》第 125 条应适用于组织大纲或章程授予类别股东的任何特殊权利的变更和废除,包括章程规定的第三类权利,原告根据章程享有的权利属于类别权。

然而,也有学者认为 Scott 大法官的判决是错误的,他们认为,只有附于特定股份的权利才是类别权,授予个别股东的权利不是类别权。本案中 Scott 大法官的判决和反对派的意见实为两种认定思路,即在界定类别股份和类别权时究竟是以权利定股份,还是以股份定权利。在区分类别时,核心在于附于股份之上的权利,权利相同则为同类股份,权利不同则为不同类别股份。但在考察类别权利时,则需要从"附于类别股份之上的权利"出发,探究什么是"类别股份"。这样,股份需要以附于其之上的权利来定类别,而权利又需要以其所附之股份来定类别,相互纠缠不清。在本案中,Scott 大法官将划分类别的重点放在"权利"之上,即"以权利定股份"。他指出,无论其是否持有被公司章程规定为相同类别的

---

① 葛伟军:《英国公司法:原理与判例》,中国法制出版社 2007 年版。

股份，如该案中原告持有普通股与其他普通股毫无差别，但只要原告持有普通股并享有章程规定的特殊权利，这些特殊权利即为类别权，进而原告所持的普通股也成为类别股份，原告即构成类别股东。而 Howarth 大法官则将划分类别的重点放在"股份"之上，即"以股份定权利"。他认为"依附于类别股份上的权利"定义中的股份必须有特殊性，原告所持有的股份与普通股没有区别，因此原告所持有的股份并不是类别股份，这些特殊权利也不是类别权。在对类别股、类别权进行界定时，究竟应从"股份"出发还是从"权利"出发，是以权利定股份还是以股份定权利，在英国的类别股份制度中尚未有定论。

不过，《2006 年公司法》对于类别权的修改程序已经大大简化，与《1985 年公司法》存在重要区别，不依附于特定股份但基于股东权能授予的权利是否属于类别权还有讨论的余地。然而，在颁布《2006 年公司法》之间的国会讨论程序中，并没有任何明确的见解认为，减少权利种类的范围，将本案中所讨论的第三种权利排除在外，是立法者所期待的。①

由本案可见，英国判例法对类别权的界定采取了较为宽泛的认定，认为其不需要依附于特定的股份。英国公司法规定，对于同一类股份也可以再次细分，划分为等级 A、等级 B 等（即同股不同权），这样再次细分的股份同样构成类别权，公司的股份一旦再次细分，实际上就导致该类细分的股份与该类别其他股份上的权利不一致，其效果就是创立了单独的股份类别。

不仅如此，在特定情形下法院甚至认定本应是同一类别的股份因为实缴数额、面值的不同，其上附着的权利也会被认定为类别权。例如，在 Greenhalgh v. Arderne Cinemas Ltd.②案中，虽然法官并没有对持有不同面值的股东是否享有类别权作出直接的回应，但其在判决中解释道，公司通过的决议虽然没有变更持有 2 先令普通股股东所享有的权利，但是面值 10 先令股份的分拆使得面值 2 先令的普通股股东的地位受到影响，导致该类别股东的权利行使受到影响，但并未变更权利本身。在上述论述中，法官默认了面值不同的股份属于不同的类别。

而对于面值相同的股份，其实缴股本的数额不同可能被认定为类别权，例如在 United Provident 保险公司案中，对于同一类别的股份，因其实缴数额不一样，法官认为未全部实缴股东在催收前付款享有的利益没有得到满足，因而认定属于不同类别因而须召开单独的类别股东大会。③而且根据公司章程规定，股

---

① 〔英〕艾利斯·费伦：《公司金融法律原理》，罗培新译，北京大学出版社 2012 年版，第 167 页。
② Greenhalgh v. Arderne Cinemas Ltd. [1946] 1 All E. R. 512.
③ United Provident Assurance Co. Ltd. [1910] 2 Ch. 477.

份全额缴付的股东可以享有股份部分缴付的股东所不享有的权利,但这种权利的差异存在的基础在于事实层面,有观点认为与其将它们视为不同的股份,不如认为附于它们之上的权利在各方面是一致的,但股东实际上可以行使的权利范围依事实而定。在依据公司法而完成的安排的语境下,部分缴纳的股东被认为构成了不同于全额缴纳的股东的类别。①

此外,如前文所述,类别权的定义为"依附于类别股份的权利",这又引出了一个问题:附着于类别股份之上的是什么权利? 对此,有三种解释方法:最宽泛的解释为,因持有公司股份而拥有的权利,即由公司组织文件规定的所有权利都属于类别权,无论该权利是否为这个类别所独有。这种解释方式带来的问题是,公司章程对其权利的任何变动都需要启动特殊保护程序,公司组织文件的任何变更都需要得到类别股东的同意。最狭义的解释为,专属于某一特定类别的不同于其他类别股份的权利属于类别权。折中的解释为,专属于某一特定类别的权利是类别权,同时股息和资本权利、表决权以及与类别权保护相关的权利也属于类别权,即使它们不是该类别股东所独享的。②

其实,上述关于"依附于类别股份的权利"应当作何解的争论,本质上是小股东应当在多大程度上受到保护的问题。对"依附于类别股份的权利"的表述解释得越宽泛,少数股东获得的保护越多,反之亦然。③ 类别股份制度本质上是一种保护少数利益的机制,它是在"资本多数决"和"一股一权"的基础制度之上,多数股东与少数股东谈判的结果和利益博弈的过程,界定"类别权"和"类别股份"的严格程度主要取决于多数股东和少数股东之间的利益平衡。④

同时我们应当关注的是,在区分类别股时,判断在何时区分股份的类别至关重要。在 United Provident 保险公司案中,从正式角度来讲,实缴数额不同的股东所享有的权利应当是相同的,但在公司清算时,因未全部实缴股东在催收前付款的利益没有得到满足,最终被认定为类别股份,而在其他情形下,公司的决议不需要该未全部实缴股东的单独同意。在 Greenhalgh v. Arderne Cinemas Ltd. 案中,两类面值不同的普通股享有的权利也应当是相同的,仅仅在公司分拆股份时,才可能导致其权利受到影响,此时才讨论是否属于类别股及是否需要其特别同意。上述两个案件采纳了以下观点,即只有在特定的事项方面,才考虑类别股份的区分。也就是说判断在特定事项层面,是否需要给予少数股东特殊的

---

① 〔英〕艾利斯·费伦:《公司金融法律原理》,罗培新译,北京大学出版社 2012 年版,第 169 页。
② 同上书,第 167 页。
③ 同上书,第 170 页。
④ 蒋雪雁:《英国类别股份制度研究(下)》,载《金融法苑》2006 年第 3 期。

保护,以平衡多数股东和少数股东之间的利益。此时法官关注的重点也从权利转向了利益,从股份转向了股东,认定是否构成类别权的逻辑转向了以股东定权利。

二、对公司章程修改的限制

根据《1985年公司法》,公司可以修改组织大纲和章程细则的条款,但是在某些情况下,公司修改其组织大纲和章程细则的权利受到一些限制。这些情况包括:(1)法定限制。例如如果组织大纲或章程细则的修改要求某个股东取得或认购比他在修改日之前所持的更多的股份,或者该修改增大该股东缴付股本或向公司支付金钱的责任,那么该股东可以不接受该修改。若该股东在修改前或修改后,以书面形式作出承诺,同意受该修改约束,则此限制不再适用。(2)法院限制。当一定比例的股东或债权人向法院提出异议时,法院可以颁布禁令,要求公司不得对组织大纲或章程细则作出任何修改。例如,对变更组织大纲中原本可以出现在章程细则中的条款的异议。(3)公司或股东的限制。只有满足《1985年公司法》规定和组织大纲的要求,公司才可以通过特别决议修改公司章程细则。因此,组织大纲可以对章程细则的修改作出限制。但是,组织大纲或章程细则不得对组织大纲的修改作出限制,因为公司修改组织大纲的权利是法定的,除非法律对修改公司组织大纲的权利作了限制,否则这种限制是无效的。股东也可以约定限制公司修改章程的条件,但是这样的约定不能约束将来的股东,除非他们明确表示同意。(4)合同限制。如果公司通过合同与承诺不修改其章程,该合同将无法履行,因为修改公司章程是股东的权利,不能被合同排除。

Brisby大法官认为,除非原告同意,否则不得更改被告的公司章程是1968年的合约安排具有的商业效力的必要条件。同时指出,在适当的情况下(如损害赔偿金不充分的补救),公司不得(a)改变其章程,或者(b)按照修改的章程采取行动。Howarth大法官则认为隐含条款存在的要求不符合事实。同时引用了先例一 Punt v. Symons & Co. Ltd.案:在任何情况下,公司签订的合同不能剥夺公司股东通过特别决议改变公司章程的权利;先例二 Southern Foundries (1926) Ltd. v. Shirlaw案:如果公司签订了这种合同,公司股东能够通过召开会议的形式来改变条款和通过有效的特别决议的方式来改变条款。即使涉及违约,也不能阻止公司改变其章程。

对于第一个问题,Scott大法官通过分析被告修改章程的背景,认为1968年8月2日第二封信证明达成的协议并不是原告与被告之间的协议,而是原告和被告董事作为个人之间达成的协议。这些董事没有就原告拥有这些权利达成协议,他们最多同意在股东大会召开之前,召开特殊会议通过已达成合意的条款。通过这些章程条款是其余商定安排生效的先决条件,董事没有合同上的义务,保证这些章程条款能够通过,更不用说被告了。原告和被告之间没有就章程条款的通过达成协议,因此也不存在章程不能被改变的隐含条款。

对于第二个问题,因为不存在这样的隐含条款,也就不存在禁止修改章程的合同约定能否阻止公司修改章程的问题。但是,这个问题已有相当多的判例所确认,Scott 大法官依旧对这个问题作了阐述:第一,公司不会通过协议来剥夺成员通过特别决议来改变章程的权利是公认的;[①]第二,如果章程已经被有效更改,公司不能阻止已被更改条文的实施,尽管那样做会涉及违约。[②]

[①] Punt v. Symons & Co. Ltd. [1903] 2 Ch. 506.
[②] Southern Foundries (1926) Ltd. v. Shirlaw [1940] A.C. 701; [1940] 2 All E.R. 445, H.L. (E.).

英国优先股判例译评之九[①]

——公司备忘录和章程

【裁判要旨】

(1) 股份有限公司根据《1856年股份公司法》《1857年股份公司法》制定备忘录确定公司股本,公司章程没有权利修改备忘录的内容,也不能授权公司通过决议的方式改变原股东的权利,但公司董事在公司成员大会的批准下,可以宣布按持股比例给持股人派发股息。

(2) 根据《1862年公司法》的规定,公司不能通过特别决议以优先股的方式发行未分配的原始股。

一审法院:郡法院。

二审法院:上诉法院。

上诉法院于1865年4月25日对本案进行了开庭审理,作出如下法律判决:支持一审法院的判决,驳回被告的上诉。

【案件事实】

被告是一家股份有限公司的董事,根据1862年6月23日生效的公司备忘录,股东责任是有限的。公司注册资本是12万英镑,划分为12000股,每股价值10英镑。与公司备忘录同一天制定的公司章程第52条规定:"公司的事务由公司董事管理,董事可以行使所有在《1856年股份公司法》规定的由公司成员大会行使的权利。"但是董事要服从于章程和公司法的规定,并遵守公司成员大会制定的与上述规定相符的规定。但是成员大会制定的规则不能使公司董事在该条规则出台前的行为无效。公司章程第72条规定:"公司董事经公司成员大会的同意可以宣布按照持股比例向股东派发股息。"

[①] Hutton v. The Scarborough Cliff Hotel Co. Ltd., 46 E. R. 1079 (1865).

公司股份没有全部发行，公司特别成员大会在1865年2月6日通过、3月2日确认了一项特别决议，并且声称是符合《1862年公司法》第50条的规定："对于那5783股股份和目前尚未发行的股份，或者它们中的任何部分，如果公司董事认为合适，并且是适宜的时机，可以发行等量的优先股，每股每年收益不超过7英镑，每半年从公司净收入中支付，但对于下一年度的收入没有索取权；公司董事支付相应的优先股股息，他们也可以以他们认为合适的次数、方式召开优先股会议。这类股份需要服从于公司章程以及公司的规则，但与本决议不一致的除外。"

被告依照该特别决议行事，在1865年3月6日发布了一份公告称：根据决议赋予他们的权利，决定将其中提到的5717股作为优先股发行，以每年7%的利率支付股息。根据该决议，必须在4月6日之前缴纳股款。该类股份应该首先向现有股东按照他们的持股比例发行，根据该受争议的公告，股份已经向现有股东发行。

原告是该公司的三名股东，他们已接到上述会议的通知，但是并没有出席通过和确认该特别决议的会议。原告代表他们自己和其他股东提起诉讼，主张确认该项有争议的决议超越了1865年3月2日会议的范围，约束了原告和其他异议股东的权利，申请禁令阻止被告按照该决议继续行事。一审法院认为公司董事明显是善意的，但是他们采取的方式根据议会法案的规定是不合理的。被告的诉求不仅仅是公司内部规定的问题，如果该诉求胜诉了，结果将导致股东之间的不平等，股东会被分为两个等级，其中一个等级的股东将优先于另一个等级的股东。所以这不只是公司内部规定的问题，它涉及对公司本质的改变。因此根据原告的请求，批准了该禁止令。被告不服一审判决，提起上诉。

【判决理由】

公司备忘录是公司的基础，且根据议会法案，该备忘录只能按照第12节规定的方式进行修改，但第12节的内容必须写入公司章程才能有修改备忘录的效果。本案中，公司备忘录所附加的条款肯定不包含修改公司备忘录第5条的权利；规则中也没有赋予公司可以以决议或者其他形式更改上述提到的12000股股东的权利。备忘录规定公司的资本被分为12000份，每股10英镑，并且条款规定这12000股股份相互平等，享有相同的权利和特权。但是，本案中却将这些股份分为两部分，并将后一部分放在比前一部分优先的位置。公司章程中从未考虑过这种情况。

关于《1862年公司法》第50条规定的特别决议，就足以说明如果没有权利可以让公司改变公司备忘录中所记载的公司基础,那么在该节中也就没有权利通过修改公司章程作出改变。

公司章程第72条关于股息分配,将股息按比例分配给12000股股份的部分或全部股东。换句话说,每股股份应该分得等额股息,根据他们的持股比例和总资金确定具体数字,并且每一股股东的权利相等。但是,如果正好有12000英镑股息要分配,其中9000英镑分给某一半股东,剩余3000英镑分给另一半股东,就没有公平可言了。所以,上述诉求要求的内容用平实的话来说,是在冲击公司章程的第72条(就是把第72条从公司章程中删去,且还说是法案的第50条允许这么做)。因此,上诉法院支持一审法院的判决,驳回上诉。

【案例评述】

本案是公司不服法院批准异议股东申请的禁令——禁止公司董事根据公司特别决议以优先股的形式发行尚未分配的原始股而提起上诉的案件。本案的上诉人即原审被告是一家股份有限公司的董事(同时也是该公司的股东),被上诉人即原审原告是该公司中对一项特别决议持反对态度的股东。在原审中原告代表自己以及其他对公司该项特别决议持异议的股东向法院申请禁令,希望法院批准禁令阻止公司董事根据公司的该项特别决议以优先股的形式发放尚未被分配的原始股,一审法官批准了该项禁令。但是,公司董事认为根据《1862年公司法》第8、12、50、176和205条的规定,公司有权通过特别决议的形式修改公司章程的规定,有权决定以优先股的形式发行公司尚未被分配的原始股。公司的做法完全遵照了《1862年公司法》的规定,也符合公司备忘录和公司章程的规定,因此提起上诉要求撤销一审法官作出的禁令。

本案涉及的法律问题是公司章程和备忘录与公司特别决议之间的效力问题,即根据《1862年公司法》的规定,公司通过特别决议能够修改公司章程的范围。

一、特别决议

公司股东大会(包括股东大会例会和特别股东大会)所通过的决议有3种,即特别决议、非常决议和普通决议。决议的类型取决于所要决定的事项,而与召开的股东会议之间没有必然的联系,因此任何股东大会都有权通过上述几种类型的决议。[①] 本案是在特别股东大会上通过了一项特别决议。由于特别决议完

---

① 〔英〕丹尼斯·吉南:《公司法》,朱羿锟译,法律出版社2005年版,第358页。

成的事项对于公司来说往往影响巨大,因此表决上采取四分之三多数通过,一般要求参与表决的股东必须是有权并且亲自参加股东大会,当然也存在例外,可以授予股东委托投票的权利。在会期前不少于 21 天发出的会议通知要说明将决议作为特别决议的意图。如果有权出席会议并享有投票权的股东多数同意,则可以把发出通知的期限缩短。①

《1862 年公司法》第 50 条②规定:"遵守本法以及公司备忘录的规定,本法下的任何公司均可在成员大会上通过特别决议的形式变更公司章程中所记载的关于公司的全部或者任何规定,并可以制定新的规则以排除所有或者任何公司规则,并且任何由特别决议作出的规定应当视为具有与公司章程原有条款相同的效力,并且可以以类似的方式经后续的特别决议加以修改。"该条款指明公司的哪些事项必须通过特别决议决定,即采取特别决议有权更改公司章程中的任何一项规定,同时可以制定新的规定,这类新的规定仍然可以被之后的特别决议修改或者废弃。从《1862 年公司法》第 50 条的规定可以看出特别决议的效力是很高的,毕竟公司章程被视为公司的内部宪章,本身就具有较高的效力。上诉人认为公司通过特别决议决定以优先股的形式发放未分配的原始股正是遵从了《1862 年公司法》第 50 条的规定。的确,《1862 年公司法》第 50 条赋予公司通过特别决议修改公司章程的权利,但这项权利不是没有限制的,如果绝大多数的股东可以通过特别决议任意修改公司章程的任何规定,那么公司的根基就很容易被动摇,公司就不存在稳定性,这会严重影响到公司的存续,一栋摇摇欲坠的建筑物总是让人产生危机感,不敢靠近,公司也是如此,所以很明显必须对绝大多数股东采取特别决议修改或者废弃公司章程的权利进行限制。其实《1862 年公司法》第 50 条在条款一开始就对特别决议的权利进行了限制,那就是必须要遵守《1862 年公司法》其他条款的规定以及公司备忘录的规定。如果公司违反了《1862 年公司法》其他条款或者公司备忘录的规定,那么采用特别决议形式修改或者废弃公司章程的行为是无效的。

法律的权威性是毫无疑问的,公司必须遵守。公司备忘录为何会有那么大的魄力,其魄力的来源是什么?公司备忘录和公司章程之间的关系又是怎样的?公司备忘录是否可以修改以及由谁修改?这一系列问题对于解决本案的纠纷至关重要。

---

① 〔英〕R. E. G. 佩林斯、A. 杰弗里斯:《英国公司法》,《公司法》翻译小组译,上海翻译出版公司 1984 年版,第 190 页。

② Company Act 1862, s 50.

二、公司备忘录和公司章程

（一）公司宪章

公司宪章是规范和指导公司组织运营最重要的文件，公司宪章包括公司备忘录和公司章程。1856年之前两者的区别并不明显，《1856年股份公司法》[①]第一次采用立法的形式区分了公司备忘录和公司章程。公司备忘录和公司章程的作用在于规范和指导公司的日常经营行为，但两者规范的内容各有侧重，不尽相同。

本案中的公司是依据《1856年股份公司法》设立的，同时具备公司备忘录和公司章程，但随后《1862年公司法》的出台导致《1856年股份公司法》被废除，不过《1862年公司法》保留了《1856年股份公司法》表B部分，而表B构成了公司宪章的一部分。[②] 本案中的公司在1856年设立之时以及之后都没有对公司宪章进行修改，也没有规定其他特殊的条款，所以表B部分仍然规制着公司。

公司备忘录的规定更多地涉及公司的外部特征，比如公司名称、地址、性质等。《1862年公司法》第8条[③]规定了公司备忘录应当记载以下内容：(1) 公司名称。若为有限公司，其名称最后字样应为"有限"。(2) 公司注册办事处所在地。明确位于英格兰和苏格兰还是威尔士（用来确定司法管辖）。(3) 公司设立目的。(4) 声明公司股东的责任是有限的。(5) 公司拟注册的资本总额以及划分的等额股数。另外，还规定每个在公司备忘录上签名的签署人认购的股份数不得少于一股，并且要将自己所持有的股数也写入备忘录中。上述在备忘录中签字的签署人自动成为公司的股东。

《1862年公司法》第8条的规定传递出的讯息是公司的基本性质——包括公司名称、公司注册办事处所在地、公司的设立目的、股东的有限责任以及公司的注册资本以及股数的重要性，要求公司在备忘录中必须明确写明，而且要想成为公司的股东就必须认可公司的基本性质（签署意味着同意公司备忘录记载的内容）。

公司章程更加关注公司内部管理方面的内容，并在程序上对公司备忘录的

---

① 英国公司法历经数次改革，实质内容变动幅度较大，目前规范公司运作的法律主要是《2006年公司法》（2006年11月8日获得皇家御批）。鉴于本案发生于1862年，根据当时英国公司法的发展现状，主要采用的法条来自《1856年股份公司法》和《1862年公司法》。

② Hutton v. The Scarborough Cliff Hotel Co. Ltd., A. March 23, 1865.

③ Company Act 1862, s 8.

规定进行细化,例如董事会和股东会的召开程序、董事的任命以及员工的薪酬等。一般而言,欲与公司进行交易的外部人员会比较关心公司备忘录的内容,公司的股东和董事以及职工等更加关心公司章程。当然这种划分也不是绝对的,因为公司备忘录中也会对公司内部的管理操作进行规制,总的来说,公司备忘录和公司章程作为公司运行必不可少的文件,发挥着巨大的作用。①

虽然公司备忘录和公司章程共同构成公司宪章,但两者的效力存在区别。公司备忘录的效力高于公司章程,当两者对同一内容的规定发生冲突的时候,以公司备忘录的规定为准,与公司备忘录有冲突的公司章程条款是无效的。《1856年股份公司法》出台的背景是当时英国实行经济自由主义,大力促进以有限责任公司的形式开展经营业务,给予有限责任公司在设立和运行方面充分的自由,但同时也必须确保与公司进行交易的外部人能够及时了解公司的情况,考虑到小股东和债权人的利益,防止公司通过股东大会肆意改变公司备忘录和公司章程的内容,从而导致小股东和债权人的利益失去保障,在这样的背景下《1856年股份公司法》采取谨慎的态度,对公司备忘录的修改采取严苛的条件。《1856年股份公司法》规定,除了增加资本以外,公司备忘录不能修改,但是公司章程可以根据特别决议进行修改。② 尽管《1862年公司法》的出台导致《1856年股份公司法》归于无效,但还是沿用了不少《1856年股份公司法》的规定,其精神仍然是不能随意更改以维护公司内部的稳定,因此对于公司备忘录仍然不能轻易更改。从这一规定中就可以看出公司备忘录的效力要高于公司章程。

(二)股东与股东之间的合同

公司备忘录和公司章程除了是公司的宪章以外,还在股东与股东之间创设了合同关系,尽管与一般的合同相比,公司备忘录和公司章程对各方的权利义务规定得不是很具体,但对事关公司经营的重大事项都作了规定。③"章程是股东和股东之间就他们作为股东的权利而达成的合同,是股东承诺的合伙契约。"④因此每个股东必须遵守公司备忘录和公司章程的规定,相应的,公司备忘录和公司章程应当对股东一视同仁,赋予全体股东相同的权利,同时也设置相同的义务,因此公司股东之间是平等的,不存在谁优先于谁。公司备忘录中明确载明公

---

① Wood v. Odessa Waterworks Co., (1889)42 Ch. D 636.
② 葛伟军:《英国公司法:原理与判例》,中国法制出版社2007年版,第33页。公司备忘录与公司章程之间的这种差别现在已经不重要了,因为《1985年公司法》规定公司依据一定程序可以修改备忘录和公司章程的任何条款,《2006年公司法》延续了《1985年公司法》的规定。
③ 葛伟军:《英国公司法:原理与判例》,中国法制出版社2007年版,第38页。
④ Re Tavarone Mining Co., Pritchard's Case(1873), LR 8 Ch. App 956, p. 960, per Mellish LJ.

司的注册资本划分为等额股份,每一股的价值相等。公司章程第72条规定董事按照股东的持股比例分配股息,足以说明股东持有的每股股权价值相等,每股对应的利息也相同,在获取股息的顺序上也是平等的。公司以优先股的形式发行部分尚未被分配的原始股在一定程度上造成股东之间的不平等,使得认购剩余股数的股东在股息的获取上劣于持有优先股的股东。一旦公司经营状况惨淡没有赚取充足的利润,普通股股东甚至可能无法获得相应的股息,因为股息的支付款不得来自于资本。这一现象完全有悖于股东的初衷,导致股东之间的不平等,这种不平等状态会动摇公司的根基。

三、特别决议修改公司章程的范围

公司备忘录和公司章程作为公司的内部宪章,是公司股东之间达成一致的合同,不能轻易被修改。对于公司备忘录,《1862年公司法》第12条已经规定得十分明确,并且从上述的分析中可以看出,除了采取三种特定方式增加公司资本以外,不得以其他形式修改公司备忘录。

至于公司章程,上述主要从其与公司备忘录的效力着手进行了探讨。那么,针对公司章程,特别决议在允许修改的情况下可以操作的范围是多大,即公司章程的全部内容都可以修改吗?仔细研究法条可以发现特别决议能够修改公司章程的范围是有限的,公司章程中规范公司经营管理的内容可以修改,但仍然要遵守公司备忘录的规定。这是《1862年公司法》第50条的内容,该条和第51条共同构成《1862年公司法》的第三部分:规范公司和协会的经营管理。因此,特别决议能够修改公司章程的内容必须是涉及公司的经营管理,比如公司通过特别决议同意公司董事在遵循《1862年公司法》第50条、第51条的规定的前提下可以通过发行债券的方式募集资金。[①] 发行债券筹措资金维系公司的日常经营不涉及改变公司的基础,属于公司的经营管理范畴,因此没有违反公司备忘录的规定,也不与公司章程的其他内容相冲突。

四、增加资本的实质

英国《1862年公司法》第12条规定:"如果公司章程原先就规定了股份有限公司有权修改备忘录,那么任何股份有限公司就有权修改备忘录,或者可以根据以下方式采取特别决议增加公司资本,以其认为适宜的方式发行新股,或者将其

---

① Bryon v. Metropolitan Saloon Omnibus Company (3 De G. & J. 123).

资本合并或分割成比现有股份更大的股份,或将其已缴款股票转换成股份。"简而言之,除非符合《1862年公司法》第12条的法定条件,否则不能随意更改公司备忘录的事项,并且与《1856年股份公司法》的规定相一致,除了增加资本以外,公司备忘录的其他条款不能修改。① 除了第12条的规定外,《1862年公司法》表A第26、27、28条涉及增加资本的规定,明确规定发行新股募集的资金视为原始资本的一部分。② 公司章程第18条规定:"增加公司资本应当同时、对应地增加股份的数量、数额和价值,股东特别大会只有在满足此条件的情况下才能够予以执行。"以上数条条款明确了以增加资本为前提修改公司备忘录的要求。

增加资本的途径仅限于三种:(1)发行新股;(2)将资本合并或分割成比现有股份更大的股份;(3)将已缴款股票转化成股份。只有通过这三种途径增加资本,特别决议才可能有权修改公司备忘录,并且公司章程第18条的规定表明增加资本的同时公司股份的数量、价值等应当同步增加。在本案中公司增加资本的方法是将部分尚未被分配的原始股转化成优先股予以发行,而根据公司备忘录的规定,公司的资本总额是120000英镑,全部资本划分为等额股份共12000股,每股价值10英镑属于普通股,公司的做法实质上是擅自将普通股转换成优先股。由于以优先股形式发行的原始股在公司成立之初就已经存在,只不过改变了每股的股息和价值,是对原始资本的改动。虽然发行优先股使得公司资本增加,但是股份数量并没有相应地增加,不属于发行新股,也不存在股份合并或分割的情况,更不用说将股票转换成股份了,因此该公司发行优先股的方式不属于增加资本。其次修改公司备忘录必须是公司章程在确立之初就已经写明能够修改公司备忘录,也就是说《1862年公司法》第12条有关修改公司备忘录的条款必须写入公司章程中,否则不能更改公司备忘录。在本案公司章程中并没有关于《1862年公司法》第12条的规定,那么可以得出的结论是公司章程禁止了对公司备忘录的修改。

既然公司备忘录不能修改,那么公司可否通过特别决议修改公司章程的方式达到发行优先股的目的呢?前述已经比较过公司备忘录和公司章程的效力,很明显公司备忘录的效力高于公司章程,公司章程即使通过特别决议进行修改也不能与公司备忘录相矛盾。既然公司备忘录已经写明公司的资本总额是120000英镑,全部资本划分为等额股份共12000股,每股价值10英镑,即目前

---

① Guinness v. Land Corp. of Ireland(1882),22 Ch. D 349 (CA).
② Hutton v. The Scarborough Cliff Hotel Co. Ltd.,B,July 22,24,1865.

公司只有一种类型的股份——普通股。在公司备忘录没有修改的情况下,公司章程要与公司备忘录保持一致,不能随意增加公司的股份类型。再者,根据普通法规则,公司章程的修改必须是善意地为了公司的整体利益和全体股东的利益。如果公司章程的修改并非善意地为了公司的整体利益和全体股东的利益,那么法院可以根据股东的诉讼请求审查并撤销该修改。① 本案中将尚未被分配的部分原始股以优先股的形式发行,导致股东们的地位不平等,在获取股息方面存在先后顺序,即使是为了公司募集资金,但明显损害了股东的利益,因此不得修改章程。最后,章程的修改应该经过特别股东大会专门就此事项进行讨论并决定,但本案中1862年2月6日召开的特别股东大会只是单纯地决定以优先股的形式发行部分尚未被分配的原始股,并没有专门就章程的修改进行探讨,严格意义上来说不是对章程的修改。

五、我国法律体系下公司章程、股东协议以及股东会决议三者之间的关系

在我国法律体系下,公司章程、股东协议以及股东会决议均为在一定范围内的股东合意,但是三者之间存在多处不同,在公司治理中各自发挥作用,不能互相替代。

公司章程在公司治理过程中具有极为重要的地位,其作为公司治理的自治规则,处于公司之宪章的地位。股东协议,是指在公司设立阶段以及公司成立之后股东就公司治理以及股东权利等问题达成的合意。股东会决议是在股东出席股东会议进行表决且一定比例的多数股东赞成而形成的决议,是公司意志对外表达的依据。三者的关系可以表述为:第一,股东会决议不同于股东协议;第二,股东协议在一定程度上,具有股东会决议的属性;第三,修改公司章程必须通过股东会决议或股东协议。②

公司章程和股东协议目的相同,均是为了公司设立以及规范公司治理行为,且较于章程而言,股东协议在公司日常经营、股东权利利益分配等方面的规定更为详尽。但是二者在效力范围上存在不同,公司章程在公司治理中处于宪章之地位,即使是在章程订立之后加入公司的股东或者是公司的经营管理人员都需要遵守章程,公司的任何治理及经营行为不得与章程相违背。而股东协议的效力范围仅局限于在协议上签字的股东,效力并不及于其他未签字的股东以及董事、监事、高级管理人等公司经营管理人员,其范围相较于公司章程而言更为狭

---

① 董安生主编:《新编英国商法》,复旦大学出版社2009年版,第183页。
② 葛伟军:《股东合意的结构体系》,载《华东政法大学学报》2023年第4期。

窄。当公司章程和股东协议二者的适用发生冲突时，应区分两种情况采取不同的应对措施：第一，若冲突发生在公司内部关系的范围内时，此时更需要关注股东合意的实质，即充分运用"真意探寻规则"①，首先，应查明在股东协议中有无优先适用条款的约定，若有则从其约定；其次，若未进行优先适用的约定，则需要进一步探寻股东真实的意思表示，以实质要件为主进行认定；最后，当以上方法都无法查明真意时，则依据成立生效的先后时间，择后生效的条款进行适用。第二，若适用冲突发生在公司对外的外部关系中时，由于涉及外部第三人的利益，则更侧重于股东合意的形式；由于股东协议的性质是规定公司内部及股东之间的权利义务关系，其更偏向于公司内部关系的适用，因此涉及外部第三人的情况下，一般应以公司章程的相关规定为准，保护第三人的合理利益。

公司章程和股东会决议二者均为公司内部规范性文件，公司章程的规定只涉及公司内部的经营治理，股东会议多数表决通过可对公司章程进行修改，②然而在对章程进行修改之前，股东会的行为必须遵守公司章程的相关规定。股东会决议除了公司内部股东、董监高等相关主体之外，还会涉及公司外部的第三人，因此股东会决议涉及的主体范围更为广泛。当公司章程和股东会决议之间发生冲突时，根据我国2018年《公司法》第22条第2款的规定③，股东会决议违反公司章程时，公司股东可以请求人民法院撤销该决议，因此股东会决议与公司章程相冲突时，股东会决议无效。

股东协议和股东会决议二者对公司的效力不同。股东协议是股东之间针对权利义务关系达成的协议，其效力范围仅限于签订该协议的股东。而股东会决议是股东通过会议的形式表决形成的决议，对公司也具有约束力，公司必须遵守。若股东协议和股东会决议之间产生冲突，由于其均为公司内部股东之间形成的合意，因此在发生冲突时需要充分探寻股东签订协议和形成决议的真实意思表示，同时由于二者本质上均为股东之间的合同，因此在其产生冲突时可以合同法的标准作出裁判。④

---

① 张其鉴：《论出资意义上股东协议与公司章程的冲突适用规则》，载《新疆大学学报（哲学社会科学版）》2023年第3期。

② 我国2018年《公司法》第43条规定："股东会的议事方式和表决程序，除本法有规定的外，由公司章程规定。股东会会议作出修改公司章程、增加或者减少注册资本的决议，以及公司合并、分立、解散或者变更公司形式的决议，必须经代表三分之二以上表决权的股东通过。"

③ 我国2018年《公司法》第22条第2款规定："股东会或者股东大会、董事会的会议召集程序、表决方式违反法律、行政法规或者公司章程，或者决议内容违反公司章程的，股东可以自决议作出之日起六十日内，请求人民法院撤销。"

④ 王怀勇、李子贡：《股东会决议与股东协议界分的司法裁判问题研究》，载《重庆大学学报（社会科学版）》2022年第6期。

六、结论

公司有权在设立之初就在公司备忘录中规定股份的类型包括优先股,并且发行优先股。但是,如果公司在设立之初在备忘录中没有记载优先股这一类型的股份,那么每一位股东都有权主张并且应当遵守双方之间达成的最初的协议——公司备忘录和公司章程。每一位股东的地位都是平等的,在分配股息上也是平等的。采取任何决议决定以优先股的形式发行尚未被分配的原始股明显是违法的,应当予以禁止。

英国优先股判例译评之十[①]

——董事退出之加权投票

【裁判要旨】

本案一审:法官 J. Ungoed-Thomas 认为公司的章程违反了《1948 年公司法》第 184 条[②]。于是本案被告上诉到了上诉法院。

本案二审:上诉法院的 L.J. Harman、L.J. Russell 和 L.J. Karminski 三位法官撤销了一审法院的决定,即上诉法院的法官认为公司的章程是有效的。本案原告不服,继续上诉到了上议院。

英国上议院于 1969 年 10 月 10 日及 11 日,1969 年 12 月 16 日分别就本案进行了审理,由 Reid、Morris of Borth-Y-Gest、Guest、Upjohn 和 Donovan 法官作出了以下判决:公司章程第 9 条是有效并且可适用的(Morris of Borth-Y-Gest 法官不赞同)。

【案件事实】

原告 Bushell 是 Bush Court(Southgate)房地产公司的董事和股东,该公司在 1960 年 9 月 19 日成立。该公司拥有发行资本 300 英镑的股份,每股 1 英镑。这些股份平均分配给了 Faith 先生和他的两个妹妹 Bushell 和 Bayne 女士,即本案原告 Bushell 女士、被告 Faith 先生以及 Bayne 女士各拥有 100 股。该公司是一个私人公司,采用《1948 年公司法》表 A 作为公司章程,并作了若干修改。公司章程第 9 条规定:"当公司股东大会决定移除任何一名董事时,拟被解除的董事享有的股份将拥有一股三票的投票权。"

[①] Bushell v. Faith,[1970] A.C. 1099 (1969).
[②] 英国《1948 年公司法》第 184 条规定:"通过普通决议,董事可以被从董事会中除名。"《2006 年公司法》第 168 条规定:"不论公司与董事之间有任何协议,公司可通过普通多数决在董事任期到期之前移除该董事。"可见英国《1948 年公司法》第 184 条是《2006 年公司法》第 168 条的前身。

两姐妹不是很满意她们的哥哥作为董事的做法,因此为了解除她们哥哥的董事一职,召开了股东会。在股东会议上 Bushell 和 Bayne 都投了赞成票,而 Faith 投了反对票。就该决议是否通过引发了很大争议。原告 Bushell 认为根据《公司法》第 184 条,普通多数决就可以移除被告 Faith 董事一职,Bushell 和 Bayne 的票数为 200,而 Faith 只有 100 票,移除 Faith 董事一职的决议已经通过。而被告 Faith 则认为,根据公司章程第 9 条,他 100 股的股份在投票时拥有 300 票的投票效果,300 票大于 200 票,因此该决议并没有通过。

最后该争议诉诸法院,一审法院的 Ungoed-Thomas 法官认为公司章程的第 9 条违反了《公司法》第 184 条,该条款无效,因此股东大会的决议通过,Faith 先生的董事一职已被移除。而二审法院的 Harman 和 Russell 法官持不同的观点,他们撤销了一审法院的判决,认为公司章程第 9 条是有效的。最终上议院支持了二审法院的判决。

【判决理由】

本案最终以被告 Faith 先生的获胜而告终,其中法官 Morris of Borth-Y-Gest 与其他两位法官持不同意见。

法官们认为,公司章程第 9 条是有效的并且可适用的。《1948 年公司法》第 184 条第 1 款规定股东会普通多数决即可解聘董事,从立法目的出发,议会制定该条款的目的是将罢免董事所需的投票从四分之三减少到勉强多数,而非干涉股东为股票附加投票权或制定相关规则的自由权利。因此上议院的法官们并不赞成关于撤销被告 Faith 先生董事身份的决议,被告 Faith 先生仍是公司的董事。

Reid 法官认为,公司章程第 9 条很明显是为了规避《1948 年公司法》第 184 条,按照公司章程第 9 条的规定,如果拟被移除的董事投反对票的话,那么这个决议是无法通过的。Reid 法官指出,在 1956 年之前,将额外的投票权附加于特定股份或特定股东的方法从来没有被记载在任何文献或案件中。直到 1956 年出版的《帕尔默公司判例》第 17 版第 1 卷中,第 737 页上的第 256(c)号表格实际上赋予了指定股东阻止对特定条款进行任何修改的权利,从而阻止了该法第 10 节的适用。Reid 法官由此指出公司章程限制法律的适用是有先例的。在实践中,将特殊投票权或限制投票权给予特定类别股票的做法历史悠久,并在《1948 年公司法》附表 1 表 A 第 2 条中得以确认。上诉人的律师认可了书中第 254 号表格中的条文,也即该条文能够有效防止在未经拥有否决权的股东同意的情况下解聘董事。Reid 法官认为,既然上述条文有效,具体到本案,公司章程

第9条相当于赋予特定股东否决权,该条款也应当被认为能够有效阻止第184条的适用。

　　法官 Upjohn 从目的解释的角度出发,阐述了《1948年公司法》设立第184条的目的。此前在私人公司的章程中常常规定公司董事是不能被移除的或者是只有通过特别决议才能被移除,实践中常常出现的是需要四分之三绝大多数同意该决议才能通过,在很多情况下这是不可能的。所以,《1948年公司法》才设立了第184条,无论章程如何规定,通过普通决议就能移除董事。因此,立法的目的在于通过普通决议就能移除董事,而无须以通过特别决议或修改章程的方式。其次,在法官看来,普通决议是由有权投票的成员通过本人出席或者代理人出席举手表决多数通过,无论其持有股份多少,每个成员都有一票。但是,某股份或股份类别是否对该事项有表决权,如果有,其对有关决议案的表决权如何,完全取决于公司章程细则赋予该股份或股份类别的投票权。Upjohn 法官认为,根据表 A 第2条的规定,上议院从来没有限制公司发行拥有特殊投票权或限制投票权的股票。这并不妨碍第184条规定的施行,如果上议院想要剥夺依附在股份上的特殊权利,它完全可以规定一股一票,但是很明显上议院并没有这么做。最后,Upjohn 法官主张通过立法来实现公司内部事务公平是很困难的,应该要尊重企业的意思自治。他作了这么一个假设:如果 Faith 先生的妻子名下有优先股,但是根据公司章程规定该股份没有表决权。难道上议院就该因此赋予其表决权么?综上,Upjohn 法官同意上诉法院的判决,撤销原告 Bushell 的上诉。

　　Donovan 法官认为,如果支持原告 Bushell 的请求,实际上就是认可了当普通决议计划移除一名董事的时候,每一位出席的股东都只享有一股一票。但是显然法令的起草者和实施者都熟知"加权投票",因此如果没有一些特别的规定,通过"一股一票"普通决议移除董事的方式将很容易失去效力。然而并没有这种条款,上议院实际上是给了公司和股东们按其意愿分配表决权的权利。所以,法官赞成给予被告在移除董事这一事项中"一股多票",于是决定撤销上诉。

　　Guest 法官表示同意 Donovan 法官的观点,同意撤销上诉。

　　Morris of Borth-Y-Gest 法官对判决持反对意见,他认为,第184条第1款是这么规定的:"无论章程是否有相反的规定,公司可以在董事任期到期之前通过普通决议来移除董事。"他认为这一规定是强制性规定,无论章程如何规定,公司董事都可以按照第184条的规定被移除。而本案中章程第9条的规定隐含的效力就是让公司董事无法被移除出去,与第184条的目的相悖。如果不支持上诉人的请求将是嘲弄法律,因此他支持上诉。

【案例评述】

本案的争议焦点在于公司章程第9条加权投票的约定是否与《1948年公司法》第184条"解除董事职位应经过股东会普通决议通过"的规定相冲突。换言之,在开除董事的普通决议中,该董事(同时也是公司股东)能否行使章程中约定的特殊投票权。这就牵涉出两个法律问题,即普通决议的含义以及董事加权投票的合理性。

一、普通决议的含义

根据英国《2006年公司法》第282条的规定,普通决议是由简单多数通过的决议,如果以举手表决的形式的话,那么有权投票的人所投票的简单多数通过该决议就通过了;如果以投票表决的形式的话,那么有权投票的人的投票权的简单多数通过该决议就通过了。与普通决议相对的则是特殊决议,特别决议则要求不少于75%的绝大多数通过。[①]

具体到本案,《1948年公司法》第184条只规定了公司可以通过普通决议移除董事,但并没有限制普通决议的形式,即是以举手表决还是以投票表决第184条并没有加以规定。因此,关于采取何种表决形式取决于公司的决定。

二、董事加权投票的合理性

在移除董事的决议中,公司章程第9条赋予了拟被移除的董事享有一股三个投票权的权利。关于赋予特定股份特定的权利,在英国公司法的立法和司法中都有不少的实践。

在司法判例中,Scott 法官在1968年的 Cumbrian Newspaper's Group Ltd. v. Cumberland & Westmorland Newspaper and Printing Co. Ltd. 案中首次对"类比权"进行了解释。[②] Scott 法官指出,章程中所包含的股东特殊权利可以分为三种:一是附属于特定的股份之上的权利。经典的例子就是这类股份上所承载的权利并不能被其他类别的股份所享有,而且这种股份转让后受让人仍能够享有这样的权利,这类权利属于英国《1985年公司法》第17(2)条和《2006年公司法》第630条所规定的附着于一种类别股份上的权利。二是章程将特定的权利赋予个人,但不是基于他的股东资格,通常与公司事务管理或业务开展有关。

---

① 英国《2006年公司法》第283条第1款规定:"公司股东(类别股东)的特别决议由不少于75%的绝大多数通过。"

② [1987]Ch.1,15.

三是章程未将规定的权利附属于特定股份之上,而是附属于具有公司成员资格或股东资格的特定受益人。[①] 本案中,公司章程第 9 条赋予拟被移除的董事"一股三个投票权"的权利就属于第一种情形,是类别权的一种。其次,在立法上《1948 年公司法》附表 A 第 2 条确立了授予股权或类别股权在表决中特殊投票权的合法性。由此,本案中公司章程第 9 条赋予身为公司董事的股东在解除董事的公司决议中"加权投票权"是合法的。

上诉人的请求中声称公司章程第 9 条的效果是导致董事不能被移除,与《1948 年公司法》第 184 条防止公司董事不能被移除的立法目的相悖,因此上诉人请求法院确认公司章程第 9 条是无效的。此处,上诉人有混淆视听之嫌,尽管公司章程第 9 条的最终效果与法令的立法目的一致,但实现路径却完全不同。在没有《1948 年公司法》第 184 条之前,公司移除董事很困难,常常需要绝大多数甚至全部股东赞成才能通过解除董事的决议,《1948 年公司法》为了破除这一过高的门槛,才通过立法规定了通过普通决议即可解除董事。而公司章程第 9 条并没有触犯第 184 条规定之意,而是在普通决议的机制下,对各股东的表决权进行了分配,因此公司章程第 9 条是合法且有效的。

综上所述,本文阐述了在英国《1948 年公司法》规制下,身为公司董事的股东通过章程规定的"加权投票权"保护董事地位的一种途径,也是类别权在司法中的又一项成功实践。本案也揭示了股东类别权与公司利益始终处于天平的两端,动态地寻求着一个平衡点。

[①] 刘胜军:《类别表决权:类别股股东保护与公司行为自由的衡平——兼评〈优先股试点管理办法〉第 10 条》,载《法学评论》2015 年第 1 期。

美国优先股判例译评之一[①]

——优先股与普通股之间利益冲突的处理原则

【裁判要旨】

（1）优先股股东请求在兼并收益中得到"公平"分配、请求董事在兼并谈判中履行适当的注意义务，以及请求在合理地涉及信义义务时，不受控股股东的压榨。

（2）在拟议的兼并情况下，有理由行使严格的司法检查权，而这一法权的行使需要通过内在或整体公平的测试。

（3）优先股股东不可能在实质依据上获得最终胜诉。

特拉华州纽卡斯尔县衡平法院于1986年4月11日对本案进行了开庭审理，首席法官艾伦作出如下判决：

驳回原告临时禁令的申请。

【案件事实】

被告科克里安个人通过其控股公司特瑞新达公司实际拥有米高梅大酒店股份有限公司（以下简称"米高梅"）已发行在外的普通股的69%，以及仅有的另外一种类别股份的74%，即A系列可赎回优先股。

原告是米高梅的优先股股东。她代表除科克里安和特瑞新达公司以外的持有此类优先股的股东提起集体诉讼，请求临时及永久地停止实施拟议的兼并。依据为以下事实：

米高梅是一家特拉华州的公司，其在内华达州的拉斯维加斯、里诺拥有并运营度假酒店和游戏机构，同另一家特拉华州公司——巴利制造公司（以下简称"巴利"）签署协议，商议将巴利的一家子公司与米高梅合并。此兼并完成后，米

[①] Jedwab v. MGM Grand Hotels, Inc., 509 A.2d 584 (1986).

高梅目前已发行在外的所有类别股份都会转化为收取现金的权利。

被告科克里安积极参与同巴利商议兼并事宜,并同意其将在兼并事项上投赞成票。由于兼并协议和公司章程都没有对此交易需获得大多数批准才能通过作出规定,科克里安在协议中对兼并事项投赞成票确保了此提议的通过。

科克里安或者米高梅任何董事或高级职员,无论是作为公司的股东还是高级职员或者董事,都和巴利没有关系。根据目前的记录,米高梅中没有任何人与巴利或巴利的任何董事、高级职员或控制人有任何商业或社会关系。至少在商议兼并协议的一部分即取得科克里安股票的期权之前,巴利并未持有米高梅的股票。

原告认为若实施拟议的兼并,则科克里安作为米高梅控股股东和米高梅董事违反了公平对待优先股股东义务。兼并对优先股股东是不公正的,主要是因为原告认为:该公司打算在公司股东之间对巴利在合并生效时支付的总对价进行不公平的分配。

特拉华州纽卡斯尔县衡平法院驳回原告临时禁令的申请。

【判决理由】

特拉华州纽卡斯尔县衡平法院经常重申对发布临时禁令的合理性的证明。在每个案件中,原告都必须就以下几点确立合理的可能性:她的申请在最终审理中得到证实;除非能够得到临时救济,否则在她的申请最终被裁定之前将遭受不可弥补的损失;若不谨慎地发出临时禁令而导致被告(或他人)面临的任何损害,都没有原告目前面临的损害严重。[①]

法官认为原告不能证明在这些情况下获得最终胜诉的必然概率。出于对该诉求进行裁决的有限目的,法官总结如下:原告未能证明在兼并中优先股股东能够取得同等对价的法定权利;有关兼并收益合理分配的明确权利,原告无法证明该权利受到巴利所实施的兼并行为侵害的合理可能。最后法官认为:原告不能基于如下理由来论证其要求相关主体承担责任的主张受到支持的可能性:(a)违背了注意义务;(b)兼并的时间和结构证明其交易缺乏公平;(c)为了不适当的目的——逃避在未来的某时刻以每股 20 美元回赎优先股的法定义务,兼并构成对公司管理机制的操纵。

法官提出了两个初步但关键的法律问题:第一,在这些情况下,被告是否对

---

① Shields v. Shields, Del. Ch., 498 A.2d 161 (1985).

优先股股东负有信义义务;第二,何种标准——整体公平或商业判断——来评价最终胜诉的可能性较适当。以下为法官更完整的陈述:

A.

就本案原告提出的实质问题,第一个基本的问题是,优先股股权凭证中已规定并定义了优先股股东的法定权利,根据凭证中规定的优先股股东的权利及优先权,米高梅董事对其负有义务。在此义务之外,董事是否对优先股股东负有其他义务?原告的责任承担主张建立在为衡平法所认可的信义义务存在的基础上。此信义义务要求董事和控股股东需要对股东以同等对待。① 如果没有此项关于优先股股东的义务,则原告的责任主张似乎有致命缺陷。

被告辩称,合同的具体条款规定了优先股股东的特殊权利、优先权或限制,若原告声称的义务扩张到此规定之外,则董事会对其不负忠实义务。被告为支持此点的立场,引用了如下案例。② 概括地说,这些案例都采用了一个规则,即"优先股股东的权利本质是合同性的,因此由公司章程明确的条款规定"③。被告重申此已被接受的原则,表示"优先股股东的所有权利本质上都是合同性的"④。之后,他们继续辩称(类比债券持有人完全的合同性权利——他们没有扩张的"信义"义务⑤),董事只对优先股股东负有合同中(即指定他们特殊股票权利和优先权的文件)与规定的优先股股东权利相对应而必要的义务。

此论点的缺陷在于,没能区分"优先"权(及特殊限制)和所有股权均具备的一般性权利。普通法中,若无相反规定,所有股票平等。⑥ 因此,与优先股有关的优先权和相关限制只有在创设此权利或限制的明确条款中(本质是合同性的)规定时才存在。但是,商议的条款中没有授予优先股股东权利时,并不意味着权

---

① Weinberger v. UOP, Inc., Del. Supr., 457 A. 2d 701 (1983); Sterling v. Mayflower Hotel Corp., Del. Supr., 93 A. 2d 107 (1952); Guth v. Loft, Inc., Del. Supr., 5 A. 2d 503 (1939).
② Rothschild International Corp. v. Liggett Group Inc., Del. Supr., 474 A. 2d 133 (1984); Wood v. Coastal States Gas Corp. Del. Supr., 401 A. 2d 932 (1979); Dart v. Kohlberg, Kravis, Roberts & Co., Del. Ch., C. A. No. 7366, Hartnett, V.C. (1985).
③ Rothschild, supra, 474 A. 2d at 136.
④ 以上引用此重申的规则的案例中表述的特定内容将支持被告的理解。例如,在 Judah v. Delaware Trust Company, Del. Supr., 378 A. 2d 624 (1977)一案中这样表述(第 628 页):"一般来说,公司章程的条款规定优先股股东的权利,只有在章程中规定的权利属于优先股股东时,该章程……可以被理解为遵循合同法的规定。"
⑤ Revlon, Inc. v. MacAndrews & Forbes Holdings, Inc., Del. Supr., 506 A. 2d 173, 182 (1986); Katz v. Oak Industries, Inc., Del. Ch., 508 A. 2d 873 (1986).
⑥ Shanghai Power Co. v. Delaware Trust Co., Del. Ch., 316 A. 2d 589 (1974).

利不存在。可以通过两个例子证明这一点。如果指定特殊股票权利和优先权等的凭证中没有关于表决权的条款,或没有创设清算时权利的条款,并不是表明此股票没有表决权,或者清算时没有权利。相反,在这些情况下,优先股同普通股享有相同的表决权①,或在公司清算中同普通股享有相同的参与权②。

因此,就优先股不同于普通股的优先权事项和限制事项而言,公司及其董事在前述事项上的义务实质上是合同性的,其义务范围应由合同中的明确语句以适当规定。但是,本案中主张的权利不是相对于普通股的优先权,而是与普通股平等享有的权利,此权利的存续状态和相关义务的范围应以公平及合法的标准衡量。

了解此区别之后,特拉华州频繁以法律(即合同)术语分析优先股股东享有的权利及公司和董事负有的相关义务的案例[如 Wood v. Coastal States Gas Corp.; Judah v. Delaware Trust Company, Del. Supr., 378 A. 2d 624 (1977); Rothschild International Corp. v. Liggett Group Inc.],可能与对优先股股东的诉求采用信义义务标准的案例[如 David J. Greene & Co. v. Schenley Industries, Inc., Del. Ch., 281 A. 2d 30 (1971); Lewis v. Great Western United Corporation, Del. Ch., C. A. No. 5397, Brown, V. C. (1977)]保持一致。

所以,不对原告任何责任主张的有效性作预先判断,其诉求可以总结为:(a) 对兼并收益进行"公平"分配;(b) 被告在兼并谈判中履行适当的注意义务;(c) 免受科克里安先生压榨的诉求包含两个方面,一方面是要公平地援用信义义务规则对相关纠纷进行处理,另一方面在相关纠纷的处理上不应完全基于优先股股权凭证的合同条款这单一视角。③

B.

假设原告和其他优先股股东享有衡平法所承认的公平分配兼并对价的"权

---

① Del. C. § 212(a); Rice & Hutchins, Inc. v. Triplex Shoe Co., Del. Ch., 147 A. 317 (1929) aff'd., 152 A. 342 (1930).

② W. Fletcher Encyclopaedia of the Law of Private Corporations § 5303 (rev. perm. ed. 1971); Continental Insurance Company v. Reading Company, 259 U.S. 156, 42 S. Ct. 540, 66 L. Ed. 71, 871 (1922).

③ 另一方面,原告控告的兼并构成了规避以 20 美元回赎优先股条款的错误行为,与商议的优先权有关,应当严格作为合同权利评估。在此基础上,很明确看出,原告没有证明最终成功的合理可能性。Rothschild International Corp. v. Liggett Group Inc., supra; Dart v. Kohlberg, Kravis, Roberts & Co., supra.

利"(以及要求董事行使适当谨慎的权利),那么明确使用什么样的法律标准来评估权利受到了损害的可能性就变得很重要。原告称,适当的测试是整体或内在公平之一。当受托人选择行使他们对公司的权利,以实施与公司或小股东利益相悖的交易时,其采用的测试与此类似。①

特拉华州最高法院已明确指出,并非简单地证明控股股东制定交易条款及证明控股股东通过行使表决权或控制董事会强制实施交易,就可以要求适用需要通过内在或整体公平测试的严格的司法检查权(本案明显的情况)。在每个案件中,关键都是要证明受托人在交易中的利益与小股东的利益相冲突。例如,Aronson v. Lewis, Del. Supr., 473 A.2d 805, 812 (1984)一案。在一家母公司与由其控股但并非全资控股的子公司交易时,特拉华州最高法院表述如下:

> 申请适用此规则[要求受托人承担证明内在公平的责任]的基本情况是,母公司获取了排他的利益,并且以子公司的利益为代价。
>
> 当存在母公司—子公司交易时,母公司对其子公司确实负有信义义务。但是,单凭此不能引发适用内在公平标准。只有当信义义务伴随自我交易时(即母公司在与其子公司的交易中,母公司同时居于交易双方的立场上),才能适用此标准。自我交易是指,母公司凭借其对子公司的控制,支配子公司的行为,使母公司从子公司获利,而此利益排除并损害了子公司小股东的利益。②

关于巴利兼并的商议中的实质要素——44000万美元的价格——科克里安先生与类别股股东没有相冲突的利益,因此不能支持适用内在公平测试。关于总价,他关注的是设法得到可能的最高价格。而且,在公司的两种股票之间分配兼并对价时,科克里安先生又一次表现出没有为自己创设明显的偏袒,因为他对两种股票的所有权不仅数量巨大,而且基本相同。实际上,正如已提到的,科克里安的优先股份额在比例上更大。

因此,科克里安已在公司各类股票的持有者之间平等地分配兼并对价(并非在各种类股票之间在每股价格上公平分配),以及他对各种股票拥有基本相同的所有权的事实,可以支持其行使商业判断原则的法律测试。③ 各种股票受到不

---

① Weinberger v. UOP, Inc., supra; Gottlieb v. Heyden Chemical Corp., Del. Supr., 91 A.2d 57 (1952).
② Sinclair Oil Corporation v. Levien, Del. Supr., 280 A.2d 717, 720 (1971).
③ Aronson v. Lewis, Del. Supr., 473 A.2d 805 (1984).

同对待的事实本身不能要求申请适用内在公平测试。①

不过,科克里安在规划兼并对价的分配时,将他与其他普通股股东区别对待。他给自己的每股普通股分配较少的对价(12.24美元),但在授权协议书中,赋予自己使用或指定他人使用米高梅大酒店名称的权利,并在价格调整协议中规定,在公司正在进行的财产保险诉讼中,科克里安承担特定的义务、取得特定的权利。

由于科克里安在兼并中所取得的对价形式不同于其他股东,因此造成了这样一种情况:他对两种股票拥有大体相等的所有权(份额),但该事实并不能否定他在作分配决定时可能会面对利益冲突。这些协议是否存在会造成实质冲突的可能性,从而强制行使内在公平测试所设想的严格的司法检查权?关于授权协议,由于保证金中列出的理由,该协议不会造成实质性的冲突。②

价格调整协议中涉及的一项米高梅资产对巴利来说,无疑是很难评估的——因1980年火灾导致的公司损失而引发的保险诉讼。那些诉讼已经进行了一段时间,并且显然非常复杂。在价格调整协议中,科克里安(通过特瑞新达公司)通过以下方法消除了诉讼产生的不确定性:(1)保证米高梅将在正在进行的诉讼中获得5000万美元的赔偿;(2)承担继续监督诉讼的责任;(3)同意支付首笔因米高梅兼并之后发生的有关诉讼产生的100万美元律师费用的一半,以及支付超过100万美元的所有此类费用。与这些责任作为交换,科克里安将获得诉讼中超过5950万美元部分的所有赔偿金的请求权。

为了评估价格调整协议对商议和分配过程可能的影响,有必要暂时详述一下这些诉讼。加上判决前的利息,诉讼涉及的数额大约是5500万美金。记录中没有提供信息以说明在可适用的法律下,判决前的利息可否得到赔偿,或如果可以赔偿,其数额是多少。假定诉求的全额最终都得到赔偿,该利息也以假设9%的利率得到赔偿(利息从1980年11月的损失开始到1985年11月的兼并协议签订的这段时间内,数额为2962.4万美元),总共将得到的赔偿金是8462.4万

---

① MacFarlane v. North American Cement Corp., Del. Ch., 157 A. 396 (1928); Bodell v. General Gas & Electric Corp., Del. Supr., 140 A. 264 (1927).

② 原因有两点:第一,此授权的标的在这些情况下是微不足道的。一家独立的评估公司认为其价值1300万美元。在以44000万美元收购一家科克里安持有大约70%股票的公司的情况下,这不会引起实质的冲突。第二,似乎使用米高梅大酒店名称的权利转让给一家新的公司,该公司的股票将会报价给米高梅目前所有的股东,包括普通股和优先股股东——但也仅仅给这些人——与科克里安取得的情况是一样的。因此,尽管兼并协议中科克里安有权处置米高梅大酒店的名称,但是事实上,他的处置否定了有关此财产冲突的存在。

美元。在这些合理的假设下,或有诉讼权利的最大价值(不考虑任何胜诉可能性打折扣的情况,也不扣除 5000 万美元担保的精算价值)大约是 2500 万美元,或当所有的股票,普通股和优先股包括在内时,每股大约 80 美分。不能认为这个数额是微不足道的。

不能认为价格调整协议是与拟议的兼并的商议过程无关的、独立的交易。同样清楚的是,参与公司财产索赔的机会是科克里安先生促进的交易之一,它否定了所有其他股东参与的机会。在将该对价因素完全分配给他自己的股票而排除其他的股票时,科克里安行使了一类权利,而在这些情况下,行使严格的司法检查权是合理的。

C.

可以得出结论,关于优先股股东要求在分配兼并收益中得到平等或公平份额的请求,被告可能已承担了因此施加在他们身上的责任。因此,原告未能证明在此争议点上胜诉的合理的可能性。

首先,基本的认识是,优先股在兼并对价的分配中不享有获得相同对价的法定权利。公司章程或优先股股权凭证都没有赋予其此项权利的明确规定。根据1982 年转换要约,也不能从那些文件中合理地推断出有此项权利。[①] 根据科克里安作为受托人的行为,不能认为优先股股东同其他股东对兼并对价享有数值上相等的分配权利有任何依据。

至于在整体对价分配中取得公平分配的优先股股东的权利而言,目前的记录不能提供有说服力的依据来证明巴利计划的分配是不公平的。

对于原告认为分配给普通股每股 18 美元而优先股每股 14 美元的方案不公平的主张,包含一个基本的缺陷:它建立在一项无效的比较上。如果一方在各类股票中有获得公平分配的权利,则恰当的比较应该是,在兼并中那些类别的股票之间每股收益多少进行比较,而不是在优先股股东每股收益多少和公众普通股股东每股收益多少之间进行比较。如下文所示,当(普通股与优先股之间)财产价值的恰当对比已经形成时(该对比状态的形成与评估处在当前记录所允许的范围内),此时可以明确,一方面,在此对比下所形成的差异并不是特别大;另一方面,在该阶段,鉴于普通股和优先股在权利层面的差异以及市场对这两类股权

[①] Katz v. Oak Industries, Inc., Del. Ch., 508 A. 2d 873 (1986).

的历史性对待,因此前述所形成的差异是应该可以被包容的。①

原告主张的优先股的核心权利是在兼并中同普通股受到同等的对待。目前有 22803194 股发行在外的普通股和 8549000 股优先股。因此,米高梅共有股票 31352194 股。但是当现金对价总额 44000 万美元除以股票总数,即普通股和优先股的数量时,结果是每股 14.03 美元。

除了现金,某些米高梅普通股股东(即科克里安)将得到非现金对价,在比较兼并中两种股票的财务对待方式中,应当将此非现金对价考虑在内。如果因这些原因,将米高梅大酒店的名称作价 130 万美元(其评估价),将诉讼赔偿金的或有权利作价约 2500 万美元(原因见上文所述),那么兼并对价的总额是大约 46630 万美元。此数额除以 31352194 股,得到所有股票平均每股对价为 14.87 美元。因此,如果每个优先股股东每股得到所有股东将得到的平均每股价格,那么基于前述假设,每股优先股将得到 14.87 美元,而不是 14 美元。事实上,普通股作为一类股票,不会收到所有股票收到的平均价格 14.87 美元,而是收到每股 15.20 美元的对价(基于前述假设)。

根据优先股未来在股息上不会增加、无表决权,以及历史上交易价常常比普通股低的事实,②不能够形成每股 14 美元(比所有股票平均每股收益的 14.87 美元低 6%)的定价是完全不适当的结论。

原告可能会说,上述分析没有针对其主张的要旨。她可能提出,在优先股对价中有意义的差异不在他们每股 14 美元和所有股票平均对价(根据上文假设,为 14.87 美元)之间,而在 14 美元和公众普通股股东将收到的 18 美元之间。因为它们的实质区别更大,所以这个差异的正当性是难以得到证明的。

但是法官正是认为这个比较是无效的。诚然,普通股股东作为一类股东所获取的对价并非该公司所有股东所获取对价的平均水平(该平均水平的对价应该是 14.87 美元,这是通过关于或有诉讼权利的价值的假设所形成的),反之普

---

① 从目前可获取的记录判断,声称历史上市场对米高梅优先股及普通股股票的价值同等对待,言过其实。看来,从发行(1982 年 5 月)到特瑞新达公司发出要约公告(1985 年 6 月)这段时间的大多数月份里,普通股交易价是优先股的 130%。典型的,在此期间,普通股的交易价确实比优先股高。具体来说,在此 37 个月期间,在 15 个月内米高梅普通股的最高收盘价在该月优先股最高收盘价的 ± 10% 区间内(在该 37 个月的 20 个月内,其最低收盘价在优先股最低收盘价的 ± 10% 区间内)。在 37 个月的 9 个月中,普通股月最高收盘价比优先股最高收盘价高 10% 至 20%(在 37 个月的 10 个月中,其最低收盘价也在此范围内比优先股低),在 37 个月的 13 个月内,普通股的最高收盘价高于该月优先股最高收盘价的 120%(在 37 个月的 6 个月中,最低收盘价也如此比较)。在 1983 年的 7 个月内,当计量月最高收盘价时,普通股的价格在优先股价格的 135% 到 175% 之间浮动(当计量两种股票价格在每个该月均下降的最低收盘价时,此范围是 125% 到 145%)。参见 Jelenko Aff., Exh. Ⅱ。

② Jelenko Aff. and note 8, supra.

通股股东根据该假设所取得的对价是 15.20 美元。如果要证明该差异(0.33 美元)的合理性则必须通过参考两种股票的法定求偿权以及经济前景的差异来证明。综上所述,基于目前的记录,不能得出结论认为该证明没有得到论证。

普通股作为一类别股,其每股 15.20 美元与公众普通股股东将得到的每股 18 美元之间的价格差异合理性是无必要过多解释的。因为很清楚该差异完全是科克里安个人提供的资金造成的。也就是说,公众普通股股东比普通股作为一类别股得到的平均每股对价高的总额[7064021 公众普通股股票数×(18.00 美元－15.20 美元)＝19779259 美元]是由科克里安提供的,即使将非现金对价考虑在内(12.24 美元的现金＋1.67 美元非现金＝每股 13.91 美元),他个人的普通股将接受较低的价格。所以,科克里安放弃的每股价格数(15.20 美元－13.91 美元＝每股 1.29 美元)乘以他普通股股票总数(15739173)是 20303533 美元,该数额超过了公众普通股股东将获得的高于普通股股东作为一类别股东所获得的平均每股价格的总计增加量。

所以,原告认为科克里安试图确保公众普通股股东每股得到 18 美元是因为他害怕后者若得到较少对价而可能使其承担潜在的责任。如果原告这一观点正确的话,被告对原告的辩驳所作的答辩是,公众普通股股东将收到的比所有普通股作为一类别股将收到的对价多的部分,是由科克里安自掏腰包支付的。

假设为了这个请求,原告称每股 18 美元对于公众普通股过于慷慨的观点是正确的,那么原告要求得到公平对待的请求不可避免地要包括一项默示的权利,即要求公司受托人牺牲自己的利益。尽管法律要求公司受托人遵循较高的忠实义务标准,而且在涉及自我交易时,要求他们承担证明其授权的交易的内在公平的责任,法律仅仅要求公平性。具体地说,如果没有证据证明其有责性,则法律不要求公司的董事或控股股东为了公司或其小股东的利益而牺牲自己的经济利益。那么,当一控股股东为了任何原因(本案的原告认为的为了避免卷入诉讼或其他个人的原因)选择舍弃其股票的部分价值时,法律不会指示他将怎样分配此价值或者分配给谁。

因此,为了此请求,当作出适当的比较时,基于那两种股票拥有的不同法定索赔权和不同的经济前景,巴利兼并中考虑的对该公司两种发行在外的股票的不同处理,不太可能最终被认为在公平分配兼并收益的情况下构成违反被告可能承担的义务。

D.

本次诉讼中,在拟议的兼并的提案、商议以及批准的其他方面,法官没有发现可以使原告获得最终胜诉的合理可能性。原告汇编了几条线索,提出了董事和科克里安在相关过程中违反义务的论点。虽然原告声称违反的是"整体公平"的义务(即忠实义务),但很明显原告的主张也与注意义务密切相关。

这些佐证观点的要点如下:兼并时间是科克里安确定的,并为他的个人利益服务;普通股或优先股的小股东在此交易中没有否决权;在分配中没有独立的董事会负责保护他们的利益;董事会在批准此交易之前,事先没有收到独立的投资银行的意见;董事会仓促行事,没有尽合理的注意义务。

关于兼并的时间,米高梅董事会寻求并批准在此时进行兼并交易,似乎的确是因为它符合科克里安的计划(目前的记录显示),而不是因为此时进行兼并对公司特别有利。法院已被权威专家提醒,此交易的时间可能构成对受托人公平对待小股东的义务的违反。① 但是,除了证明一位大股东控制了此交易的时间这一点外,还必须证明其他的情况;当涉及股东批准的交易时,(大股东对交易时间进行控制的)事实常常发生,因为该股东至少在此交易上可以投否决票。本案中,当证明以下两点时,兼并时间本身可能构成违反控股股东的义务:(1)小股东的经济利益因该时间而受到损害(即以他们的角度,在此时要求清算他们的投资特别不适当);(2)控股股东因该时间而从小股东的损失中获得利益。② 两个因素在本案中都没有得到证明。最重要的是,从预先记录中无法找到有说服力的迹象可以表明:从小股东的角度,在此时清算他们的投资特别不适当。因此,即使假设拟议的巴利交易的时间是为了科克里安的个人利益,但也不能表明其本身可以成为最终证实原告主张的依据。

关于交易没有赋予小股东否决权的事实,以及没有建立独立的董事委员会代表小股东商议分配兼并对价的事实,这些是评价是否公平对待小股东的相关因素。这些因素的存在是公平的典型象征;但是,没有这些因素,其本身并不构成对任何义务的违反。采用自利交易的内在公平测试时,最终欲测试的目标是评价此交易的条款本身是否整体或内在公平。基于上述原因,根据目前的记录,在本案中无法找到合理的可能性来证明本案最终不符合前述检验标准。因此,如果这里存在前述程序(译者注:此处的前述程序是指赋予小股东否决权程序以及建立独立的董事委员会代表小股东商议分配兼并对价的程序),那么前述程序的存在可以支持该结论(即公平对待小股东的结论),但目前情况下没有前述程

---

① Weinberger v. UOP, Inc., Del. Supr., 457 A. 2d 701 (1983).
② 仅仅证明此时间清算投资特别不适当,但是控股股东根据自己的计划为了个人原因而迫使促成了第三方交易,是否足以认定构成违反了整体公平,这个问题可能留待以后讨论。Sinclair Oil Corp. v. Levien, Del. Supr., 280 A. 2d 717 (1971).

序本身并不会对法官对原告胜诉可能性的评估造成影响。

关于原告主张缺乏合理的注意义务的论点,因为科克里安对取得可能的最高价格有强烈的意愿,而且德崇证券公司对可能的对象进行了明显全面的调查——法官不认为被告董事在前述情况下对公司权利的行使没有履行合理的注意义务。

E.

上述对原告最终胜诉可能性的评估,排除了原告主张的对不可弥补损害进行评估的必要性。在驳回待决的申请时,需要关注在无司法干预下实施拟议的兼并时,公众普通股股东和巴利公司的利益。虽然原告在最后陈述中称巴利明知被告董事和控股股东违反信义义务而仍然参与其中,但是没有指出具体的事实——目前的记录中也没有在调查中揭露事实——用来支持此结论。在这些情况下,巴利的合同权利——尽管不是决定性的[①]——提供了一项额外的情形以支持驳回此待决的申请。

综上所述,判决驳回原告临时禁制令的申请。

【案例评述】

本案被告科克里安是被告米高梅公司的董事及控股股东,拥有69%的普通股和74%的优先股。原告杰瓦伯(Jedwab)代表除科克里安以外的优先股股东对米高梅酒店及董事提起了集体诉讼,请求临时及永久地停止实施拟议的兼并。理由是米高梅公司的董事及控股股东因提议一个对优先股不公平的并购方案而违反了对优先股股东的信义义务。具体来说,原告认为,米高梅公司优先股与普通股在转换、分配股利上是一样的,公司的审计也是将优先股与普通股一样对待。现在公司在分配并购收益时,明显地偏向了普通股。由于董事科克里安先前对外宣布出售公司时将普通股定价为18美元,如果其主导的并购交易最后造成普通股的对价少于18美元,他很可能卷入普通股股东提起的诉讼。为避免卷入诉讼,科克里安偏袒性地对每股普通股分配18美元,对优先股仅分配14美元。因此,在这项并购中,原告认为:科克里安为了自己的利益损害了优先股股

[①] 历史上,在受托人没有迹象表明其违反信托责任时,衡平法院非常注重保护善意买方的权利。这些善意买方通常会阻断信托受益人在衡平法上的所有权。J. B. Ames, Purchaser for Value without Notice, Harv. L. Rev., Vol.1, 1887.但是,该规则没有扩展到适用合同的买方。Bogart, Trusts and Trustees, § 885 (1982).显然,此限制是一项一般规则的具体应用,即"在衡平法上,当权利请求人之间有冲突时[作为合同买方的一方],在时间上优先的一方在法律上享有优势地位"。J. B. Ames, supra, at p. 8.

东的利益,没有公平地对待优先股股东,违反了忠实和勤勉的信义义务。法院最终判决原告败诉,驳回其申请。

本案涉及公司被收购时普通股与优先股之间收购价金的分配冲突。审理该案的艾伦法官认为,本案最重要的法律问题就是董事是否对优先股股东负有信义义务,对此,原、被告提出的主张所依据的法理基础都是存在问题的。原告是基于董事和控股股东应当平等地对待股东,但平等对待股东的义务一般是指平等对待大股东与小股东,这种义务是否涉及优先股股东是不明确的。而被告则主张优先股股东的所有权利都是合同性质的,这也不符合实际。艾伦法官创造性地对优先股股东权利进行了区分,认为优先股的权利可分为两种:一种是公司章程或股权凭证等确立的优先股的特殊权利和对优先股的特殊限制;另一种则为优先股和普通股均享有的权利。前一种特殊权利和特殊限制仅在有明确的条款规定时才存在,后一种权利即使章程中没有规定,它也是存在的。

基于这种区分,艾伦法官提出了著名的杰瓦伯规则(Jedwab rule):"对于优先股不同于普通股的特殊权利或特殊限制,公司和董事仅承担合同义务,合同义务范围以优先股合同规定的内容为准;对于优先股与普通股共享的权利,权利的内容及公司、董事对其负有的相关义务以公司法为准。"①因此,该规则为优先股的权利建立了一个框架,当涉及优先股的特别权利或特殊限制时,这将是一个合同层面的问题,应以合同方式解决;当涉及的权利为同普通股共享的权利时,这是一种股权性质的权利,优先股股东可以主张信义义务的保护。艾伦法官进一步提出,依据普通法,在没有相反规定的情况下所有股权是平等的,因此对于优先股合同没有作出例外规定的那些股东权利,优先股股东和普通股股东共同享有,均受到信义义务的保护。

本案中,优先股合同中并没有关于公司并购的内容。据此,艾伦法官认为,原告主张的权利不属于优先股合同规定的特别权利或特别限制,而是属于与普通股共同享有的股权一般权利。因此,原告要求公平地分配并购收益、要求公司董事在并购谈判中履行勤勉职责、要求不受到控股股东压榨的请求,是属于与普通股共同享有的权利,可以适用信义义务。不过,在进一步的分析中,艾伦法官指出本案中没有证据表明董事和控股股东违反了信义义务,因此拒绝了原告禁止该并购的请求。

尽管杰瓦伯案以优先股股东败诉而告终,但其确立的杰瓦伯规则却成为优先股股东最有力的法律武器。它突破了之前的合同救济路径,将信义义务引入

---

① Jedwab v. MGM Grand Hotels,Inc.,S09 A. 2d 584(Del. Ch. 1986).

了优先股权利保护的法律框架。当某一项权利不属于优先股股东的特别权利或特别限制时,优先股就有权获得与普通股一样的对待。可以说,杰瓦伯规则在优先股股东保护方面迈出了具有实质意义的一大步。

一、"普通权利 vs. 特别权利"的分析框架及其隐忧

杰瓦伯规则不仅引入了"信义义务保护"的理念,而且提供了一个具体的分析框架,即"普通权利"(ordinary rights) vs. "特别权利"(preference rights),并据此判断特定个案下是否存在信义义务救济,还是仅存在合同救济。① 这一分析框架对于美国的优先股司法实践产生了广泛而深远的影响。根据杰瓦伯案中法官的观点,优先股股东所享有的权利包括两个部分:一部分是优先股合同中进行了特别规定的权利,即"特别权利";另一部分是未规定在优先股合同中的属于优先股股东与普通股股东共同享有的"普通权利",这一部分权利可以享受信义义务规则的保护。自此以后,美国各州法院在解决优先股的利益诉求时,会先援引杰瓦伯规则,对争讼行为属于特别权利还是普通权利进行区分,进而考虑是采用合同法还是公司法去处理相关诉求。②

然而,不论是"信义义务"还是"普通权利"、"特别权利",它们都是高度抽象的概念,需要在个案中进行具体分析,这就使得杰瓦伯规则的适用存在相当大的不确定性。事实上,杰瓦伯判决一出台,就有学者指出:杰瓦伯规则将受制于公司董事的自由裁量权,并因此而被削弱。③ 这是因为,杰瓦伯规则的运用首先要求确定某项权利是合同规定的特别权利还是普通权利。而在特拉华州,一般是由公司董事或其律师解释公司章程中的条款。由于在杰瓦伯规则下,优先股合同未特别规定的权利属于股权性质的内容,受到信义义务的保护,因此当董事在解释优先股条款时,实际上也是在确定其信义义务的范围。这样,董事可以将某个交易解释为已被合同所规定因而免除自身的信义义务。甚至有学者认为,杰瓦伯规则并没有消除优先股股东与普通股股东之间的潜在冲突,也没有说明在发生冲突时董事应当偏向谁的利益。④

学者对杰瓦伯规则的批评,很大程度上预见了杰瓦伯规则的实际效果。从

---

① Lawrence E. Mitchell, The Puzzling Paradox of Preferred Stock(and Why We Should Care about It), The Business Lawyer, Vol. 51, 1996, p. 448.
② Melissa M. McEllin, Rethinking Jedwab: A Raised Approach to Preferred Shareholder Rights, Columbia Business Law Review, Vol. 2010, p. 910.
③ Lawrence E. Mitchell, The Puzzling Paradox of Preferred Stock(and Why We Should Care about It), The Business Lawyer, Vol. 51, 1996, pp. 448-449.
④ 邓峰:《普通公司法》,中国人民大学出版社 2009 年版,第 230 页。

此后的判例对杰瓦伯规则的运用来看,在有普通股股东和优先股股东利益冲突的情形下,无论是优先股的特别权利,还是其普通权利都可能处在一个较为劣势的地位。这一特征,在特拉华州法院后来的一系列判决中充分地体现出来。

二、信义义务与合同救济的双重式微——杰瓦伯规则的应用及其分化

利益冲突的平衡是一项微妙的司法技术,优先股的双重属性更增加了这种技术在实践操作中的不确定性。在过去的三十年间,特拉华州法院逐渐偏离了杰瓦伯案确立的"以信义义务保护优先股股东"的路径,其中,2009—2010年审理的一些案件在某种意义上甚至改变了杰瓦伯规则的主基调,对优先股的普通权利和特别权利的保护方式都产生了实质性的消极影响。

(一)优先股的普通权利:信义义务保护的弱化

在杰瓦伯规则下,优先股股东基于优先股中与普通股股东均享有的一些股东权利(即普通权利)而获得信义义务的保护。然而,普通股股东与优先股股东的利益毕竟不会完全一致,董事在做出决策时需要平衡两类股东的利益诉求。当普通股股东与优先股股东都享有信义义务的保护时,如果两类股东产生利益冲突,董事会面临着艰难的选择:在两类股东相互冲突的利益面前,如何同时对两者都承担信义义务?这是一个很具体但又无法回避的操作难题。对此,不同的判例提出了一些不同的解决方法。

1. 设置代表优先股利益的独立代理人

杰瓦伯案后不久,特拉华州法院就在FLS控股公司股东诉讼案(以下简称"FLS案")[①]中提供了杰瓦伯规则具体适用的一种途径,即设置代表优先股利益的独立代理人来解决优先股与普通股的利益冲突。

FLS案争议与杰瓦伯案颇为类似,也涉及公司并购收益的分配,优先股股东指控公司未能在优先股与普通股之间合理地分配并购收益。[②] 由于FLS公司章程中未涉及并购收益的分配,因此这属于优先股与普通股共同享有的权利,可以要求董事公平、合理地分配并购所得。法院指出,董事虽然是由普通股股东选举产生,但是在分配并购收益上,董事对普通股股东和优先股股东都负有信义义务,因此有义务公平对待优先股股东。进一步,法院认为,尽管"公平"的标准是

---

① FLS Holdings, Inc. Shareholders Litigation,1993 WL 104562 (Del. Ch.).
② 优先股股东认为,FLS公司董事会的董事要么拥有大量的普通股股票,要么是促成本次并购交易的投资银行(离盛和花旗集团)的雇员;在董事会分配并购所得时,优先股股东与普通股股东的利益是互相冲突的,但在作出分配决议时,董事会中没有一个代表优先股利益的独立顾问或独立董事,优先股股东对并购方案也没有表决权,导致出现了不公平的分配结果。

模糊的,但可以采取一定的程序保证公平的实现。为了公平地分配并购收益,可以在并购交易之前任用一名"真正独立的代理人"来代表优先股的利益。在本案中,并购交易完成后第三方财务顾问出具了分配结果公正的意见书,但法院认为这一程序不足够,它只能给优先股股东提供很微弱的保护。换言之,在涉及优先股普通权利与普通股利益冲突时,如果在事前任用一名代表优先股利益的真正独立的代理人去参与决策,可以表明董事对优先股股东尽到了信义义务。有了这种程序性的保护手段,法院就不会认为交易结果是不公平的。[1] 这样,FLS控股公司股东诉讼案实际上就对如何应用杰瓦伯规则提供了一种具体方法,即在普通股与优先股的利益冲突时,通过任用一名代表优先股利益的独立代理人参与决策来保护优先股的利益,从程序的角度保障公平。

当然,独立代理人机制也并非万全之策。由于优先股与普通股的利益诉求不同,设立代表优先股利益的独立代理人很可能会为了维护优先股的利益而对公司的决策进行否决,阻碍公司的有效运转。因此,公司从效率的角度出发,一般不会设置这样的代理人。正如布拉顿教授指出的,尽管这些因素(设立优先股的独立代理人等)是判断是否公平的标准之一,但没有这些因素,也不会当然地构成对信义义务的违反。[2] 公司可以用别的途径去解决优先股普通权利与普通股之间的利益冲突问题。

2. 允许对模糊的合同条款排除信义义务的适用

在优先股的普通权利和普通股利益冲突时,有些情形下为了避免董事陷入对两者都负有信义义务的矛盾境地,董事会便通过对优先股合同中语义模糊的条款进行扩大解释来排除信义义务的适用。由于特拉华州授权董事会解释章程,因此董事会可以认为,优先股合同条款已经涵盖了所涉及的交易和权利,属于"特别权利"而非"普通权利",优先股股东不能主张信义义务的保护,只能根据合同条款来解决。

2010年的詹姆斯案[3]便属此种情形。本案原告是一家风险投资基金,持有库扎梅德(Quadra Med)公司的优先股。该优先股当初以25美元的价格发行,持有人除累积股利外,还可享有25美元的清算价值,并可以15.5美元的价格转换为普通股。公司的优先股合同规定,公司并购不等同于公司清算;在公司发生

---

[1] Marilyn B. Cane, Joong-Sik Choi, and Scott Gittcrman, Recent Developments Concerning Preferred Stock Shareholder Rights Under Delaware Law, Va. L. & Bus. Rev., Vol. 377, No. 5, 2011.

[2] William W. Bratton & Michael L. Wachter, A Theory of Preferred Stock, U. Penn. L. Rev., Vol. 161, 2013, p. 1815.

[3] LC Capital Master Fund, Ltd. v. James, 990 A. 2d 435, 454(Del. Ch. 2010).

并购交易时,每股优先股可以转换为1.6129股普通股,然后以普通股的身份参与并购收益的分配。在本案涉及的并购交易中,普通股拟以8.5美元的价格卖出,而优先股拟以13.71美元的价格卖出,这个价格是以普通股定价8.5美元乘以优先股转换成普通股的价格比率1.6129计算出来的。原告认为公司董事在分配并购收益时,以"优先股如果转换为普通股"为条件确定优先股的价格,分配给优先股的太少,违反了杰瓦伯案中要求公平对待优先股的义务;而且公司也没有像前述FLS案一样设立代表优先股利益的独立代理人,因此违反了对优先股股东的信义义务。相反,董事们则认为,对于优先股的分配他们不负有信义义务,因为他们是按照优先股合同中规定的价格底线进行分配,即按照优先股转化为普通股并取得与普通股一样的对价为标准。

法院支持了被告的主张,认为在章程中规定的转换价实际上就是优先股股东可以在并购中取得的对价。既然章程中确定了优先股在并购中的价格,那么董事对优先股的分配所得无裁量权,也就不负有信义义务。由于原告援引了杰瓦伯案和FLS案,为了进行区分,法院指出,"当在涉及某个特别的交易时,如果优先股合同明确地规定了优先股的权利,董事会应当尊重优先股的权利。只要董事会做到了这点,就不需要以普通股股东的利益为代价去给优先股股东额外的保护和利益。然而,当合同中没有对优先股的权利进行规定,就如同杰瓦伯案和FLS案一样时,董事就应当承担起信义义务并且尽其所能协调好普通股与优先股之间的利益冲突"。由于在本案中存在一个转换机制,因此,法院认为优先股合同中对优先股权利已有规定,应按照合同规定处理,不得援用信义义务。而根据优先股合同,优先股和普通股之间转换价格的比率,实际上是为优先股的并购价格设置了一个底线,由于并购价格的确定方法已经规定在合同中,优先股股东就应该接受该价格,不能再主张更多的分配。

学者对詹姆斯案的判决提出了强烈批评,认为法院不当缩减了优先股股东享有的普通权利的范围。本案优先股合同关于转换权的条款虽然提到了并购交易,但只是规定在并购时若优先股没有被赎回而是继续留在存续的公司内,则优先股可以自愿地转换为普通股,并以普通股的对价退出公司;章程并没有规定公司被并购时优先股要被强制转换为普通股。转换权实质上是给领取固定收益的优先股股东一个选择权,即在公司经营不好时他可以领取固定的收益,在公司经营良好时可以选择转换为普通股从而取得更高的收益。这种自由选择权并不是免费的,因为实践中可转换优先股的股息率往往设置得比较低。[1] 既然这种由优先股股东自行决定运用的转换权是其支付代价而获得的,那么法院认为并购交易强制性地引发了优先股的转换,优先股应以普通股股价乘以转换比例的价格退出公司的观点实际上是剥夺了优先股的自由选择权,破坏了交易。[2] 詹姆斯案表明,当优先股的普通权利和普通股权益冲突时,为了避免董事对两类股东不同的利益诉求都负有信义义务的矛盾境地,董事和法院可能对模糊的章程条款进行解释,认为交易所涉及的优先股权利在章程中有特别规定,因此属于合同权利,董事对其不负有信义义务。这实际上是通过扩大解释,将本属于优先股股权性质的内容拉到合同法领域,使优先股股东本没有具体规定的权利受制于优先股合同,从而承担合同规定的不利后果。

总的来说,在优先股的普通权利与普通股股东之利益发生冲突时,董事一般会倾向于普通股股东,因为董事往往都是由普通股股东选举产生。这种偏向于普通股的决策也不太容易被法院否定,因为即便该决策损害了优先股的利益,法院还可能以商业判断规则免除董事的责任。依据商业判断规则,董事在做出商业决策时,被假定为是了解情况的、诚实信用的、善意地相信所采取的行动是最有利于公司的。只要董事没有滥用自由裁量权,其商业判断就会被法院尊重。如果有人要挑战董事的商业决策,就需要证明这个前提假设不成立。[3] 由于普通股股东作为公司剩余财产的所有者,在一般情形下,普通股利益最大化与公司利益最大化是一致的,因此,现代公司法的原则和架构都要求董事为普通股的利益行事。[4] 董事在利益冲突的决策中偏向普通股,很容易证明其决策是有利于公司利益的,如果优先股股东有异议,就需要承担较重的证明责任。

(二)优先股的特别权利:合同救济的限制

在杰瓦伯规则下,优先股的特别权利由公司章程或股权凭证上的条款来规定,它通常表彰着优先股的优先权。当优先股的这种特别权利与普通股的利益冲突时,优先股股东按照优先股合同的规定实现权利是杰瓦伯规则的应有之义。但是判例显示,优先股股东并不总能顺利地实现其合同权利。

---

[1] William W. Bratton, Corporate Finance: Cases and Materials (7th ed.), Foundation Press, 2012, pp. 462-463.

[2] William W. Bratton & Michael L. Wachter, A Theory of Preferred Stock, U. Penn. L. Rev., Vol. 161, 2013, p. 1855.

[3] Aronson v. Lewis, 473 A. 2d 805, 812 (Del. 1984).

[4] Lawrence E. Mitchell, The Puzzling Paradox of Preferred Stock (and Why We Should Care about It), The Business Lawyer, Vol. 51, 1996, p. 450.

1. 对于优先股特别权利过于严格的解释

公司章程或股权凭证中关于优先股特别权利的条款往往很简单,因此在有些情况下需要对条款进行解释。那么,董事应以什么身份解释章程,是作为优先股股东的受托人?还是作为对立于优先股股东的两个平等的民事主体之一?杰瓦伯规则对此并未明确。实践中,当优先股的特殊权利与普通股利益冲突时,特拉华州法院是按照两个平等民事主体所达成的契约标准来衡量,这往往允许董事对合同条款进行严格解释。① 例如,在阿洛特协会案②中,法官认为,"任何区别于普通股的优先股的特别权利与限制都应被明确、清晰地规定,如果没有这种规定,这些特别的权利与限制不能被认为是暗含的或者是推定享有的"。这种观点明确了在解释优先股合同时要严格解释、文义解释,而不能有推断的成分。当优先股的特别权利与普通股利益冲突时,这种解释标准将大大地限制优先股股东依据优先股合同实现其特别权利。③

针对法院以平等民事主体的立场解释优先股合同的做法,学者批评其违背了信义义务和公司法理论。米歇尔教授指出,合同法中的诚实信用(contractual good faith)与公司法中的信义义务(fiduciary obligation)不同。诚实信用原则是为了解决在合同订立过程中产生的模糊及不确定性,主要是建立在尊重个人自治的基础上,因此诚实信用原则的作用仅仅局限于确保合同的履行。但是,信义义务却不是基于个人自治,它被认为是受益人将特定的权利转移至受托人,使得双方力量悬殊而强加给受托人的义务,受托人需要忠实地为了受益人的最大利益行事。在产生利益冲突的情形下,信义义务甚至要求受托人为了受益人的最大利益牺牲自己的利益。因此,当某一主体对另一主体既负有信义义务又负有合同义务时,信义义务胜过合同义务(fiduciary duty trumps contract)。而董事对优先股股东既负有信义义务又负有合同义务,所以应承担更高要求的信义义务。作为受托人,为了使受益人利益最大化,在解释合同时应当做有利于优先股的解释。由于信义义务胜过合同义务,董事绝对不能以平等交易主体的身份去解释优先股合同,因为这将与法律赋予的身份不一致。④ 可见,董事以平等民事主体的身份严格解释优先股合同是与公司法理论相违背的。

---

① Melissa M. McEllin, Rethinking Jedwab: A Revised Approach to Preferred Shareholder Rights, Columbia Business Law Review, No.3, 2010, p.915.

② Elliott Associates, L.P. v. Avatex Corp., 715 A.2d 843.

③ Melissa M. McEllin, Rethinking Jedwab: A Revised Approach to Preferred Shareholder Rights, Columbia Business Law Review, No.3, 2010, p.916.

④ Lawrence E. Mitchell, The Puzzling Paradox of Preferred Stock (and Why We Should Care about It), The Business Lawyer, Vol.51, 1996, p.459.

2. 特别权利的实现受制于董事商业判断规则

优先股的特别权利不能完全实现,在某种程度上是因为优先股兼具债权和股权的双重属性。对于债权人来说,如果公司没有履行合同义务,法院可以强制履行。但是对于优先股,尽管优先股合同上可能明确载有股利分配、优先清算、赎回、转换等权利,但是它又具有股权性质,且一般认为股东从公司获得的承诺大多是不确定的,[1]因此,优先股的这种特别权利可能会被法院出于公司整体利益的需要、保护债权人的需要等而不予强制履行。

例如,假定一个公司有大量的净资产但没有现金,优先股股东按照章程或合同要求行使赎回权,但公司董事却认为赎回优先股将损害债权人利益。此时,法院可以适用两种解决方法:一种是法院尊重优先股的合同权利,要求公司在不损害债权人的利益下折现公司的部分财产,赎回优先股;另一种是法院从公司利益出发,认为赎回优先股会损害债权人利益而予以拒绝,虽然法院的出发点是保护债权人,但实际上起到了保护普通股利益的作用。在美国早期的判例中,法院对该问题的判决是有分歧的,要么认为公司在有净资产时应当按照合同赎回,如果公司目前没有现金应该尽快拟定分期赎回计划;要么认为优先股没有强制要求赎回的权利,因为这将影响公司的经营、损害债权人和普通股股东的利益。[2]

特拉华州法院在 2010 年的斯特沃克案[3]中对于这种利益冲突作出了偏向于普通股股东利益的判决。该案原告是一家风险投资公司,购买了被告斯特沃克公司 94% 的优先股,希望通过斯特沃克公司上市而获利。优先股投资协议赋予了原告强制赎回权:如果在投资后五年内原告不能通过首次公开发行(IPO)或其他方式退出,斯特沃克公司有义务回购原告的优先股,回购价格等于优先股的购买价加上所有累积未付的股利。强制赎回权的条款使用了标准的合同语言,要求被告"用任何合法可利用的资金"(any funds legally available)赎回其优先股,即如果一项资金在法律上允许被用来赎回股票,那么被告就必须用其赎回优先股;被告在决定赎回优先股时,应当在现行法下可被允许的最大金额范围内赎回。[4] 然而,被告在五年里并未成功上市,原告遂要求赎回优先股,因公司缺

---

[1] 〔美〕弗兰克·伊斯特布鲁克、丹尼尔·费希尔:《公司法的经济结构》,张建伟、罗培新译,北京大学出版社 2005 年版,第 103 页。

[2] William W. Bratton & Michael L. Wachter, A Theory of Preferred Stock, U. Penn. L. Rev., Vol.161, 2013, p.1864.

[3] SV Investment Partners, LLC v. Thought Works, Inc., 7 A. 3d 973, 976 (Del. Ch. 2010).

[4] 在特拉华州的公司法下,可以用于回购的资金等同于可用于分配的资金,因此它实际上是公司法关于利润分配的规则,公司董事可以从"任何时刻公司净资产超过公司声明资本的金额"中派发股利。参见《特拉华州普通公司法》,左羽译,法律出版社 2001 年版,第 62—63 页。

乏足够现金,截至 2010 年总共才赎回 410 万美元的优先股。2010 年,原告起诉到法院要求执行其强制赎回权,此时优先股的赎回价(含累积股利)已达到 6700 万美元。原告主张被告有充裕的净资产,其提交的估值报告显示被告的净资产可达 6800 万美元至 1.37 亿美元。换言之,被告拥有足够的"合法可利用的资金"来赎回原告的全部优先股 6700 万美元。

法官拒绝了原告的请求,认为"合法可利用的资金"并不等同于净资产,因为一个公司有大量的净资产也可能会因缺乏流动性而破产,原告没能证明被告赎回如此多的优先股不会损害债权人的利益,因为赎回全部优先股可能导致被告破产。被告作为一个软件公司有很大的净资产是因为其具有较高的人力资本和知识产权,但是公司内部可使用的现金却很少。鉴于此,法官进一步指出:第一,"合法可利用的资金"是指可以立即使用的现金,有时公司可以清算财产获取现金或者以资产进行分配,但是本案公司的绝大多数资产显然不能用来分配;第二,原告除证明有"合法可利用的资金"以外,还要证明"董事在做出不赎回决议时是恶意的、依赖了不可靠的方法和数据或者是构成了欺诈或滥用权力"。这实际上是推翻商业判断规则前提假设的证明要求。如果说,法官的第一个理由可视为严格解释优先股合同中的条款,第二个理由便是把商业判断规则引入了董事履行合同的过程当中。本案中优先股的强制赎回权条款实际上是非常明确和完善的,但法院却认为董事是否履行合同取决于其商业判断,即使他不履行优先股合同,只要他是善意地、了解情况和真诚地为公司利益行事,他的行为决策就免受责任追究。①

由此一来,斯特沃克案实际上改变了杰瓦伯规则。依据杰瓦伯规则,优先股合同中明确规定的特别权利是合同性质,应当依照合同法来解决。斯特沃克案中优先股强制赎回权属于特别权利;即使法院对合同条款进行严格解释,也应当在合同法框架下进行,然后去审查是否有违反合同的行为。然而,斯特沃克案却采用了公司法的审查方法,考量董事是否善意、是否知晓信息等。结果,本案焦点从公司是否有能力赎回优先股(履行合同的能力),转化为公司不赎回优先股能否得到商业判断规则的保护。② 由此一来,优先股股东享有的特别权利虽然是公司给予的承诺,但它们并不具有真正的合同性质,因为它们不一定被履行,能否得到履行还要看董事的商业判断。换言之,当优先股的特别权利与普通股

---

① Charles R. Korsmo, Venture Capital and Preferred Stock, Brooklyn L. Rev. Vol. 78, 2013, pp. 1163-1198.
② William W. Bratton & Michael L. Wachter, A Theory of Preferred Stock, U. Penn. L. Rev., Vol. 161, 2013, p. 1868.

利益冲突时,该特别权利很可能因董事的商业判断而不能实现。

3. 董事优先保护普通股利益的义务

在 2009 年的塔多思案①中,特拉华州法院甚至明确提出,在特定情形下,董事有义务偏向对普通股股东利益进行保护。

塔多思案涉及公司战略决策上优先股与普通股的冲突情形。该公司的优先股股东也是风险投资人。按照公司章程,优先股股东不仅具有优先分配、优先清算等财产性权利,还可参与公司治理,且其选派的董事在塔多思公司董事会中占据多数席位。由于优先股股东入主后一直未从塔多思公司的经营中取得收益,故决定出售公司来弥补投资损失。最初的收购询价仅有 4000 万美元,未达到优先股投资人的预期。董事会遂雇用了一个新管理团队来运营公司以改善业绩,希望卖出一个好价钱。新管理层确实令公司有起色,一年后,董事会收到了新的报价为 6000 万美元的决议并决定接受。塔多思公司章程规定,公司并购视为清算,因此该交易将使优先股股东行使优先清算权,获得 5790 万美元的清算价值。扣除管理者奖金(780 万美元)后,普通股股东从该出售交易中将一无所获。因此,普通股股东向法院提起诉讼,认为董事会违反了对普通股股东的信义义务。他们指出,鉴于公司经营已改善,没必要去出售公司;如果董事不出售公司,那么公司还有机会继续良好地经营,从而使得普通股股东也能获利。因此,董事在做出决议时完全忽视了普通股股东的利益。

显然,塔多思公司的优先股和普通股之间存在直接的利益冲突:如果公司继续运营良好,优先股仅能获得固定的股利分配,而普通股会因利润增长而获得更多的股利;如果运营失败,优先股股东的投资将无法收回,错失这次收回投资的机会,但对普通股股东来说,运营失败不会对目前的处境有任何改变。因此,公司的继续运营对优先股来说是利益小风险大的决策,对普通股来说是利益大风险小的决策。如果公司被收购,优先股股东可取回约 90% 的清算价值并退出公司,但普通股股东将一无所获,并且永远地失去了一个取得收益的机会。

出乎大多数人意料,塔多思案的主审法官将信义义务引入到优先股的特别权利与普通股冲突的语境中,做出了不利于优先股的裁决。他指出:"优先股的特别权利属于合同性质。判例法已表明董事不仅对普通股股东负有信义义务,而且在优先股股东主张其与普通股股东共同享有的权利时,也要对其负有信义义务;但是本案所涉及的权利并不是优先股与普通股共同享有的权利。通常来讲,当优先股的特别权利与普通股的利益冲突时,如果董事具有自由裁量权,那

---

① In re Trados Inc. Shareholder Litigation, WL 2225958 (Del. Ch. 2009).

么董事就有义务善意地偏向普通股的利益而不是优先股的特别权利。因此,在普通股股东与优先股股东的利益不一致时,如果董事不适当地将优先股的利益凌驾于普通股利益之上,该董事的行为可能会被认定为违背义务。"塔多思案中,章程或合同都没有要求董事去寻求有利于优先股的并购,优先股股东也不具有强制出售公司的合同权利,因此,董事对于是否出售公司具有自由裁量权。此时,董事有义务去偏向普通股利益,否则便是违反了信义义务。

由此一来,塔多思案比斯特沃克案走得更远,后者认为优先股特别权利的实现取决于董事的商业判断,前者则直接要求董事在面对此种利益冲突时应偏向于普通股的利益。这实际上是为普通股的利益与优先股的特别权利设置了优劣等级,当两者产生利益冲突时,优先股的特别权利很难获胜。①

三、小结

杰瓦伯规则在其后的司法实践中展现了一个让人大跌眼镜的演进路径。不论是信义义务的引入,还是"普通权利 vs. 特别权利"的分析框架,都未给优先股股东提供一个理想的保护网,反而离杰瓦伯规则的初衷越来越远。

一方面,对于优先股的普通权利来说,虽然董事对其负有信义义务,但是当优先股的普通权利与普通股利益冲突时,这种信义义务保护难以真正落到实处。FLS案提出在解决冲突时应设立一个真正独立的代表优先股利益的代理人参与决策,但这一机制由于可能影响公司决策效率,因此只是一种非强制性的程序性救济。不仅如此,董事和法院还可以像詹姆斯案那样,将"普通权利"解释为已被优先股合同所规定,从而排除信义义务的适用。最后,由于普通股股东是公司剩余财产的所有者,董事偏向于普通股利益的决策受到商业判断规则的保护。可见,优先股的普通权利与普通股的利益冲突时,前者很少能受益于杰瓦伯规则提供的信义义务的保护。

另一方面,对于优先股的特别权利来说,它们受到合同法的保护。然而,法院将优先股合同视为两个平等交易主体之间签订的合同,允许对优先股合同条款进行严格解释,从而使优先股的特别权利仅能获得有限的合同保护。更进一步,虽然法院在解释优先股合同时将双方视作平等主体,但在合同的履行上双方却是不平等的:斯特沃克案表明优先股股东特别权利的实现受制于董事的商业判断,塔多思案则表明董事应偏向普通股的利益。可见,优先股的特别权利,尽

---

① Melissa M. McEllin, Rethinking Jedwab: A Revised Approach to Preferred Shareholder Rights, Columbia Business Law Review, No. 3, 2010, p. 918.

管被认为是合同性质,但并不是真正意义的合同;受制于公司法的一些因素,优先股的特别权利甚至不能完全获得合同法下的保护。

综上所述,尽管杰瓦伯规则的初衷是为优先股股东提供更多的保护,但正如学者一开始就注意到的,该规则内在的局限——抽象性与不确定性——导致其实际运用中发生严重分化,在普通股和优先股利益冲突的情形下,很难为优先股股东的权利提供有意义的保护。

美国优先股判例译评之二①

——信义义务与商业判断原则

【裁判要旨】

(1) 迟误：诉讼时效。法律规定违反信义义务诉讼的时间是三年。② 从公平的角度出发，如果原告本应当更迅速采取行动而没有，且因原告未迅速寻求救济可能对另一方造成损害时，本院将只会适用更短的期间。③ 但若没有证据表明原告的"没有迅速行动"给被告造成损失，将不会缩短诉讼时效的期限。

(2) 信义义务：优先股的权利和优先权本质具有合同性质。④ 当优先股主张的权利"不是相对于普通股的优先权，而是与普通股平等享有的权利"时，董事对优先股股东和普通股股东都负有信义义务。⑤ 因此，当普通股股东的利益与优先股股东的利益不同时，董事不适当地偏袒优先股股东的利益而非普通股股东的利益则可能违反了他的义务。⑥ 如果起诉书中包括可以证明被告董事对此决

---

① Trados Inc. Shareholder Litigation, Not Reported in A. 2d (2009).
② 10 Del. C. § 8106.
③ U. S. Virgin Islands v. Goldman, Sachs & Co., 937 A. 2d 760, 808 (Del. Ch. 2007).
④ Jedwab v. MGM Grand Hotels, Inc., 509 A. 2d 584, 594 (Del. Ch. 1986)("有关将优先股与普通股区分开的优先权或限制的事项时，公司及其董事的义务本质上是合同性的，该义务的范围由此合同中明确的语句适当地确定……")参见 Matulich v. Aegis Communications, Ltd., 942 A. 2d 596, 599-600 (Del. 2008).
⑤ Jedwab, 509 A. 2d 594.
⑥ Blackmore Partners, L. P. v. Link Energy LLC, 864 A. 2d 80, 85-86 (Del. Ch. 2004)["对于被告董事批准出售公司大部分资产，以及专门发给公司债权人的收益分配的主张，可以合理推断出其不忠实或故意不当行为。当然，也可能推断(之后阶段的记录可能很好地证明)被告董事经过合理的调查作出了善意的判断，认为该业务没有未来，对于单位持有人也没有更好的选择。尽管如此，仅仅基于声称的事实以及法院从该事实中作出的合理推断，将会得出结论，对于单位持有人来说这是最坏的交易，也能如原告所称那样，可以合理推断出，一个有合理激励的董事会将不会同意消灭普通股价值并将该价值全部转移给公司债权人的提议。"]被告辩称，Blackmore Partners案与本案不同，因为"在 Blackmore Partners 案中，法院发现偏袒了被告不负有信义义务的债权人的利益，而不是他们负有信义义务的单位持有人的利益"，而且，原告"没有，也不能主张被告董事偏袒了任何他们不负有信义义务的人的利益"。但是，(转下页)

定有利害关系或缺乏独立性的有效主张的事实,原告可以避免驳回其申请。

(3) 兼并引发了优先股股东的清算优先权,从而使其获得巨大金额。相比之下,普通股股东在兼并后却一无所获,并丧失了在未来凭借股票所有权获得任何有价值东西的能力。毫不夸张地说,对普通股股东而言这是最糟糕的结果。如果没有合并,普通股股东的境况肯定不会更糟。

2009 年 7 月 24 日,特拉华州法院首席法官钱德勒发表意见并作出如下判决:

基于上述理由,被告驳回原告起诉的申请仅部分获得支持。原告因董事会批准兼并而起诉被告违反信义义务,被告因此向法院申请驳回原告的起诉,法院不支持被告的驳回申请。驳回原告根据主张的收入转移而起诉被告的违反信义义务之诉讼请求。完全驳回原告起诉被告 SDL 协助及教唆行为之诉讼请求。

【案件事实】

这是由塔多思公司的一位前股东提起的集团诉讼,原告声称使塔多思成为 SDL 公共有限公司(以下简称"SDL")全资子公司的交易违反了信义义务。由 SDL 提供的 6000 万美元的对价中,塔多思的优先股股东获得了大约 5200 万美元。剩余的按照之前批准的奖励计划分配给公司的管理人员。塔多思的普通股股东没有因其普通股股票收到任何对价。

原告声称:此交易是在某些优先股股东的要求下实施的,目的是希望交易触发大额清算优先权,并允许他们撤回对塔多思的投资。塔多思董事会偏袒优先股股东的利益,要么以普通股股东利益为代价,要么没有适当考虑合并对普通股股东的影响。具体而言,首先,优先股股东与其指定的四名董事有其他关系,不能进行公正且独立的商业判断。其次,同时是塔多思公司员工的两名董事因合

(接上页)如上文解释,当优先股股东诉求的权利是"与普通股股东平等享有的权利"时,董事对优先股股东与普通股股东负有相同的信义义务(Jedwab, 509 A. 2d 594)。如果并且当优先股股东与普通股股东的利益不一致时,通常董事一定"偏袒了普通股的利益——董事会认为其遵守了善意判断原则——而没有偏袒优先股特殊权利、优先权等创造的利益"(Equity-Linked Investors, 705 A. 2d 1042)。基于起诉书中的主张,没有发现优先股股东有任何合同权利迫使实现将会触发其清算优先权的交易。而且,根据起诉书中作出的至少一项合理推断,与 SDL 的交易并不是基于塔多思普通股股东的最佳利益。

被告关于 Blackmore Partners 案中的事实比本案中的事实要更"极端"的观点可能是正确的,因为 Blackmore Partners 案中,法院发现"指控中的一个基础,推断公司的资产价值超过其负债至少 2500 万美金"(Blackmore Partners, 864 A. 2d 85)。但是,Blackmore Partners 案中法院认为,即使没有事实主张支持董事有利害关系或缺乏独立性的推断,"对于被告董事批准出售公司大部分资产,以及专门发给公司债权人的收益分配的主张,可以合理推断出其不忠实或故意不当行为"。相反,本案主张董事会大部分成员在寻求此交易的决议中有利害关系;因此,法院不需要得出结论认为批准此交易的决议本身"可以合理推断出不忠实或故意不当行为"。

并而获得了重大的个人利益,因此也无法进行公正且独立的商业判断。最后,SDL及其某些管理人员与塔多思的某些董事合谋,将收入推迟到合并后。

原告称SDL、兰彻斯特、阿拉斯泰尔·戈登与坎贝尔、巴奇和胡梅尔共谋改变塔多思在收入接收和确认方面的正常商业管理惯例。这些主张的改变对塔多思没有好处,但是会通过增加SDL兼并后的收入而使其经济上获利。具体而言,原告称塔多思管理层和SDL同意:(1)将塔多思至少204.6万美元收入的确认推迟到合并结束后;(2)将塔多思最新版本的桌面翻译软件Desktop 7.0的发布推迟到合并结束后;(3)允许代表塔多思约100万美元收入的交易"下滑"到合并后。①

原告起诉书的第二部分指称被告SDL"通过与坎贝尔和胡梅尔先生共谋,不适当地将塔多思的收入转移给SDL"而协助和教唆的行为违反了信义义务。②

法院支持了原告关于被告董事在批准兼并时违反信义义务的请求;但是有关收入转移以及被告SDL协助及教唆行为之诉讼请求因缺乏足够的事实依据而不予支持。

【判决理由】

原告就塔多思兼并案共提出三项诉讼请求,即被告董事在批准兼并时违反信义义务、收入转移以及被告SDL协助及教唆行为。特拉华州衡平法院认可了原告的第一项诉请,驳回了第二、三项请求,具体理由如下:

(1)首先,塔多思公司的四位优先股股东指定的董事思科兰、斯通、甘地和普朗,在寻求与SDL的兼并案中存在利害关系。该项兼并案决议的通过会触发优先股股东的大额清算优先权,而普通股股东在此项兼并中一无所得;其次,思科兰、斯通、甘地和普朗都与持有塔多思优先股的实体有所有或者雇佣关系。思科兰是瓦乔维亚的合伙人;斯通是Hg的董事、雇员及部分所有者;甘地是与红杉有关的若干实体中的合伙人;普朗是曼特资本的所有者。这些董事每一位都依赖优先股股东谋生。根据上文陈述的细节,这些实体每个都持有数量巨大的

---

① 为了支持这些主张,原告引用了几份邮件,据称这些邮件证明了收入操纵这一点。比如,在2005年5月18日的一封邮件中,一名塔多思的律师告诉坎贝尔,他正在利用兼并协议的一部分来反映SDL施加的限制,比如延迟收入及延迟发布Desktop 7.0(Compl. P 68)。2005年6月30日,巴奇向坎贝尔报告说,他们将有至少190万美元的延期收入提供给SDL,"接近我们承诺的200万美元"(Id. P 71)。2005年7月6日,坎贝尔对兰彻斯特如此建议:"今天希望的是,业务中的204.6万美元将在交易实质性完成之后发出,结果将是,SDL立即收到的收入和利润额超过200万美元。"2005年7月19日,巴奇建议兰彻斯特、戈登和坎贝尔,某些交易转移已经推迟到兼并之后,"这样SDL将会拥有所有收购之后的收入"。

② Compl. p.111.

塔多思优先股股票,上述四个实体合计持有塔多思约51%的流通优先股。这两点足以构成对善意商业判断原则推定的驳回。被告董事在兼并案中确实违反了对普通股股东的信义义务。

(2) 针对被告董事人为增加兼并后收入以操纵塔多思的日常商业行为使 SDL 受益的行为,原告没有具体说明这些行为违反了哪些会计规则或其他要求,也没有说明这些行为将如何对塔多思造成直接损害。相反,原告称收入转移造成 SDL 的股票价格在兼并后上涨,任何这种上涨都会使 SDL 及其股东获利。原告进一步称 SDL 股东的任何获利也会使兼并后获得 SDL 股票的塔多思管理人员获利,包括坎贝尔和胡梅尔。然而,原告的主张仍然不完整,因为它还没有将所谓的收入转移与对塔多思或普通股股东造成的任何伤害或任何被告的失职联系起来。为了建立这种联系,原告声称,所谓的收入操纵导致了失职,这是基于 SDL 股票价格的上涨给了坎贝尔和胡梅尔批准合并的不正当动机,并且他们在合并后将拥有 SDL 股票。原告的主张似乎是,坎贝尔和胡梅尔同被告 SDL 达成不正当协议,即坎贝尔和胡梅尔将某些收入推迟到交割后。该协议的不正当性是基于 SDL 股价上涨可能会给坎贝尔和胡梅尔带来实质性利益,进而激励他们批准兼并。因此,原告主张坎贝尔和胡梅尔协议给予自己批准合并的不当激励这一行为,违反了他们的信义义务。即使在此有利于原告的阶段,特拉华州法院也并不认为必须要接受该项主张的推断。而且,除收入转移造成 SDL 股票上涨而使坎贝尔和胡梅尔获得任何利益的主张之外,原告没有提出其他事实合理地认定该利益对于他们是实质性的。事实上,起诉书中没有事实主张表明其声称的收入转移将造成 SDL 股票价格急剧上涨,而非至多小幅上涨。因此,原告未能根据坎贝尔和胡梅尔涉嫌协议推迟收入而违反其信义义务的主张提出索赔。

(3) 针对 SDL 的协助和教唆行为,特拉华州法院认为原告并没有成功地以收入转移主张被告董事违反义务,则被告 SDL 对被告董事收入转移存在协助和教唆行为这一控诉也不成立。

【案例评述】

本案原告是一家软件服务开发公司的普通股股东:(1) 起诉被告董事在与 SDL 兼并案中做出同意决议的行为构成对股东信义义务的违反;(2) 起诉被告董事收入转移;(3) 起诉被告 SDL 协助并教唆被告董事收入转移,人为增加 SDL 兼并后的收入,损害普通股股东的利益。最后特拉华州法院只支持了原告的第一项诉讼请求,其他两项诉讼请求均被驳回。

本案主要涉及两个方面的法律问题，即董事对股东的信义义务以及商业判断原则。

一、董事对股东的信义义务

（一）优先股对普通股的信义义务

特拉华州衡平法院在该案件中承认优先股股东对普通股股东的信义义务，认为优先股的权利和优先权本质是合同性的。[①] 当优先股主张的权利"不是相对于普通股的优先权，而是与普通股平等享有的权利"时，董事对优先股股东和普通股股东都负有信义义务。[②] 因此，当普通股股东的利益与优先股股东的利益不同时，董事不适当地偏袒优先股股东的利益而非普通股股东的利益有可能违反了他的义务。[③] 特拉华州衡平法院区分优先股的普通权利和特殊权利，侧重保护普通股股东的利益。该判决推进了商业判断规则的确立，但是在针对董事信义义务的论述中并没有阐述清楚优先股股东对普通股股东所负信义义务的理论逻辑。判决中将董事独立于类别股股东，忽略了董事会背后存在的普通股股东与优先股股东的势力博弈。只有在根本上论证出优先股股东对普通股股东的信义义务，才能够说明优先股股东控制下的董事会在针对类别股利益冲突时应当负有的信义义务。

优先股与普通股时常发生权益冲突。一般来说，优先股股东控制董事会的发生概率比普通股股东控制董事会要低，但这种情况确实存在。典型情形常见于，当公司运行到一定阶段，优先股股东谋求盈利退出，或者普通股股东希望公司继续存续，而优先股股东希望通过清算或者出售公司的形式退出公司，以触发优先股的清算优先权。[④] 理论上，哥伦比亚大学法学院教授戈登（Jeffrey N. Gordon）在其经典论作《公司法的强制性结构》一文中提出了五项假说，用以阐释公司法中强制性规则存在的合理性，即投资者保护假说、不确定性假说、公共产品假说、创新性假说及机会主义修订章程假说。他认为，除了不确定性假说及创新性假说，剩余三项均可用以论证强制性信义义务存在的正当性。

[①] Jedwab v. MGM Grand Hotels, Inc., 509 A.2d 584, 594 (Del. Ch. 1986)("有关将优先股与普通股区分开的优先权或限制的事项时，公司及其董事的义务本质上是合同性的，该义务的范围由此合同中明确的语句适当地确定……")参见 Matulich v. Aegis Communications, Ltd., 942 A.2d 596, 599-600 (Del. 2008).

[②] Jedwab, 509 A.2d 594.

[③] Blackmore Partners, L.P. v. Link Energy LLC, 864 A.2d 80, 85-86 (Del. Ch. 2004).

[④] 郭青青：《优先股东与普通股东之间的信义义务取舍》，载《河北法学》2015 年第 11 期。

1. 投资者保护假说

该假说主张信义义务是对投资中信息不对称的补救。设置信义义务最直接的理由是保障认知有限且缺乏经验的投资者免受剥削。这一点针对在投资过程中处于弱势信息地位的股东,董事会应当对该类股东负有信义义务。一开始此项学说用于处弱势地位的优先股股东,他们处于信息弱势应当受到信义义务的保护。但科斯莫不完全赞同上述观点,他认为,风险投资属于经验丰富的睿智投资者,他们足以洞察并有能力理解优先股契约安排的具体条款,并据此对股票作出定价。相较于持有普通股的创业企业家,持有优先股的风险投资并不见得处于信息劣势。因此,投资者信息劣势角度切入的投资者保护假说,无法用以论证风险资本持有的优先股应当受到信义义务的保护。[1] 对此,米切尔提出了第二个版本的投资者保护假说,主张信义义务根植于对权利分配中弱势方的救济。在权利分配悬殊的情况下,一方掌控着对另一方利益攸关事务之权利及责任,使弱势方处于其控制。这样的关系一旦建立,受控方事实上失去了对利益攸关事务之控制,而享有权利优势地位的控制方却保有自治的状态。[2] 我们得出,无论是地位弱势还是信息不对称,处于权利优势的一方应当承担另一方的信义义务。

2. 机会主义修订章程假说

强制性信义义务具有约束机制的功能,防止掌握董事会控制权的一方将操纵章程修订过程损害弱势方的权益。当风险资本持有优先股掌控董事会时,分轮融资带来频繁的修订机会。在这种修订过程中,普通股东的利益面临着被优先股东鲸吞的风险。其一,风投优先股东的股权相对集中,其对公司事务未表现出"理性的淡漠",而是带着强烈的最终盈利退出的动机积极参与公司治理。[3] 其二,普通股东内部可能存在巨大分歧。希冀创业企业长期发展的普通股东,出于维系后续合作关系的考虑,可能向风险投资作出妥协。[4] 因此,处于控制地位的风投优先股东,应当对普通股东负担信义义务。

(二) 普通股对优先股的信义义务

在公司治理理论、立法和司法实践中,我们对公司的理解是建立在"股权—债权"二元框架上的,以公司内部关系和外部关系的区分来界定公司的边界。公

---

[1] Charles R. Korsmo, Venture Capital and Preferred Stock, Brooklyn Law Review, 2013, p.1207.

[2] Lawrence E. Mitchell, The Death of Fiduciary Duty in Close Corporations. University of Pennsylvania Law Review, 1990, pp.457-458.

[3] William W. Bratton & Michael L. Wachter, A Theory of Preferred Stock. University of Pennsylvania Law Review, 2013, p.37.

[4] 郭青青:《优先股东与普通股东之间的信义义务取舍》,载《河北法学》2015年第11期。

司的内部关系是围绕着公司权力形成及分配展开的各种关系,核心是公司股东、董事和高管三个群体之间的关系;公司的外部关系是围绕着公司意志、意思表示做出和对外行为而展开的各种关系,主要是与公司和市场中的其他主体之间的交易相联系的关系。[1] 优先股相对于普通股来说具有一些特别权利以及特别限制,这种特点使优先股处在股权和债权的中间地带,兼具股权和债权双重性质。[2] 特拉华州法院对优先股的权益保护存在态度上的演变。始初,特拉华州法院认为优先股股东的权利是完全合同性的,优先股股东依据优先股合同来享受权利和履行义务。这里的优先股合同就是章程规定优先股权利及特别权利条款的简称。[3] 该类章程条款的争议依据合同法解决,而非公司法。但是经过实践证明,仅靠合同保护无法实质性保障优先股股东的利益。在 1986 年的 Jedwab v. MGM Grand Hotels, Inc. 案当中,法院改变了将优先股所有的权利认定为合同性质的看法,认为在合同保护之外,优先股股东还可以得到信义义务的保护。[4] 不仅如此,法官在该案中还对优先股的权利进行了区分,一种是优先股股东特别享有的特殊权利和特殊限制,该类权利和限制是有别于普通股股东的,应当以合同法进行规制,属于合同权利;另一种是优先股股东和普通股股东共同享有的普通权利,这一类权利即使章程没有说明也是存在的,在发生纠纷时参照公司法进行规制。在此,法官确立了杰瓦伯规则:对于优先股不同于普通股的特殊权利或特殊限制,公司和董事仅承担合同义务,合同义务范围以优先股合同规定的内容为准;对于优先股与普通股共享的权利,权利的内容及公司、董事对其负有的相关义务以公司法为准。

随着杰瓦伯规则的普遍适用,其不足越来越明显。优先股股东的特殊权利和一般权利区分后,董事在约定和解释优先股条款时,就是确定其信义义务范围的过程,[5] 不难想象其偏好。另外,杰瓦伯规则没有回答一个核心的问题,即在董事解释优先股合同时,是以受托人的身份还是以平等交易主体的身份去解释合同,因为董事与优先股股东既有受托关系又有合同关系,以不同的身份去解

---

[1] 邓峰:《普通公司法》,中国人民大学出版社 2009 年版,第 42—43 页。
[2] Peter F. Pope and Anthony G. Puxy, What is Equity? New Financial Instruments in the Interstices between the Law, Accounting and Economics, The Modern Law Review, Vol. 54, 1991, pp. 889-911.
[3] Robert W. Hamilton, Richard A. Booth, Corporation Finance: Cases and Marerials(4th ed.), West Academic Publishing, 2012, p. 609.
[4] Jedwab v. MGM Grand Hotels, Inc, 509 A. 2d 584 (Del. Ch. 1986).
[5] Lawrence E. Mitchell, The Puzzling Paradox of Preferred Stock(and Why We Should Care about It), The Business Lawyer, Vol. 51, 1996, pp. 448-449.

释,需要承担的注意义务的程度也是不一样的。[1] 但是,该规则的建立并没有解决优先股股东与普通股股东之间存在的根本利益冲突。当董事在进行商业决策必须要在普通股和优先股股东之间进行选择时,必有一方的利益会受到冲击。在杰瓦伯案之后,当优先股的普通权利与普通股利益产生冲突时,一些判例中出现了以下解决方法:

1. 设置优先股独立代理人

在 FLS Holdings,Inc. Shareholders Litigation 案[2]中,法官认为公平的标准是模糊的,但是可以设置具体的程序来保证实体公平的实现,通过设置优先股独立代理人,参与董事会的决策,监督董事对优先股股东的信义义务。这一程序性的设立给公司决策带来了新问题,即独立代理人代表优先股股东的利益作出的选择有时会阻碍公司运转,降低公司决策的效率。因此,很多公司并不想采取设置独立代理人的方式去保护优先股股东的利益。

2. 对模糊条款排除信义义务的适用

允许对模糊的合同条款排除信义义务的适用是指,当优先股的普通权利和普通股利益冲突时,为了避免对两者都负有信义义务的矛盾情形,董事或法院将优先股合同中模糊的条款进行扩大解释,认为优先股合同条款已经涵盖了所涉及的交易和权利,因此优先股股东不能主张信义义务的保护,只能根据合同条款来解决。[3] 这样在董事对模糊条款进行解释时,可以排除适用信义义务。从这个角度来看,优先股股东在面对模糊条款时,只能被排除在信义义务救济范围之外。

综合来看,董事会对优先股股东的信义义务只停留在与普通股股东相同的普通权利之上。但在这一点上,即使当两者的普通权利发生冲突时,也无法解决双方的冲突。追本溯源,对优先股股东提供信义义务保护的背景,是在普通股股东控制董事会的条件下,优先股股东处于信息和权利的弱势地位,优先股利益在公司决策当中得不到保障。但是,优先股在美国的发展已经接近两百年,它不再是早期公司融资实践所留下的过时产物。在现代的融资实践中,优先股常常被看作风险投资公司在对高风险、处于前沿的创业企业进行投资时首选的投资工

---

[1] Lawrence E. Mitchell, The Puzzling Paradox of Preferred Stock(and Why We Should Care about It), The Business Lawyer, Vol. 51, 1996, pp. 448-449.
[2] Fls Holdings,Inc. Shareholders Litigation,1993 WL 104562(Del. Ch).
[3] 楼建波、马吾叶·托列甫别尔干:《管理层对优先股股东负信义义务吗?——美国特拉华州法院立场的演变及其对我国的启示》,载《商事法论集》2015 年第 2 期。

具。① 对于达成的投资合同来说,由于风险投资企业是这方面的行家,通过频繁地、重复性地拟订投资合同,他们已具有很高的合同签订技术和谈判磋商能力,往往能制定出有利于自身的合同条款。现实当中优先股股东控制董事会的情况也时有发生,甚至比普通股股东在风险投资方面具有更大的信息优势和决策优势。董事会还究竟是否需要对优先股股东负有信义义务,以及类别股是否还是信义义务的履行标准也值得考量。

(三)信义义务的履行标准

不同类别股的股东之间的利益冲突客观存在,不可避免,而股东之间的信义义务则是在双方利益博弈当中维持平衡的有效救济。但是,现在仅偏向优先股股东利益保护的信义义务已经失去了正当性基础。部分优先股股东不再处于信息和权利的弱势地位,反而能够凭借自身的专业优势达到利益的平衡甚至是控制公司使利益天平朝己方倾斜。针对这样的现实状况,原有的董事会对类别股的信义义务履行标准已经不再适用。在出现多元化的股东分类时,分情况适用信义义务不失为一个好办法。

在多元类别股并存的情形下,若由普通股股东控制董事会,则会存在普通股滥用控制地位排除优先股利益的情形,此时普通股股东应当对优先股负有信义义务;但是,该项信义义务的分配存在例外。丰富的经验、强势的谈判能力及高超的缔约技巧,使频繁运用优先股对创业企业进行投资的风险资本与一般的优先股存在本质差异,故持有优先股的风险资本仅应求诸优先股契约提供的权益保护,而无须受到信义义务的庇佑。② 当公司存在优先股股东控制董事会的情形,一旦出现商业决策是以牺牲普通股股东利益来换取优先股股东利益的情况,优先股股东应当对普通股股东负有信义义务。

二、商业判断原则

特拉华州法院在以往的案例中总结出,商业判断原则指的是特拉华州公司的董事在商业决策规则中受到保护,这是一种推定,即在作出商业决定时,公司的董事以真诚和诚实的信念行事,认为所采取的行动是为了公司的最大利益。这一规则体现和促进了董事会作为管理公司业务和事务的适当机构的作用。③

---

① Charles R. Korsmo, Venture Capital and Preferred Stock, Brooklyn L. Rev., Vol. 78, 2013, p. 1163.
② 郭青青:《优先股东与普通股东之间的信义义务取舍》,载《河北法学》2015年第11期。
③ Del. Code Ann. tit. 8, §141(a).

对董事会决议提出异议的一方承担举证反驳该原则推定的责任。① 如果该原则的推定没有被反驳,则法院将不会再次猜测董事会的商业决议。② 如果该原则的推定被推翻,则举证证明整体公平的责任将转移给被告董事。③ 原告可以通过合理推断,提出董事会的多数成员对相关决议有利害关系或者缺乏独立性的事实,以免于因 Rule 12(b)(6) 而被驳回起诉的可能。④ 如果"一个董事将在一项交易中获得不与股东公平享有的个人经济利益时"或"公司的一项决议将会对一个股东产生实质性的损害影响,但不会对公司或股东产生损害影响时",该股东将会与此交易有利害关系。⑤ 获得任何利益并不能足以认定一个董事在交易中有利害关系。但是,该董事获得利益并不与股东共享时,一定具有"实质性足够重要的意义,在该董事的经济情况下,使该董事不可能……不被巨大的个人利益影响……而履行其信义义务"⑥。

(一) 商业判断原则的推定

公司董事和高管在作出一项公司决策时,应当以公司的最大利益为根本目的。除非存在重大过失等情形,法院不应在事后介入公司董事会的正常商业决策。也就是说,在不存在相反证据的条件下,推定董事会的决策均是在实现公司经营目标的基础上作出的,法官不应在事后用自己的想法评判董事会的决策是否正确。⑦ 商业人在商业行为当中显示自己的专业性,而法官并不是这方面的专家,无法也无权对董事的专业商事行为作随意评论。如果原告在提出诉讼时不能提出相反证据来证明公司董事在作出商业判断时不够勤勉,法官也不会随意推翻商业判断原则的推定。法院必须在有利于董事的假设前提下对争议中的交易进行审查,即应首先假定参与交易协商的董事诚实地相信他们争取到的条款是符合公司最佳利益的。随后,特拉华州最高法院开始对商业判断规则作更加精确的描述,"如果在具体案件中,尚无董事不进行商业判断的任何证据,就不能认定董事没有为公司的最大利益服务。基于诚实犯下的错误不得受到法院的审查"。可见,商业判断规则演化成了一种纯粹的程序性规则。

(二) 商业判断原则推定的推翻

特拉华州法院认为,当原告股东能够举证被告董事在进行商业判断时存在

---

① Cede & Co. v. Technicolor, Inc., 634 A.2d 345, 361 (Del. 1993).
② Id.
③ Id.
④ Orman v. Cullman, 794 A.2d 5, 22-23 (Del. Ch. 2002).
⑤ Rales v. Blasband, 634 A.2d 927, 936 (Del. 1993).
⑥ Orman, 794 A.2d 23.
⑦ Sinclair Oil Corp. v. Levien, 488 A.2d 858, 872 (Del. 1985).

利害关系或者缺乏独立性的事实,则举证责任就会发生转移,由被告董事证明其商业行为的正当性。理论上,商业判断规则的推翻也是采用相同的标准。商业判断规则是一个既定的假设,在该假设成立的前提下,推定董事作出的商业决策正确。而股东如果在代表诉讼中证明缺乏善意(in good faith)、董事存在个人利害关系(financially disinterested)、对交易缺乏独立性(independent)以及董事在决策前没有搜集充足的信息(informed)等,则可推翻该推定。①

1. 善意

善意在规范董事商业判断时要求董事诚实、没有欺诈、忠诚地对待自己的职责和义务。其中,董事恶意行为可以表现为董事故意地损害公司利益;故意从事与公司利益背道而驰的活动;董事的行为本身或者其行为决策造成公司的行为违法;董事明知其掌握的公司信息并不真实,却以此为据进行决策;董事滥用决策权或裁量权,等等。只要具备其中一种情形,即可证明董事在作一项商业决定时没有做到善意。

2. 利害关系

董事与其作出的商业决定之间存在利害关系,无论是获利或者是受损、直接利益冲突还是间接利益冲突都属于利害关系的范畴。在早期的普通法范围内,利益关联来自于信托法的基本规定,受托人不得将自己的利益凌驾于委托人利益之上。董事本就是接受股东的委托以股东利益最大化为目的治理公司,因此董事在作商议决定时应当排除自己相关利益所在。董事的商业决定与自身存在相关利害的情形主要有积极促成自利交易或者是积极规避有害自身的交易行为等。如此情况,法院将不再善意信任董事的商业判断,以采取更加严格的审查标准。

3. 独立性

董事在决策时,应当以公司利益或者股东整体利益为最优先考量。如果董事决策只考量个别股东的意愿,与个别股东形成受控关系,则此时董事已经失去了决策的独立性,已经不再受商业判断原则的保护。

4. 知悉

信息是商业活动的基础,每一个商业决策都必须建立在充分的信息知晓和整合之上。董事在行使决策职权时,首先要对有关的业务或事务知悉,在知悉的基础上采取行动。只要是董事在知悉的基础上采取的商业行动,即使没有给公

---

① 梁爽:《董事信义义务结构重组及对中国模式的反思——以美、日商业判断规则的运用为借镜》,载《中外法学》2016年第1期。

司带来预期结果,商业规则也会为董事提供保护。相反,如果董事在决定前没有做到对信息的知晓,造成公司或者股东利益的损害,就会构成对信义义务的违反,失去商业判断原则的庇护。

综上所述,商业判断原则在董事没有重大过失或者存在相反证据的前提下,是不会被轻易推翻的。商业判断原则是以决策过程为主导的,带有对所有董事决策的深切敬意。[①]

(三) 商业判断原则下的董事问责

特拉华州法院在判决中支持原告的信义义务请求,却没有详细论述被告董事违反信义义务应当追究的责任。上文论述商业判断原则的推定,我们了解到商业判断原则被推翻的法定情形。商业判断原则被推翻,所导致的直接结果是被告董事需要就"决策的正当性"进行举证说明,并不意味着董事的直接责任。董事只是不再受商业判断原则的信赖而陷入举证的泥沼。有些学者认为商业判断原则几乎掏空了董事的注意义务。[②] 这使得公司法上董事信义义务中的注意义务形同虚设,制约了董事问责。我国学者朱羿锟在《论董事问责的诚信路径》中将问责困难的原因归纳为如下三点:

1. 商业判断原则的推定适用

商业判断原则的推定适用是对董事安心作出商业判断的保险。规则推定公司董事作出的商事判断,是在获得充分信息的基础上,可以合理地相信该判断符合公司的最佳利益,说明其履行了信义义务。它要求由原告承担严格举证责任,去证明董事并没有尽到合理的信义义务,但是原告相对于被告董事对公司商业决策的知晓难度明显较大,证明成功的概率也明显降低。如果原告证明不能,就必须承担举证不能的不利后果,这无疑给原告举证添加了难度,导致董事问责困难重重。

2. 司法审判中董事决策审查的形式化

信义义务中的注意义务要求董事有正当理由相信,其所作出的经营决策是在尽可能地收集到所有信息的基础上作出的,尽其应有的谨慎和技能为公司寻求并考虑其他可能的合理选择。[③] 司法审查董事信义义务的方式逐渐形式化、僵硬化,法官只需注意董事在经营决策时是否遵循了商业决策所必经的程序,只要符合商业决策程序,不论其内容与结果如何,法院都依据商业判断原则善意尊

---

① 丁丁:《商业判断规则研究》,吉林人民出版社 2005 年版,第 1 页。
② Joseph W. Bishop, Sitting Ducks, Decoy Ducks, New Trend in the Indemnification of Corporate Directors and Officers, Yale Law Journal, Vol. 77, 1968.
③ 朱羿锟:《论董事问责的诚信路径》,载《中国法学》2008 年第 3 期。

重董事的专业决定。因此,只要董事在决策过程中符合公司章程要求,履行决策所需的程序,考虑相关信息,按部就班作出决策,即使最后没有达到决策效果,也只是被认作是商事一般过失或者是意外事件,无须承担法律责任。

迪士尼股东代表诉讼案[①]中,董事长以高价聘请其私友担任公司董事兼任总裁,但该友人仅工作 14 个月便辞职,为此公司为解除合同支付了近 1.4 亿美元遣散费,股东为此将董事告上法庭。特拉华州衡平法院却驳回了原告的诉讼请求。2006 年特拉华州最高法院维持原判,法官认为董事长高价聘请的行为虽不符合公司治理最佳的要求,但董事长此项决策的初衷是为了公司的最佳利益,收集了足够多的信息,对各种可能方案进行了分析和筛选,已经构成合理注意,无须承担赔偿责任。该项判决无疑是给了商业判断原则最大的适用范围。

3. 注意标准的不确定性

董事是否应承担赔偿责任,取决于是否违反注意义务。作为代理、信托和侵权法的"混血儿",注意标准向来就十分模糊。对于判断董事经营决策是否具备充分信息,是否对于合理情形下可以获得的所有重要信息充分知悉,学界和司法实务界既有一般过失说,也有重大过失说,主流的立场为重大过失标准。[②]但是,各个法院的立场并不统一,甚至同一法院对待不同案件的立场也不一致。这种不确定性为董事问责增加了许多障碍。法官自由裁量余地增大了,经营决策的复杂性使得法官对是否达到重大过失也难以拿捏。

20 世纪初,董事系无偿代理人的观念被摒弃,以受信人取而代之,以信托关系取代代理关系,重大过失成为注意标准,要求受信人尽到像管理自己事务同样的注意和谨慎,从而提高了注意标准。美国最高法院就持该立场。20 世纪 30 年代,新泽西州、特拉华州等许多州的公司立法确立了过失标准,即董事未尽合理注意义务即应被问责。注意标准的摇摆不定一直持续到 20 世纪 80 年代中期。1963 年,特拉华州最高法院在 Graham v. Allis-Chalmers Mfg. Co.[③]案中采用一般过失标准,要求董事尽一般谨慎、注意的人在同等情形下的注意义务。这与过失侵权不谋而合,但该州此前不少判例明显适用重大过失标准。1985 年,特拉华州的 Smith v. Van Gorkom[④] 案将一般过失当作重大过失,对董事予以问责,引起轩然大波。企业界和保险界为之震惊,董事们忧心忡忡,诚惶诚恐,

---

① 907 A. 2d 693,Del. Ch. 2005;906 A. 2d, 2006 WL 1562466.
② 许多判决书均有注意标准的讨论,如 Aronson v. Lewis,473 A. 2d 813,Del. 1984;Disney Company Derivative litigation 907 A. 2d 693,Del. Ch. 2005.
③ 188 A. 2d 125,130,Del. 1963.
④ 488 A. 2d 858,Del. 1985.

保险界立即上调董事和高管责任保险费率。为防止大公司撤出,该州议会不得不亡羊补牢,迅速进行补救,火速出台了著名的《特拉华州公司法》第102条(b)(7)款,以减轻或消除该案的影响。一年后,有30多个州步其后尘,最终美国50个州均立法,准予公司通过章程减免董事责任。Smith v. Van Gorkom案虽然是短命的,但注意标准的不确定性及司法恣意所导致的连锁社会经济乃至政治影响可见一斑。

三、董事违反信义义务下的问责路径

为了平衡股东与董事在相关商业决策下的利益纠纷,避免商业判断原则下的保护倾斜,特拉华州最高法院创立了信义义务的"三元化分","将诚信义务纳入了原本董事的忠实和注意义务,1993年的Cede Ⅱ案开辟了这一先河,对于董事被指控违反了三大信义义务——忠实义务、注意义务或者诚信的义务——的任意一个,原告负有举证责任"[①],如今已有十多个判例采用信义义务三分法,主要有Cede Ⅲ案、Malone v. Brincat案[②]、Emerald Parners v. Berlin案[③]等。

理论界对于是否将诚信义务赋予与忠实和注意义务并驾齐驱的独立地位,尚有争论。艾森堡教授认为,董事的诚信义务是一项单独、自立的义务,理由有以下几个方面:(1)注意义务和忠实义务不能全面涵盖董事的所有不正当行为,而这正是诚信义务的涵盖范围;(2)注意义务和忠实义务中不同规则限制其责任的适用,但这些限制在董事不诚信时就不能适用;(3)注意义务和忠实义务存在责任原则的适用,而诚信义务本身并不一定导致责任的承担,这是主要的差别;(4)诚信义务有助于法院回应社会和商业道德的变化。在考虑效率和其他政策的情况下,可以清晰地解释新的具体的信义义务,而这是注意义务和忠实义务难以做到的。[④] 毕晓普教授却主张诚信义务是一项外围设施,而不是一项独立可作为诉的信义义务。[⑤]

特拉华州法院对此意见也并不统一。一是衡平法院对此有不同意见,在1999年Jackson Nat. Life Ins. Co. v. Kennedy一案中,该院虽然援引了最高法院在Malone一案中关于利益相关者有权期待董事以合理注意、诚信和忠实

---

① Cede & Co. v. Technicolor, Inc., 634 A. 2d 345, 361 (Del. 1993).
② Malone v. Brincat, 722 A. 2d 5. 10, Del 1998.
③ Emerald Partners v. Berlin, 787 A. 2d 85, Del 2001.
④ Melvin A. Eisenberg, The Duty of Good Faith in Corporate Law, Delaware Journal of Corporate Law, Vol. 31, 2006.
⑤ Carter G. Bishop, A Good Faith Revival of Duty of Care Liability in Business Organization Law, Tulsa University Law Review, Vol. 41, 2006.

的方式履行信义义务的论断,然而助理大法官斯蒂尔说道:"我将区别信义义务中的忠实和诚信问题留给最高法院和学术界。"①二是特拉华州最高法院的立场前后也并不一致。在2006年的Stone v. Ritter案中,该院在判决书中这样写道:"之所以不诚信行事可能导致责任,是因为诚信而为的要求是基础性忠实义务的一个补充性的元素,即一种条件要求。……虽然诚信义务可以通俗地被称为包含忠实义务和注意义务的三项信义义务之一,但是诚信义务并不构成与注意义务和忠实义务并列的独立的信义义务。"②

公司董事信义义务是董事对公司和所有股东所负的信义责任,无论是普通股股东还是优先股股东,只要是处于控制一方,在公司经营决策时都应当考量双方的利益,不能以牺牲某一方利益使另一方获利。商业判断原则能够为董事提供最基本的善意信任,但绝不是董事用以逃脱问责的保护伞,股东与董事之间的利益博弈一直在持续,如何平衡双方利益是之后理论研究之重点。特拉华州衡平法院对塔多思案件的判决,在双方利益衡量标准上进一步向股东倾斜,由优先股利益保护向普通股倾斜,强调优先股的合同权利,为普通股的利益添加了砝码,为理论界与司法实践中关于类别股的权益之争提供了新的思路和方向。

---

① Jackson Nat. Life Ins. Co. v. Kennedy,741 A. 2d 377,388,De. l Ch. 1999.
② Stone v. Ritter,No. 93,2006 WL 3169168 (Del. 2006).

美国优先股判例译评之三[①]

——非累积优先股股东的权利

【裁判要旨】

(1) 当优先股股东与公司签订合同后,公司董事会就有权决定是否对其进行股利分配,况且,该事项在合同中也并未被事先确定下来,公司完全可以根据其经营发展需要来确定股息的分发与留存。

(2) 用于分配给非累积优先股股东的股息可被合法用作公司资本的增加,这是合格的管理者所应具备的防范公司未来发生不确定事情的合理的态度和行为。

(3) 由于是优先股合同赋予了董事会诸多权利,因此,合同是判断优先股股东权利的标准。[②] 即优先股股东与公司应首先确定为合同关系,合同的规定优于公司法的规定。

美国第二巡回上诉法院于1929年1月7日对本案进行了开庭审理,由巡回法官Manton作出了如下判决:撤销驳回起诉判决。[③]

美国联邦最高法院于1930年1月6日对本案进行了开庭审理,由首席法官Holmes作出如下判决:(1) 撤销原判;(2) 原告败诉。

【案件事实】

本案为Wabash铁路公司第一级优先股(亦称为A级优先股)股东呈交的诉状。

原告要求认定该种股份的持有人有权在任何其他股份的股息分配之前,享

[①] Wabash Ry. Co. v. Barclay, 280 U.S. 197 (1930).
[②] 李晓珊、倪受彬:《优先股的制度功能及理论视角之比较分析》,载《证券法苑》2014年第3期。
[③] Wabash Ry. Co. v. Barclay, 279 U. S. 828, 49 S. Ct. 265, 73 L. Ed. 979.

受从 1915 年到 1926 年的每个会计年度应当取得但公司未分配的利率为 5％的优先股股息;且在利率为 5％的优先股股息未被分配,而公司又有足够支付 A 级优先股股息的净利润时,公司不得对 B 级优先股或普通股进行股息分配。

该铁路公司于 1915 年在印第安纳州法律的框架下由三种股本组成,分别是:票面价值为 100 美元,利率为 5％的 A 级优先股,相同票面价值、利率为 5％的 B 级可转换优先股以及相同票面价值的普通股。截至诉状提交之日,共有 693330.50 股 A 级优先股,24211.42 股 B 级优先股以及 666977.75 股普通股。1915 年至 1926 年的大多数年份公司都有净利润入账,然而期间许多年份公司并没有支付 A 级优先股的股息或者实际支付的 A 级优先股股息低于 5％,与此同时公司将本应支付 A 级优先股股息的 1600 万美元用于其资产以及铁路设备的更新与增加。不可否认的是,该笔未被用于支付与铁路业务相关的股息之开支是正确及善意的。现在,在该铁路公司更有前景的情况下,其计划开始同时支付 A 级优先股、B 级优先股以及普通股的股息,但是原告声称被告公司未偿付先前在拥有净利润的会计年度中应当支付的 A 级优先股股息,因此在偿付该笔股息之前,公司无权向 B 级优先股股东与普通股股东分配股息。①

美国联邦第二巡回上诉法院撤销了驳回起诉判决,其中一位法官持反对意见。

美国联邦最高法院判决原告败诉。

【判决理由】

法院认定的事实是,前些年公司"可用作分红的净收入已经用于改造和添置铁路的财产和设备",法院认为该优先股合同的意思是"如果利润被董事合理地用于资本增额,而没有在那一年宣布分配红利,那一年的红利请求权就没有了,不能在以后的时间再次主张"。法院认为优先股合同赋予了董事会决定不予分配股利的权利,但是相反并没有赋予其在以后宣布分配这些累积红利的权利。如果董事会采纳非累积优先股股东的请求,支付前些年累积的红利后再向普通股股东分配红利,则董事会"肯定是滥用权利"。②

(1) 在 Wabash 铁路公司票据和 A 级优先股股票权证上用以描述被告公司应当承担的责任的文字描述基本相同:"持有公司股利为 5％的 A 级优先股的股东有权在每个会计年度优先于公司其他股东取得股利为百分之五的优先股股

---

① Wabash Ry. Co. v. Barclay 280 U. S. 197.
② 李莘编著:《美国公司融资法案例选评》,对外经济贸易大学出版社 2006 年版,第 108—114 页。

息,但是该股息不可累积。""在公司清算时,该类股东有权在其他股东从公司资产中受到清偿之前按照其股份的票面价值以及公司已宣布派发或者未支付的股息接受全额清偿。"按照字面意思,该类股东"按照规定无权获得已经积累的应从特定年份净利润中支付的股息,但公司董事会正式宣布派发或应当宣布派发股息的情况除外";这应当是公司董事最初决定的事项。

(2) 我们相信律师和商人就无累积股息的股份而言拥有一个共识,即无累积股息的股份是指从每年的净利润中分派股息的股份,且如果净利润被公司董事会决定用于改善公司资本状况且该年中未宣布分派股息,则股东无权再要求取得该年度的股息,并且在之后的年度中股东也无权要求取得该股息。但是,最近的疑问似乎影响了这一大多数人所持有的想法。我们对此疑问的假设基础是通常在普通股股东控制公司的案件中,公司的董事可能会受影响而试图滥用其权利。公司董事自身享有的利益会使他们倾向于将公司的利润用于公司资本的改善而非分派他们所不享有的股息。但是在这种失职情况下,救济的适当与否,以及除 Wabash 公司的控制权似乎在于 A 级优先股,即本案持有该级优先股股东之手的事实之外,正如持反对意见的大法官所说,法律"一直在告诫他们,他们的权利依靠在那些可能有倾向性意见的人所作出的判断之上"。

(3) 当一人购买股票而非债券时,其承担了更大的商业风险。没有人会认为其在无净利润的情况下还有权取得股息。但是投资行为则意味着企业若是继续经营,即使在有净利润的情况下,股票的持有人,无论是优先股还是普通股,有权享有的股息仅来自于在公司明智运营之后所剩余的部分。在此案中,由于每个宣布分派的股息不可累积,且无净利润可被用于分派股息的会计年度都在股权证书上描述的会计年度中,因此要求分派该年度股息的权利已经失去。如果此项权利根据某个政策的概念可以延伸得更远,则其已经超越了一个人的正常合理的理解范围。[①]

【案例评述】

本案原告为 Wabash 铁路公司的 A 级优先股股东,即非累积优先股股东寻求法院禁令,要求阻止被告铁路公司,在未向非累积优先股股东支付前些年公司有足够净收入年份的优先股红利之前,向非累积优先股股东支付红利,即在公司没有向优先股支付那些有净收入年份累计的红利之前,不得向普通股股东分红。那时印第安纳州没有相关的成文法和有约束力的判例。美国联邦最高法院有义

---

① Wabash Ry. Co. v. Barclay 280 U. S. 197.

务根据自己的观念解释合同的含义,后法院遂判决原告败诉。①

本案涉及的主要法律问题为非累积优先股股东的权利问题。

一、优先股股东与公司的关系

优先股股东与公司的关系理解为是合同关系,优先股是否可以累积以及董事会是否有权决定分配股息应由优先股合同规定之,其次才是公司法对优先股股东的规定,即分红与否可以由优先股合同自由决定,摆脱了董事会的限制。此前美国法多以公司章程保障优先股的分红。至于是否分红,本案判例表明,优先股合同授权董事会决定是否分红。我们以合同是理性当事人出于自愿而订立的视角来解释,在这一合同中,没有任何词句使普通人可以得出股东具有可被分配累积红利的权利。不存在这一权利的主张是基于保护这些证券投资者的政策考虑或出于公平的考虑,而不是律师或专家的意见。正如法院经常引用的名言:"合同是合同还是合同。"可以肯定的是,法院从不仅仅执行当事人的意图,这是一种夸张的说法:出于公平和正义的利益,许多法官"制定"的法律规则确实对合同的一方施加了义务,而这些义务是双方都没有考虑过的,合同的语言也没有涉及。但是,法院在介入当事人从未考虑过的权利和义务方面的行为是有一定限度的。②

二、非累积优先股

非累积优先股是指分配股息时只以当年的公司盈利为限,当年结清,不能累积发放,未能向优先股股东足额支付的部分,次年或后一年度也不再补足。

从本案事实与判决即可以看出,非累积优先股的红利是不累积的,无论公司有没有净利润。对于非累积优先股,公司是否分配红利,依然取决于董事会的商业判断。所以如果公司董事会决定不分红,对于非累积优先股来说,现期股息将被滞付,且无法在未来得到补偿。如果公司被普通股股东所控制,在董事会有合理的商业判断理由之下,公司就可以选择不分红,公司利润的累积可以直接使普通股股东的股份增值,并且优先股股东在公司清算时所得到的财产是固定的,所以即使将盈余利润用作公司资产的增加也并不会使优先股股东直接获得经济利益。在公司采取不分红的政策使公司盈余增加时,一旦某一年宣布分红,非累积优先股股东除了得到当年的约定红利以外,不能得到以前没有分配的累积

---

① 李莘编著:《美国公司融资法案例选评》,对外经济贸易大学出版社 2006 年版,第 108—114 页。
② 同上。

的利润,相反因为普通股股东的利润是不固定的,因此多年累积的公司盈利就可以全部分配给普通股股东。因此,非累积优先股的股东可能处于非常不利的地位。

三、如何改变非累积优先股股东的不利地位

美国公司法实践采取了一些办法。一方面,一些州法院将非累积优先股在公司有利润的年份作为累积的优先股对待,即如果公司当年有利润,无论公司是否宣布分红,非累积优先股的红利是累积的,如新泽西州即属于这样的州。从本案来看,法官并未采用新泽西州法院判决的原则;另一方面,美国法院认为优先股股东与公司的关系主要是合同关系。因此他们认为,解决优先股股东权利的问题,应首先通过合同,合同的内容决定了优先股股东的主要权利。

美国优先股判例译评之四[①]

——优先股股东适用的信义义务

【裁判要旨】

根据法律,瑞斯邦斯公司的股权凭证是公司章程的一部分,它规定了可转换优先股的权利。这些权利是合同权利,对此没有人提出异议。股权凭证明确地赋予了可转换优先股股东在持有股份指定期限后,通过作出转换决定的通知,将优先股转换为普通股的权利。这个权利是绝对的。无论是基于市场价格下降、股票卖空,或者普通股可能由于转换而被稀释的事实,或者股东是否是长期投资者的情况都不能限制股权凭证中的转换权。此外,鉴于执行义务的性质,唯一适当的救济是强制性的,即强制执行股权证书转换条款的命令,指示被告立即采取必要的措施转换原告的股份。

【案件事实】

原告是哈利法克斯公司,被告是瑞斯邦斯公司,原告是被告公司的可转换优先股股东。在本案当中,自1996年9月25日起,哈利法克斯公司的转换权是无条件的,因为1996年9月25日是该公司向瑞思邦斯提交转换通知的日期,无条件转换权是可转换优先股股东在向公司投资时讨价还价的一部分。瑞斯邦斯公司拒绝履行转换通知也是没有争议的,因为该公司自1995年9月起暂停了哈利法克斯公司和其他可转换优先股股东的转换权。有记录显示该暂停决定由管理层作出,未经董事会批准,但是现在基于已提交的宣誓书之一中的陈述,董事会之后批准了这个行动。不过,至少在转换权被暂停时,没有记录表明这是在董事会批准下完成的。无论如何,暂停可转换优先股的转换权已经持续了近八个月。

[①] Halifax Fund, L. P. v. Response USA, Inc., Not Reported in A. 2d (1997).

原告起诉被告没有在 1996 年 9 月 25 日履行对优先股股东的通知义务,因此原告诉求被告及时履行转换通知,将其优先股转换为普通股,并获得违约损害赔偿。被告律师辩论意见书中作出如下辩护:"瑞斯邦斯公司承认其管理层暂停可转换优先股的转换权的行为构成对证券持有人合同权利的违约。但是,这个行为在法律上是合理的,因为管理层有一个最重要的信义义务,即以公司及股东的最大利益行事,这就允许他们为了公司和股东更大的整体利益'牺牲'可转换优先股股东的利益。尽管瑞思邦斯公司认为该暂停行为是一个效率违约①,但这依然是违约。"

对于案件结果的通知问题,被告律师认为:"作为保护性问题,我们显然有义务向市场通报法院的决定,在此我们也承诺会这样做。但是我们认为不能在今天做,而应该在明天证券交易市场关闭后做。同时,我们还希望法院向哈利法克斯公司作出指示:在我们告知市场之前,不要对瑞斯邦斯公司的证券进行任何交易,以便每个人都处于平等地位。我们这样要求的原因是德弗先生的证词清楚地表明这是他在提交转换通知之前进行卖空战略的一部分。如果允许他在我们通知市场前进行交易,那么他可能在转换通知出来时取得优势,这对其他市场上的投资者是不公平的。"而原告律师则认为:"没有什么理由会导致瑞斯邦斯公司不能在明天上午市场开放之前发布公告。被告提出的'我们必须等到明天证券交易市场关闭之后'这样的想法让人感到奇怪,此外,这听起来像蒙哈伊特先生要求法院实质上对哈利法克斯公司作出禁令,所以我们认为这是不合适的。"

【判决理由】

(1)关于管理层是否有权未经董事会批准,暂停可转换优先股股东的转换权这一问题,法院认为没有任何一种信义义务可以为导致公司违反对其投资者的基本合同义务的管理层开脱。原因如下:首先,特拉华州没有案例认为管理层有这样一个允许公司违反合同义务的信义义务。而且被告瑞斯邦斯公司所依据的先例——奥尔邦诉菲尔德案——并不能支持其说法。这不足为奇,因为证券法的整个基础预先假定了交易的神圣性,这种交易定义了公司投资者获得的权利。如果法院判决认为公司的管理层有权无视投资者的合同权利,就会阻碍其

---

① 效率违约(efficient breach),起初这种抗辩(效率违约的抗辩)是在简报中提出的,作为对责任的抗辩。现在这些论点,至少在合同索赔方面,主要作为说服法院的补救措施应限于损害赔偿的因素之一。本案法院认为,这种论点在法律上显然是错误的,并且理应以最强烈的措辞迅速予以驳回。

他投资者对特拉华州公司的投资。

其次,被告瑞斯邦斯公司所依据的一些案例认为,董事会在某些情况下有权为了公司和所有股东的最大利益而不利于特定股东的利益行事,但是这些案例并不能阻碍其行使类别股的合法权利。因为在这些案例中,只有在股东对公司董事会造成威胁的时候,公司董事才会对其采取行动。基于这些原因,法院得出结论:被告瑞斯邦斯公司提供的所有支持其董事会行动的理由在法律上都是不相关的,因此不能阻止简易判决。所以被告认为他们是出于善意地以公司的最大利益作出行动的抗辩是不相关的,这不能构成对违反合同的现有索赔的有效法律辩护。

同样地,基于公司股票的卖空、股票在1996年9月前后市场价格的下降这两个情况所提出的抗辩,以及根据扎内特对于可转换优先股的购买者能成为公司的长期投资者这一保证提出的抗辩也是如此(都是不具有法律相关性的抗辩)。这些情况和保证都不是可转换优先股股东在投资和取得该证券时议价的一部分。瑞斯邦斯公司将这些根据作为违反对原告的可转换权进行付款的理由,因此拒绝履行合同的做法并不可行,因为股权凭证中没有这方面的规定,除非获得绝对多数的投票。

但是,由于此案没有提出重要事实的真正争议点,原告有权就其合同索赔获得简易判决。因为可以在此基础上给予救济,所以法院没有必要支持原告的其他索赔,尽管法院确实注意到了:由于法院认定原告也有权获得特定履行的救济,所以原告也享有美国《统一商法典》中规定的权利。

(2)关于救济问题,法官驳回了被告提出的原告在法律上有足够的救济(即损害赔偿)的观点,并请律师授予并提交适当的执行形式的命令,理由如下:在这个案件中,只有强制性救济才能维护正在被行使的权利,而且在美国判例法中,如 Kaiser Aluminum v. Matheson 案、Zimmerman v. Home Shopping Network 案也是这么认为的。因此,应当对原告的诉求授予部分简易判决,而且执行令应当以某种适当的方式提供特定履行救济或者强制性禁令救济来指示公司采取必要的举措迅速转换原告的股份。此外,双方在适当的证券法律下都将履行通知市场的义务,且不会限制哈利法克斯公司做任何事。现在通知市场这件事很重要,且应该被尽快完成。如果哈利法克斯公司选择采取被告认为违反一些规则的步骤,这将变成一个不同的问题,应由不同的法院处理。

【案例评述】

本案原告是哈利法克斯公司,被告是瑞斯邦斯公司,原告是被告公司的可转换优先股股东。原告起诉被告没有在1996年9月25日履行对优先股股东的通知义务,即优先股股东有权将优先股转换为普通股,因此原告诉求被告及时履行转换通知将其优先股转换为普通股,并获得违约损害赔偿。被告辩称,公司管理层基于公司及股东的最大利益,可以为了公司和股东更大的整体利益牺牲可转换优先股股东的利益。特拉华州衡平法院认为管理层没有任何一种信义义务可以导致公司违反其对投资者的基本合同义务的理由。因此法院支持原告的诉求并要求被告公司迅速采取必要的举措转换原告股东的股份。本案争议焦点在于公司管理层是否可以基于信义义务对抗可转换优先股股东的权利。因此本案涉及的主要法律问题有:可转换优先股的认定、董事信义义务的受益主体、信义义务对优先股股东的适用、优先股与普通股股东的利益平衡。

一、可转换优先股的认定

优先股是依照公司法,在一般规定的普通种类股份之外,另行规定的其他种类股份,其股份持有人优先于普通股股东分配公司利润和剩余财产,但参与公司决策权等权利受到限制。① 以"是否可以转换为普通股或者公司债券"为标准,可将优先股划分为可转换优先股和不可转换优先股。可转换优先股是指赋予持有人把优先股以特定比例转换为普通股或者其公司债券,可转换优先股股东具有转换权。② 对于可转换优先股的性质,韩国学者认为:(1)转换股份是在公司发行数种股份的情形下,可以向不同种类的股份转换的股份。(2)转换股份是根据股东的请求权转移的。(3)在发行转换股份时,应规定转换条件、新股的发行价等,股份转换是消灭旧股份,并代之以发行新股份的一种特殊的新股发行。(4)转换股是在只有发行数种股份的情况下才可以发行的股份。③ 关于转换权的配置有"股东专有"和"单方享有"两种模式。"股东专有"模式下,只有优先股股东享有转换权。而"单方享有"模式下,公司章程规定股份转让权由优先股股东或者公司享有,目前我国采用该模式。④ 但是,一般而言,公司不应享有股份转换权:为公司设定转换权与优先股利益为本位相冲突、公司享有转让权与类别权变动原则相冲突、公司享有转换权不符合优先股的利益侧重、不符合优先股东

---

① 《国务院关于开展优先股试点的指导意见》第一(一)条。
② 谷世英:《优先股法律制度研究》,法律出版社2015年版,第16页。
③ 〔韩〕李哲松:《韩国公司法》,吴日焕译,中国政法大学出版社2000年版,第213页。转引自王东光:《类别股份制度研究》,法律出版社2015年版,第84页。
④ 《国务院关于开展优先股试点的指导意见》第一(四)条规定:"公司可以在公司章程中规定优先股转换为普通股、发行人回购优先股的条件、价格和比例。转换选择权或回购选择权可规定由发行人或优先股股东行使。"

的利益。①此外，如果公司享有转换权，不利于维护优先股的信用。当然不排除公司在特定情况下，比如经营业绩不佳、回赎资金不足时，可经优先股表决同意将其转换为普通股。②

优先股股权具有复合性，不同的权利设置体现了投资者不同的需求。以创业企业为例，风险投资者更多着眼于在未来能够与普通股股东一起分享企业快速发展的收益，但同时又要在创业初期高风险阶段尽量控制风险，因此倾向于采用可转换优先股作为投资工具，保留在企业发展良好并实现公开发行上市时转换为普通股的可能性。因此，投资人与公司签订优先股合同时会附加转换权条款，转换权条款的主要内容包括转换期限、转换价格或转换比例、选择权等。在本案当中，瑞斯邦斯公司的股权凭证作为公司章程的一部分，规定了可转换优先股的权利，即可转换优先股股东在指定期限将优先股转换为普通股。也正如本案法官所言，优先股股东的转换权是绝对的，无论是基于市场价格下降，或者股票卖空，或者普通股可能由于转换而被稀释的事实，或者股东是否是长期投资者的情况都不能限制股权凭证中的转换权。

包括可转换优先股在内的优先股，是对股权的各项经济性权能进行重新排列组合的产物，旨在弥补普通股因其严格的不可分离性与同一性的典型特征而无法满足市场多样投资需求，是在市场力量的推动之下新生的一种股权权利构造的创新。③优先股不仅具有债权的某些特征，也有股权的某些特征，基于这种混合特性，优先股股东的法律地位横跨于公司法领域与合同法领域之间。优先股的双重性质可能使法院在选择救济手段时出现摇摆，选择公司法或者是合同法来解决利益冲突，然而这两种规范在解决利益冲突时可能会给出不同结果。④这种冲突，在优先股股东是否适用董事信义义务的保护上得到了集中的体现。

二、董事信义义务的内容与受益主体

董事信义义务规则是公司法律关系中的核心规则之一，其确立了司法干预公司经营的边界，在平衡董事权利义务方面具有关键作用。⑤董事信义义务的

---

① 王东光：《类别股份制度研究》，法律出版社2015年版，第84—85页。
② 曹立：《权利的平衡：优先股与公司制度创新》，中国财政经济出版社2014年版，第168页。
③ 汪青松：《优先股的市场实践与制度建构》，载《证券市场导报》2014年第3期。
④ William W. Bratton & Michael L. Watcher, A Theory of Preferred Stock, U. Penn. L. Rev., Vol.161, 2013.
⑤ 朱慈蕴：《公司法原论》，清华大学出版社2011年版，第283页。

理论基础建立在董事与公司和股东之间的关系之上,目前我国对于该问题的主要学说有"信托关系说""合同关系说""代理说"和"委任说"。[①] 尽管目前各种学说众说纷纭,但是基本都认同"信义义务二分法",即公司的管理者对公司负有"注意义务"和"忠实义务"。注意义务主要指公司董事应遵循诚信原则,为公司的最大利益行事,其侧重考察董事决策过程中的瑕疵,强调董事的努力和注意程度;忠实义务主要指董事处理与自身利益发生冲突的公司事务时,不得将自身利益置于公司利益之上,其侧重于考察董事实体上的利益冲突,强调尽忠尽职的品德。忠实义务的目的是克服董事的贪婪和自利行为,而注意义务的目的是克服董事的懒惰和无责任心。[②] 然而,我国公司法仅对董事对股东的信义义务作出原则性规定。此外该规定存在忠实义务与注意义务的规定明显失衡、忽视董事对公司债权人的信义义务以及商业判断规则的引入和运用等问题。这在一定程度上削弱了司法救济在公司治理中的作用,影响公司治理水平的提升。[③]

传统的公司法理论认为,董事作为公司的受信托人应以公司及股东的最大利益行事,而债权人作为公司固定利益获得者,其与公司之间的关系主要通过合同建立,因此信义义务的受益主体为公司和股东而不包括债权人。[④] 优先股处于股权和债权的中间地带,兼具股权和债权双重属性。优先股股东是否拥有优先股合同条款约定之外的权利和义务,并受到约定之外以信义义务为代表的公司法强制性规则的保护与约束,关乎优先股与普通股权利的平衡,以及公司治理结构与秩序的完善。

三、优先股股东适用信义义务分析

(一)股东利益平衡的要求

权利是建造公司制度的基本材料。[⑤] 公司制度的核心就是公司、股东、债权人相互之间及每个主体内部各方之间的权利安排。权利是与利益联系在一起的,但是不同的参与方之间的利益指向并不完全一致,因此必然存在利益差异和冲突。公司的利益冲突可以分为纵向和横向两类。纵向的利益冲突中双方为掌握公司权力的管理层与公司本身或股东,由于这种冲突涉及代理成本问题,因此

---

① 梁爽:《董事信义义务结构重组及对中国模式的反思——以美、日商业判断规则的运用为借镜》,载《中外法学》2016年第1期。
② 施天涛:《公司法论》,法律出版社2014年版,第421页。
③ 徐晓松、徐东:《我国〈公司法〉中信义义务的制度缺陷》,载《天津师范大学学报(社会科学版)》2015年第1期。
④ 邓峰:《普通公司法》,中国人民大学出版社2009年版,第449页。
⑤ 曹立:《权利的平衡:优先股与公司制度创新》,中国财政经济出版社2014年版,第10页。

会对董事、高管施以信义义务来解决横向的利益冲突。对于优先股股东而言,如果公司管理层滥用职权、自我交易、损害公司的利益,优先股股东自然可以要求公司管理层承担违反信义义务的责任。横向冲突中,优先股股东与普通股股东的利益冲突是不可避免的,因为优先股股东与普通股股东之间的权利平衡以双方让渡某权利获取另一权利为基础。股份平等原则统一适用于公司的全部股份,股份种类不同权利义务便不一致,但每股权利义务在总体上又保持相当,即公司股东总体平衡。① 正如1973年哈佛大学著名公司法学者维克多·布鲁德尼在有关优先股的经典文章中指出,优先股股东在获取信息、投票权、谈判、获取经济利益等很多方面都处于劣势地位,而公司管理者和普通股股东经常倚仗其强势地位任意地变动优先股合同条款,从而取消或者削弱优先股的权利,因此法院应当对合同条款的变动设定一定的公平规则,必要时要求行政机关的参与并强制赋予优先股股东以信义义务的保护。②

(二)抑制代理成本的要求

董事会作为公司治理结构中的重要环节,是公司的章程性机构,行使公司章程赋予的权力。③ 优先股股东在获得经济优先性权利的同时,让渡了正常经营过程中对公司重大事项的决策权,而普通股股东则拥有对董事及管理层的任命权及重大事项的决策权。普通股股东作为公司最终索取权人,他们对公司价值的变化最为敏感,因此具有充分的动机设法实现自身利益最大化。由于优先股股东权利的首要属性为合同性,且其合同性权利系以普通股股东利益为代价而实现,因此董事实现普通股股东价值最大化的义务意味着对优先股股东的义务是保护其基本的股权权益——仅保护优先股股东的投资。④ 优先股股东具有股东和债权人的双重身份,相比普通股来说承担较小的风险。董事信义义务产生的基础为受托关系,股东与董事是财产的受托关系。相对优先股来说,普通股是完全的受托,优先股股东并不是完全受托,他还有合同的保证,因此从这方面来说,董事在利益冲突时自然偏向普通股的利益。⑤

---

① 王东光:《类别股份制度研究》,法律出版社2015年版,第14页。
② Victor Brudney, Standards of Fairness and the Limits of Preferred Stock Modifications, Rutgers Law Review, Vol. 26, 1973.
③ 〔英〕保罗·戴维斯:《英国公司法精要》,樊云慧译,法律出版社2007年版,第123页。
④ 王会敏:《优先股股东权利保护法律制度研究》,山东大学2017年博士学位论文,第135—136页。
⑤ 楼建波、马吾叶·托列甫别尔干:《管理层对优先股股东负信义义务吗?——美国特拉华州法院立场的演变及其对我国的启示》,载《商事法论集》2015年第2期。

四、美国司法实践中信义义务对优先股股东的适用

美国法院在处理普通股与优先股利益冲突上的立场有一个不断演变的过程。例如,早期在 Rothschild International Corp. v. Liggett Group Inc. 案中,法官指出:"优先股的优先权在本质上是合同性质的,因此这些权利的内容应当以章程中明确的条款规定为准。"① 在 Dalton v. American Investment Co. (AIC) 一案中,被告认为 AIC 公司董事没有信义义务为其优先股股东争取利益,因为优先股股东的权利已经体现在合同之中,而公司合同中并没有要求公司董事对优先股股东负有信义义务。因此,被告认为原告的权利应当局限于其与公司达成的合同之中,而不能作出扩张解释。② 此外,特拉华州最高法院的判决也表明优先股股东只能主张在章程或股权凭证上写明的优先权,拒绝给予优先股股东合同以外的诸如信义义务的保护,优先股股东的权利被严格地认为是合同性质的。③ 因此,优先股股东的权利以公司章程中的相关条文为依据,优先股股东仅限于公司章程规定的权利,当权利受到侵害时只能以合同的方式进行救济。然而,优先股合同的条款基本都是公司在发行之前拟定的,优先股股东与公司董事在谈判能力上显然是不对等的。因此,单纯依靠合同法无法周全地保护优先股股东的合法利益。

1986 年的杰瓦伯案中,法院改变将优先股所有的权利认定为合同性质的看法,认为合同保护之外优先股股东还可以得到信义义务的保护。④ 杰瓦伯案确立一个规则,即对所涉及的权利为特别权利还是普通的股东权利进行区分,进而考虑是采用合同法规则还是公司法规则去处理相关诉求。杰瓦伯案确立的规则影响非常广泛,在此以后大部分案例在解决优先股的利益诉求时会先采用该规则。与早期司法实践相比,杰瓦伯案为优先股股东提供了更多的保护,使那些未在优先股合同中写明,但为优先股股东实质享有的权利提供了保障。但是,也有学者对杰瓦伯案所确立的规则提出批评意见。例如,Bainbridge 教授认为,杰瓦伯规则并没有消除优先股股东与普通股股东之间的潜在冲突,也没有说明在发生冲突时董事应当偏向谁的利益。⑤ Korsmo 教授认为,杰瓦伯案是特拉华州法

---

① Rothschild International Corp. v. Liggett Group Inc. , 474 A. 2d 133 (Del. 1984).
② 谷世英:《优先股法律制度研究》,法律出版社 2015 年版,第 214 页。
③ Melissa M. McEllion, Rethinking Jedwab: A Reviewed Approach to Preferred Shareholder Rights, Columbia Business Law Review, Vol. 2010, No. 3, p. 907.
④ Jedwab v. MGM Grand Hotels, Inc, 509 A. 2d584 (Del. Ch. 1986).
⑤ Stephen M. Bainbridge, Corporate Law, Foundation Press, 2009, p. 230.

院妄图将优先股的股权和债权性质严格区分开,但是这两个因素很难分开并且常常结合在一起,使优先股股东在诉讼中总是失败。①

杰瓦伯规则的初衷是为优先股股东提供更多的保护,但是在司法实践中依然难以对究竟是涉及优先股股东与普通股股东共同行使股权时发生纠纷,还是涉及特殊股权和优先权作出准确的划分。② 从杰瓦伯之后的案例对杰瓦伯规则的运用和演变来看,在普通股股东和优先股股东利益冲突的情形下,无论是优先股的特别权利还是其普通权利,都可能处在一个较为劣势的地位。这一趋势在2009—2010年特拉华州判决引起较大反响的 James 案、ThoughtWorks 案和 Trados 案得到了体现。③

在经过大约三十年的演变之后,尽管杰瓦伯规则还是被与优先股相关的案例引证,但是现在特拉华州对于优先股可适用的法律原则主要包括以下五条:(1)当优先股股东处于一个"风险巨大且脆弱的位置"时,适用信义义务的保护是有可能的;(2)信义义务只限于优先股股权中与普通股股权共享的部分,而不及于特别权利;(3)董事会自由裁量时应当偏向于普通股;(4)优先股股东可以通过评估的方式获得救济;(5)优先股股东应当通过合同的方式保护自己。④

五、我国优先股股东权利保护的完善

目前,我国《国务院关于开展优先股试点的指导意见》《优先股试点管理办法》都没有对董事是否对优先股股东承担诚信义务予以规定。我国现行的《公司法》采取股东会中心主义,即将公司看作股东财产的延伸,而董事会只不过是控股股东们对公司控制权延伸的臂膀。⑤ 此外,实践当中国有股集中引发了较为严重的公司治理问题,它加剧了股权集中型公司中存在的大股东与小股东之间的代理问题,也使得内部人控制公司的现象泛滥。⑥ 因此,优先股引入在完善公司股权结构、促进公司治理结构完善的同时,也面临普通股股东的重大挑战。

为充分保护优先股股东的权利,首先,《公司法》应该强化董事会在公司中的

---

① Charles R. Korsmo, Venture Capital and Preferred Stock, Brooklyn L. Rev., Vol. 78, 2013.
② William W. Bratton, Michael L. Wachter, A Theory of Preferred Stock, U. Penn. L. Rev., Vol. 161, 2013.
③ 楼建波、马吾叶·托列甫别尔干:《管理层对优先股股东负信义义务吗?——美国特拉华州法院立场的演变及其对我国的启示》,载《商事法论集》2015年第2期。
④ William W. Bratton, Michael L. Watcher, A Theory of Preferred Stock, U. Penn. L. Rev., Vol. 161, 2013.
⑤ 邓峰:《董事会制度的起源、演进与中国的学习》,载《中国社会科学》2011年第1期。
⑥ 龚博:《以优先股制约国有制控权的制度设计》,载《法学》2012年第10期。

中心地位，赋予其作出公正决策的职责，公平地对待公司中的各类股东；其次，根据优先股的特别权利，对优先股的性质进行细分，从而采用差别的对待方法；最后，在对优先股股东权利进行事后规制时，不应仅将裁判思路锁定在合同效力判定领域，应该注重公司法中信义义务的适当运用。对于横跨合同法与公司法领域的优先股而言，对优先股股东的合法利益进行公正对待的前提在于区分事实和类型的法律适用，司法应当在公司法和合同法之间根据不同情况灵活适用规则（如调整举证责任），采取不同救济手段（延期支付或减免），平衡当事人之间的利益，维护权利人的合理期待。①

---

① 王会敏：《优先股股东权利保护法律制度研究》，山东大学 2017 年博士学位论文，第 193 页。

美国优先股判例译评之五[①]

——累积优先股与清算优先权

【裁判要旨】

公司合并后的股东代表所持有的、并入被告公司的原公司7%的累积优先股的股东提起集体诉讼。特拉华州最高法院基于以下理由驳回上诉,维持原判:(1)包括收购要约、现金合并和后续现金支出7%的累积优先股股东在内的公司重组计划不是公司的"清算";(2)7%的累积优先股股东不能根据其优先股的独特性,或根据任何影响到完全排除其投资的情况下将支付100美元的清偿优先权的合理预期,成功主张现金支付价格为每股70美元的救济,而不是100美元清算优先权;(3)股东声称公司违反了推定7%的股东有权获得全部清算价值的信义义务,这本质上并未引发70美元报价的内在公平性问题;(4)股东有权仅就其已取得的股权要求公司支付其在持续经营中的比例权益。

a)股东的优先权属于合同性质,因此受公司章程明示条款的约束。

b)股东的优先权必须在公司章程中明确规定而不能推定。

c)"清算"适用于公司时是指通过取得其资产,与债权人和债务人结算及分摊损益额而对公司事务停业清理。

d)一家公司的要约收购和引发7%的累积优先股套现的合并,这并不是公司"清算"。公司清算应当是指公司在要约收购和合并后,保留其法人身份的情况下赋予优先股股东清算的权利。

e)在选择通过要约收购和合并进行重组后,要约收购和合并的各方当事人有权使用最有效的手段达到目的,包括从少数股东那里套现,但前提是他们有义务公平处理少数股东的利益。

f)少数股东权益可以通过合并消除。

---

① Rothschild Intern. Corp. v. Liggett Group Inc., 474 A.2d 133 (1984).

g) 法律允许公司合并的,股东的优先权利会被撤销。

h) 股东在获得股票时被告知,如果法律允许公司合并,他们的优先权将被豁免。

i) 立法机构授权现金合并之前发行或购买的股票,并不赋予股东在现金合并条款中任何既得的经营豁免权,因为该权利可能完全消除股东对公司的投资。

j) 州对影响公司章程修订及其产生的任何权利的法律有保留的权力。

k) 股东在公司中的利益因现金合并而完全丧失,无法成功主张免除每股70美元的套现价格,而不是100美元的清算优先权,这是基于其持有的7%的累积优先股具有特性,且有在影响其投资完全消除的任何情况下都将获得100美元清算优先权的合理预期,因为合并时股东就被告知其可能丧失股票权益。

l) 股东声称,公司实施现金合并并以每股70美元的价格而不是每股100美元的清算优先权对7%累积优先股股东进行套现的行为违反了其赋予7%股东公平公正的转换条款的信义义务,这一主张假定了7%股东有权获得全部清算价值,因此本质上并没有引发要约收购和合并时70美元报价的内在公平性问题。

m) 假设根据合并和套现,优先股股东获得每股70美元的报酬,而不是每股100美元的清算优先权,这是一个公平问题,股东仅有权获得从他们那里获得的报酬,即他们在持续经营中的相应权益,而不是清算价值。

【案件事实】

这个上诉案件来自衡平法院驳回利格特集团有限公司(Liggett Group Inc.,一家特拉华州公司)7%累积优先股股东提出的集体诉讼的简易判决。由于利格特集团公司在合并要约收购和反向现金收购合并中,7%优先股股东的利益以每股70美元的价格被消除,比利格特公司章程中规定的清算优先权低30美元,原告上诉人以未支付30美元溢价为由提出违约和违反信义义务的索赔要求。

被告为利格特集团公司、GM公司(一家英格兰公司)、GM子公司(一家为收购利格特集团公司而成立的特拉华州公司)、GM第二子公司(依特拉华州法律建立的GM全资子公司)。原告罗斯柴尔德国际公司(Rothschild International Corp.)代表利格特集团公司7%的累积优先股股东向被告提出集团诉讼。集团诉讼的原告包括根据GM公司的收购要约以每股70美元的价格收购其优先股的7%股东,以及并不和前者一样清偿但是在之后的GM第二子公司合并到利格特集团公司的过程中以相同价格套现的股东。

被告提出动议,因法院对GM公司没有属人管辖权而驳回起诉。类似的,起诉GM第二子公司的案件也因为GM第二子公司于1980年8月合并入利格特集团公司而不存在法人主体资格而被驳回。在驳回起诉提出后,在原告对集体诉讼资格认定的动议悬而未决期间,双方当事人就原告的诉讼理由提出了简易判决的动议。在动议合并和口头辩论后,法庭通过了被告的简易判决动议。

上诉时,原告称收购方通过收购要求和合并已经在实质上对利格特集团公司进行清算,因此应当保证向7%优先股股东支付公司章程中规定的100美元清算价值。原告就被告违反合同和信义义务主张索赔的前提是一个单一的断言,即GM公司的收购计划相当于清算。然而在查看相关记录时没有发现这项交易涉及利格特集团公司的业务清算,因此特拉华州最高法院维持原判。

【判决理由】

(1)本案不存在事实争议。利格特集团公司的章程规定:"如果公司的资产(无论是自愿或非自愿的)清算,7%优先股股东有权获得相当于优先股面值及其累积未支付股息的金额。"根据章程规定,每股7%的证券有100美元的面值,因此原告提出了两个相关论点:一是利格特集团公司合并的经济影响就是对利格特集团公司资产的清算,"就像把利格特集团公司卖给了GM公司";二是任何强制清算股东利益的公司重组等于公司本身的清算。基于这一点,原告认为,这必然会导致被告因未能向优先股股东支付全部清算价格而构成违反利格特集团公司章程。但是,最高法院不同意原告的上述任何观点。

a) 优先权属于合同性质,因此受公司章程明确规定的管辖限制。股份的优先权必须是明确清晰的表达,而不能推定。[1] 利格特集团公司章程规定,只有在"公司资产清算"的情况下才享有100美元优先清算权。

b) 最高法院对记录的看法证实了衡平法院大法官的发现,即在该术语的明确定义内不存在利格特集团公司的"清算"。显然,利格特集团公司的董事和股东决定公司与GM公司合并,而不是将公司资产以"一餐饭"的形式清算。事实

---

[1] Wood v. Coastal States Gas Corp., Del. Supr., 401 A. 2d 932 (1979); Ellingwood v. Wolf's Head Oil Refining Co., Del. Supr., 38 A. 2d 743 (1944); Hibbert v. Hollywood Park, Inc., Del. Supr., 457 A. 2d 339 (1983); Shanghai Power Co. v. Delaware Trust Co., Del. Ch., 316 A. 2d 589, 594 (1974). 3rd Cir., 163 F. 2d 804, 806-807 (1947); Hottenstein v. York Ice Machinery Corp., 3rd Cir., 136 F. 2d 944, 950 (1943).

是利格特集团公司保留了其企业形象。选择了这一重组计划后,只要各方当事人公平地对待少数股东的利益,他们就有权利用实现这一结果的最有效的手段。因此,我们必须解释利格特集团公司的书面清算规定并得出结论,即利格特集团公司的反向现金合并没有完成利格特集团公司资产的"清算"。只有当利格特集团公司的资产清算时,其优先股股东要求按股票面值支付的章程权利才能实现。斯特林诉五月花酒店公司案也指出了这个问题,在该案中法院认为合并不等于出售资产。因此,法院遵循特拉华州公司法明确的原则,即根据该法的一部分采取的行动在法律上是独立的,其有效性不依赖于且不受其他无关部分的要求的检验,其最终结果可能通过不同的手段获得;① 根据特拉华州法律,解决少数股权利益可以通过合并消除。而且,法律允许公司合并的情况下,股东的优先权会遭到抗辩,即股东被指控在获得其股份时就知悉了这种可能性。②

c) 原告称依据斯特林案和哈凡德案得出利格特集团公司予以清算的结论是错误的。为了支持这一主张,原告多次辩称:① 斯特林案和哈凡德案中的预先现金合并不能作为利格特集团公司式的收购是否构成清算的决定性依据;② 被依赖的权威们将合并视为对股东投资公司企业的持续性的考量;③ 因为斯特林案和哈凡德案对合并的观点和7%优先股的独特特征,7%的股东可以合理地期望在任何影响到彻底消除他们在利格特集团公司的投资的情况下支付100美元清算优先权。对原告这些主张的简要回答是,作为法律问题,在立法机关授权现金并购之前发行或购买的股票并不赋予股东任何在现金合并条款中享有经营豁免的既得权利。③ 进一步来说,州对影响到公司章程修订及其产生的任何权利的法律有保留的权力。由于原告被指控知悉股权在合并时可能出现的被解除或撤销的可能性,④ 原告不能根据7%股票的独特性和股东的"合理预期"理论成功获得救济。

(2) 原告还称,利格特集团公司和 GM 公司通过 GM 子公司采取行动,违反了他们向7%的优先股股东提供公平合理转换条件的信托义务。简单来说,原告认为不论事实上的清算发生与否,"低于全部清算价格的支付对于7%的优先股股东是不完全公平的"。然而,即使假设原告确实存在公平性问题,也可以很

---

① Orzeck v. Englehart, Del. Supr., 195 A. 2d 375, 378 (1963).
② Federal United Corp. v. Havender, Del. Supr., 11 A. 2d 331, 338 (1940); Langfelder v. Universal Laboratories, Inc., D. Del., 68 F. Supp. 209 (1946), aff'd, 3rd Cir., 163 F. 2d 804, 806-807 (1947); Hottenstein v. York Ice Machinery Corp., 3rd Cir., 136 F. 2d 944, 950 (1943).
③ Coyne v. Park & Tilford Distillers Corp., Del. Supr., 154 A. 2d 893 (1959).
④ Singer v. Magnavox Co., Del. Supr., 380 A. 2d 969, 978 (1977).

好地解决,因为"股东有权为从他身上取得的利益(持续经营中的比例利益)要求支付"①。此外,"公平价值"的衡量标准不是"清算价值"。相反,7%的优先股股东只有在由"所有相关因素"确定他们在利格特集团公司中的比例利益时才有相等的权利。② 因此,在审查交易后,我们发现衡平法院大法官授予被告简易判决动议并不违反法律规定。

【案例评述】

本案被告为利格特集团公司、GM 公司、GM 子公司、GM 第二子公司,本案原告为利格特集团公司 7% 累积优先股股东。由于利格特集团公司在合并要约收购和反向现金收购合并中并入 GM 公司,导致 7% 优先股股东的利益以每股 70 美元的价格被消除,这比利格特公司章程中规定的清算优先权低 30 美元。原告股东基于被告未支付 30 美元的溢价,违反合同和信义义务提起集团诉讼。衡平法院法官对被告的动议授予简易判决,股东因此上诉。特拉华州最高法院认为优先权属于合同性质,应以公司章程的明确规定为准,股份的优先权必须是明确清晰的表达,而不能推定。而收购要约导致的公司合并不是公司的清算,且原告未对要约收购和合并时提供的 70 美元价格的内在公平性进行说明。因此驳回原告上诉,维持原判。本案的争议焦点在于利格特集团公司与 GM 的合并是否构成公司章程中规定的公司清算,以及低于全部清算价格的支付对于 7% 的优先股股东是否公平。本案涉及的法律问题主要有累积优先股的识别、清算优先权的界定。

一、累积优先股的识别

依据优先股的股息是否可以累积,可以将优先股划分为累积优先股、非累积优先股和部分累积优先股。③ 可累积优先股是指,如果优先股股息在当年的会计年度没有分配,股息将继续到下一会计年度。在不影响新的分红的基础之上,原来的未履行分红必须继续履行。与之相对应的则是非累积优先股,当年的优先股红利只能当年分配,不能延迟到下一年度。④ 而部分累积优先股是股息在

---

① Tri-Continental Corp. v. Battye, Del. Supr., 74 A. 2d 71, 72 (1950).
② Del. C. § 262; Weinberger v. UOP, Inc., Del. Supr., 457 A. 2d 701 (1983); Tri-Continental Corp. v. Battye, supra.
③ 谷世英:《优先股法律制度研究》,法律出版社 2015 年版,第 14 页。
④ 葛伟军:《英国公司法:原理与判例》,中国法制出版社 2007 年版,第 81 页。

"受益限度内"累积(这样优先股对实际受益持续享有第一请求权),超出受益范围内的股息是非累积的。①

公司章程或者细则通常会对可累积优先股作出明确规定,如果未作规定,英国的推定可以作为参考。英国公司法的司法实践表明,在公司章程未规定优先股股利不可累积时,优先股股利被视为自动累积。此外,优先股获得旱涝保收的固定利息的权利属于累积股息权,若当年没有派发优先股的股息,所欠部分应顺延,并且必须在普通股获得股息前得到清偿。法国根据法律和章程确定累积的年限,由于可分配利润不足而未得到全额派息的无表决权优先股股息支付权,可延迟用于下一个会计年度,必要时,可延迟用于下两个会计年度,或者如章程有规定,还可以推延用于以后的会计年度②。德国《股份公司法》规定除非公司章程规定优先股利可累积,则优先股股利不可累积。③ 由于累积优先股股利的累积不以公司有盈余为前提,因此在公司可分配利润不足时由普通股承担分配不能的风险,相应地免除优先股股东的风险是累积优先股的重要功能。

当无利可分或者有利不分的情况下,累积优先股股息累积到下一会计年度。对于累积优先股股息的性质,美国学者认为"未支付累积性红利并不是公司的债务,而是对公司将来的分配所享有的持续优先权"④;英国法院则认为,若细则没有明确规定,则在公司清算时不得支付所拖欠的优先股息,已宣布分配股息的除外(关于克里克顿石油公司[1902]12 Ch. 86)。即使细则所规定的股息在清算日到期,也是如此,这是因为只有经过宣告,股息才算到期(关于罗伯特和库柏有限公司[1929]2 Ch. 383)。若细则确实规定要支付所拖欠的股息,即使清偿公司债务之后的剩余资产并未包含任何未分配利润,亦可从这些资产中支付(关于华弗戴尔酿酒公司[1952]Ch. 913)。但是,除非有具体条款作此规定,被拖欠的股息的权利自清算之日停止(关于 EW 萨维里有限公司[1951]All ER 1036)。⑤对于未支付累积股息的性质不可一概而论。对于公司无利可分的情况而形成的未支付股息,虽然可以累积到以后的年度,却不宜确定为债权。但是,对于公司有利不分而形成的未支付股息,应当认定为债权。⑥

---

① 〔美〕罗伯特·W. 汉密尔顿:《美国公司法》,齐东祥等译,法律出版社 2008 年版,第 156 页。
② 王东光:《类别股份制度研究》,法律出版社 2015 年版,第 22 页。
③ 梁胜、易琦:《境外优先股法律制度比较研究》,载《证券法苑》2013 年第 1 期。
④ 〔美〕罗伯特·W. 汉密尔顿:《美国公司法》,齐东祥等译,法律出版社 2008 年版,第 156 页。
⑤ 〔英〕丹尼斯·吉南:《公司法》,朱羿锟等译,法律出版社 2005 年版,第 112 页。
⑥ 王东光:《类别股份制度研究》,法律出版社 2015 年版,第 26 页。

本案中，利格特集团公司的章程明确规定，只有当公司自愿或非自愿地进行资产清算时，7%优先股股东才有权获得100美元的优先股面值及其累积未支付股息的金额。此外，其7%的累积优先股不能被赎回、被要求清偿或转换成任何其他证券。同时保证该股票每年固定7%的回报。因此，如果公司进行清算，则应按照公司章程的规定支付约定的优先股面值以及累积股息。

二、优先清算权的界定

公司清算是指公司解散后，处分公司财产以及了结各种法律关系并最终消灭公司人格的行为和程序。"清算"一词适用于公司，是指通过取得公司资产，与债权人和债务人结算及分摊损益额而对公司事务停业清理。[①] 然而，在合并与分立中，债权债务产生概括转移的效果，故而合并与分立虽然是公司的解散事由，却无须对其进行清算。[②] 本案当中，利格特集团公司章程规定，只有在"公司资产清算"的情况下才支付100美元清算面值累积以及累积未支付股息。利格特集团与GM公司之间的合并不属于公司的清算，因此其优先股股东无权主张按照股票面值支付优先股价款。

一般而言，除非公司章程另有规定，公司清算时所有股东按照他们的出资比例或持股比例平等分配。公司章程可以规定清算优先股，即某个类别的股份相对于其他股份在清算中具有优先权。发行清算优先股的公司通常在章程中明确，清算发生时，公司向清算优先股股东返还其所持优先股的票面价值或一定数额的溢价，如票面价值的105%，或某个确定的数额，如每股105美元。[③] 优先股股东在剩余财产分配方面比普通股股东有优先权是有先决条件的，即在公司章程或者股份合同中有明确的规定。[④] 优先清算权为投资人提供了收回投资本金的保护路径，优先股股东获得公司剩余财产分配的权利优先于普通股但劣后于债权，在投资价值贬损时，为优先股股东提供了保护。[⑤]

此外，对于清算时累积优先股的未支付股利可否优先受偿，美国多数州的法

[①] W. Fletcher, Corporations § 7968 (1979); Sterling v. Mayflower Hotel Corp., Del. Supr., 93 A.2d 107, 112 (1952).

[②] 施天涛：《公司法论（第四版）》，法律出版社2018年版，第595页。

[③] Harry G. Henn, John R. Alexander, Laws of Corporations and Other Business Enterprises (3rd ed.), West Publishing Co., 1983, p.1152.

[④] 谷世英：《优先股法律制度研究》，法律出版社2015年版，第44页。

[⑤] 〔美〕埃兹·内尔肯编著：《混合金融工具手册》，齐寅峰、黄福广译，机械工业出版社2002年版，第5—7页。

院都认为优先清算权包含累积未支付的优先股股利,即使股利拖欠是由于公司在清算前的年度没有盈余也不例外,因为累积优先股股利的累积不以公司有盈余为前提。加利福尼亚州的公司法明确规定,公司章程如果没有相反规定,累积优先股股东对拖欠股利有优先清算权。[1] 正如利格特集团公司章程所言:"如果公司的资产清算,7%优先股股东有权获得相当于优先股面值及其累积未支付股息的金额。"因此,本案当中清算优先权的范围包括累积优先股股息。

---

[1] Cal. Corp. Code § 172.

美国优先股判例译评之六[①]

——优先股股东特别权利的合同解释

【裁判要旨】

在满足下列条件时,优先股股东对公司的并购行为有投票权:(1) 公司章程特别规定"通过兼并(merger)、合并(consolidation)或其他方式对公司章程的任何修订、更改或废除";(2) 公司章程用以保护优先股权利的部分因公司合并而无效或被废除;(3) 交易结果将对优先股股东的权利、优先权、特权或投票权产生重大不利影响。特拉华州的先例与本案的差别仅仅在于本案公司章程起草者采用了"兼并、合并或其他方式"这样的短语,因此,对于任何能够导致消除Avatex公司章程中保护优先股权利的合并行为,如果优先股股东权利将受到不利影响,该章程起草人赋予一级优先股有权以三分之二以上数量表决的权利。

【案件事实】

被告Avatex公司是特拉华州一家已发行普通股和优先股的公司,其优先股包括"第一优先股"与"A级优先股"两种不同系列的优先股。[②] 在这次的合并中,原告是被告Avatex公司的所有优先股股东,被告是Avatex公司的全体董事会成员。1998年4月13日,Avatex注册了Xetava公司作为它的全资子公司,次日其向外宣布将与Xetava公司合并且并入Xetava公司的计划。在拟收购的条款之下,Xetava公司将会存续。一旦交易完成,Avatex公司会立刻改名为Xetava公司。拟议的合并会导致Avatex公司的优先股转变成Xetava的普

[①] Elliott Associates, L. P. v. Avatex Corp., 715 A. 2d 843 (1998).
[②] 原告承认A级优先股的权利与本上诉无关。

通股。① 此次合并会使 Avatex 公司的章程失效，其中包括创设了优先股并进一步规定其权利特别是优先权的章程条款。② 合并不要求优先股股东的投票。这就是本案所提出的法律问题的核心所在。

原告向最高法院提起诉讼，以求禁止拟议的合并，其认为，争议交易需要三分之二的一级优先股股东的同意。被告申请就该裁定进行重新判决。③

原告称，由于 Avatex 公司的不良财政状况，"Avatex 公司的所有价值都体现在优先股上"。通过强制手段将优先股转为存续公司的普通股，会使现有的 Avatex 公司优先股股东处于其普通股股东同一地位。事实上，Avatex 公司优先股股东将以其优先股换取 Xetava 公司大约 73% 的普通股，而 Avatex 公司的普通股股东将获得 Xetava 公司大约 27% 剩下的普通股。

Avatex 公司的设立章程规定：

一级优先股股东无权投票，除非：（a）兼并、合并或其他方式对公司章程有任何修订、更改或废除；（b）有"重大和不利"的情况影响了一级优先股股东的权利。

公司章程关于一级优先股的表决权条款如下：

除第（6）款或另有法律规定外，一级优先股不得有投票权……

---

① 1998 年 6 月 5 日，Avatex 公司宣布推迟原定的合并计划，并检查了原本考虑的转换率。在其呈交给法庭的陈述中，Avatex 公司声称其不会在 1998 年 8 月 17 日前进行普通股的投票，而且在本法院对原告人的投票权申请进行裁决之前不可能进行交易。事实上，被告的代表律师对法院说："Avatex 公司正在继续推进合并，我们期望得到州最高法院的迅速决定，这将为我们提供关于这一特定交易结构的指导，或者引导我们重新考虑一些其他交易，这一切都取决于这项裁决的结果。"这些表述可能会引起对某个咨询意见的恐惧。Stroud v. Milliken Enter. , Inc. , Del. Supr. , 552 A. 2d 476 (1989)案中，问题尚未成熟，有效事实只存在于诉讼当事人给诉讼法庭寻求反垄断法院和委员会对交易提出意见的信中。不过，令法院现在放心的是，因为摆在法院面前的问题已经成熟。Avatex 公司董事会已公开表示打算进行兼并，并已向美国证券交易委员会提交初步委托材料。

② 当特定的公司章程生效时，它们构成对原来公司章程的修改，使优先股股东的权利成为新公司章程的一部分。因此，法院使用"章程"一词，代表新公司的章程。Kaiser Aluminum Corp. v. Matheson, Del. Supr. , 681 A. 2d 392, 394 n. 3 (1996) (citing 8 Del. C. § § 102(a)(4), 151(g)).

③ 衡平法院在本合并程序中作出的决定驳回了两项独立诉讼中的一部分，其中一项由 Elliott Associates, L. P. 作为独立主体（"Elliott 诉讼"）提交，另一份则由 Harbor Finance Partners Ltd. 和 Anvil Investment Partners, L. P. 同时作为独立主体和共同诉讼主体提交（"港口诉讼"）。两个诉讼均指称，Avatex 公司一级优先股股东有权对拟议交易进行类别投票。两个诉讼还包含我们之前没有提到的其他指控，即 Harbor Fin. Partners Ltd. v. Butler, Del. Ch. , C. A. Nos. 16334 以及 16336, 1998 WL 294011（合并案件）(1998 年 6 月 3 日)(Mem. Op.). 该案法院最终裁决是根据衡平法院规则第 54(b)条作出的。另一案件是 Harbor Fin. Partners Ltd. v. Butler, Del. Ch. , C. A. Nos. 16334 and 16336（合并案件）(1998 年 6 月 16 日)。法院根据衡平法院规则第 12(c)条对被告提出的对上诉进行裁决的申请作出决议。因此，我们只审理相关材料中涉及诉讼的部分。被告申请中的内容应当被认为是出于其真实目的的。Desert Equities, Inc. v. Morgan Stanley Leveraged Equity Fund, II, L. P. , Del. Supr. , 624 A. 2d 1199, 1205 (1993)。

只要一级优先股的任何股份仍然发行在外,在以下任何一个或多个事项上,仍需要持有至少三分之二股份的一级优先股(类别股的投票权)股东的同意:……(b) 通过兼并、合并或其他方式修订、更改或废除公司章程或特定的任何章程条款中关于一级优先股权利、优先权或其持有人的投票权的部分。①

法官认为,"在进一步处理之前,我们初步注意到了不向我们提交的起诉,因为它们没有包括在被告要求对原告诉求作出判决的申请中。其涉及违反'Elliott 诉讼'②中规定的信义义务和强制义务,违反'港口诉讼'中提出的默示的诚实信用义务和对合同期待性的违约责任。③ 因此,我们不考虑涉及这些由于不公平行为产生的任何索赔或潜在的索赔的争议。我们仅考虑由衡平法院裁定的优先股条款、法定框架和纯法律问题"。

【判决理由】

Avatex 公司章程规定,Avatex 公司优先股股东不享有投票权,除非章程或法律中有规定。章程中对投票权否定的例外规定是:在公司兼并、合并或其他方式导致章程的"修订、更改或废除"并对优先股股东的权利造成"重大或不利影响"时,此类事件需要得到一级优先股股东三分之二的同意。

此上诉的争议焦点是一个具体的法律问题,即公司章程的"修订、更改或废除"是否是由"兼并、合并或其他方式"引起,导致一级优先股股东的权利受到"实质和不利"影响,从而要求三分之二以上的一级优先股股东的同意。衡平法院对这个问题的回答是否定的。虽然最高法院尊重衡平法院工匠般的分析工作,但

---

① 此外,Avatex 公司章程第 4 节相关部分规定:

只要有任何优先股仍然发行在外,则至少得到所有已发行的优先股的多数持有人的同意,才能通过可能减少优先股价值,或对优先股或其持有人的权利或优先权产生不利影响的某些章程条款的任何修改(包括某些董事会决议)。

另见 8 Del. C. § 242(b)(2)(在某些情况下,通过法规规定进行类别股股东投票)。当根据该条订立公司章程的修订案时:

一旦修正案增加或减少其股份总数或增加或减少该类股份的价值,或变更该类股份的权利、优先权等特别权利,从而对其产生不利影响,无论公司章程是否规定其有权进行投票,发行在外的一级优先股东持有人都有权对拟议修正案进行类别投票。

因为这里的兼并涉及不同的法规(8 Del. C. § 251 并没有规定需要进行类别投票),而第 242 条的规定并不涉及本案,这两个法规具有独立的法律意义。Warner Communications Inc. v. Chris-Craft Indus., Inc., Del. Ch., 583 A. 2d 962, 970, aff'd, Del. Supr., 567 A. 2d 419 (1989). 同样,Avatex 公司章程的第四部分也不适用。同样,Avatex 公司的 A 级优先股与该上诉无关,但如果该公司力求"修改、更改、删除或舍弃"公司章程的任何条款,则同样有权享有同意率为三分之二的类别投票权。但是,一级优先股的附加条款"无论是通过兼并、合并或其他方式"都未规定在 A 级优先权中。

② 诉状二和诉状三以及 Elliott 诉讼。

③ 诉状一、三、四以及港口诉讼。

并不认同衡平法院的结论。

按照先决案例 Warner Communications Inc. v. Chris-Craft Industries Inc.①的分析,衡平法院认定,是兼并导致的股份转换对优先股股东产生不利影响,而非公司章程的修订、更改或废除。② 然而,Warner 公司优先股的条款与本案中优先股条款有明显差异,因为在 Warner 公司优先股的条款中,并没有"无论是通过兼并、合并或其他方式"这样的表述。因此,Avatex 公司章程中存在的这个附加短语使其与 Warner 案的结果有决定性的区别。

在 Warner 案中,问题是 Warner 公司的 B 级优先股是否有权对 Warner with Time 公司(后更名为 Time Warner 公司)和其全资子公司 TW Sub 兼并活动进行类别投票。作为两步交易中的第一步,Time 公司要约收购 Warner 公司约 50%的普通股。第二步是将 TW Sub 公司并入 Warner 公司的"后期兼并"活动,并作为 Time 公司的全资子公司存续。不被 Time 公司持有的 Warner 公司普通股被转换为现金、证券和其他财产。在合并中,Warner 公司 B 级优先股将转换为 Time 公司 BB 级优先股。当事人认为 Warner 公司 B 级优先股股东将因此受到不利影响。③

首席大法官认为,Warner 公司 B 级优先股相关的章程条款的起草人并不打算对所有会影响到其利益的合并而授予三分之二的 B 级优先股股东否决权,因为其已被明确授予投票权(因为它适用特拉华州法律),④且仅在十分有限的情况下,而非本案的情况。⑤ Warner 案中涉及的章程条款的规定如下所示:

> 第3.3节规定:"只要 B 级优先股股票的任何股份还在外流通,除非法律要求有更多股东的同意或许可,否则至少三分之二的股东有权投票或书面同意更改或更改影响所有此类股份的股东任何权利、优先权或对其的限制。"

> 第3.4节规定:"只要 B 级优先股股票的任何股份还在外流通,除非法律规定要求更多股东的同意或许可,否则除非事先获得该股至少三分之二股东的同意或批准,本公司不得(i)修订、更改或废除公司章程或附例的任何条文,以免影响任何 B 级优先股股东的优先权或其他权利。"

---

① 583 A. 2d 962.
② Mem. Op. at 16-18.
③ Warner,583 A. 2d at 965.
④ Rothschild Int'l Corp. v. Liggett Group Inc.,Del. Supr.,474 A. 2d 133,136 (1984).
⑤ Warner,583 A. 2d at 964.

我们再次注意到,有关 B 级优先股的章程条款中并没有找到"兼并、合并或其他方式"这一短语,而这是本案的关键短语。然而,我们必须解决的 Warner 案的核心在于,对 Warner 公司 B 级优先股造成不利影响的不是 Warner 公司章程的修订、更改或废除。首席大法官认为,是将 Warner 公司 B 级优先股转换为 Time 公司 BB 级优先股的行为造成了该不利影响,此外,在 8 Del. C. §251(而非 8 Del. C. §242)的规定中,该转换行为并不需要对兼并事项进行类别投票。此外,大法官认为,Warner 公司 B 级优先股没有合同性的保护性规定,保证其在公司兼并事项发生时进行投票。大法官在 Warner 案中将他的想法总结如下:

(1) 尽管 Warner 公司章程在兼并中被修改,第 3.4 节(i)条并没有授予对拟议兼并行为类别投票权,因为在这种情况下,修改本身不会对 B 级优先股产生"不利影响"。

(2) 根据同样的推理,拟议的兼并并不触发第 3.4 节(i)条类别投票,且第 3.3 节(i)条有相同的结论。

(3) 如果 Warner 公司的章程修改并没有触发第 3.4 节(i)条或第 3.3 节(i)条的类别投票权,则核心问题就是根据第 3.3 节(i)条的字面规定,兼并本身是否会触发该结果。换句话说,这里的核心问题是第 3.3 节(i)条中的谓词"变更或更改"是否可以被理解为包括"因为兼并而导致的转换"。可以得出结论,第 3.3 节(i)条不会赋予优先股股东对兼并进行类别投票的权利,从而决定是否将 B 级优先股转换为其他证券、财产或现金。

更详细地说:

只有当章程被修订、更改或废除,导致对 B 级优先股或其股东产生不利影响的情况下,第 3.4 节(i)条才赋予了股东一项类别投票权。

Warner 是拟议并购中的存续公司,其章程将在兼并活动中予以修改。第 3.4 节(i)条在这种情况下不会给予优先股股东投票的权利,因为对被告的不利影响不是由修改或废除 Warner 公司章程的任何条文引起的,而是由将 Warner 公司 B 级优先股转换为 Time 公司 BB 级优先股这一行为引起的。

这一结论进一步得到了对章程其他规定的审查结果的支持。章程起草人明确地阐述了兼并活动与优先股的类别投票的关联性,并通过第 3.4 节(iii)条提供了有限的保护:

> 未得到 B 级股票股东的同意……公司不得……(iii)成为涉及兼并、合并或出售交易中的任何交易方,在这样的交易中,B 级优先股股票被转换为存续公司的股权证券。除非在兼并、合并或出售后,该公司没有任何已授权

发行或已发行,在分红或在清算时有优先权的 B 类股份或存续公司发行的用于转换的股份。

原告在这里认为 Warner 案是有区别的,原因有三:(1) Warner 公司 B 级优先股股权章程中不存在"无论通过兼并、合并或其他方式"这一短语;(2) Warner 案中,优先股股东并不作为存续公司的股东,存续公司的章程被修改了,且 Warner 公司优先股股东可以依法享有类别投票权;(3)在 Warner 案中,与本案不同的是,兼并并不仅仅是为了改变优先股的权利,这一交易有经济和商业实质作用,而不是间接地去做直接做不到的事情。

大法官认为,只有第一个理由有效。第三个引用的理由并不考虑,因为根据本次上诉的目的,不会考虑兼并的经济质量。① 第二个理由也不成立,因为这两个案件没有本质区别。② 在本案中,Avatex 公司的一级优先股转换为存续公司 Xetava——一家新成立的公司的普通股,且其是 Avatex 公司的全资子公司,其唯一目的是实现此次兼并并消除 Avatex 公司一级优先股的权利。在 Warner 案中,Warner 公司的 B 级优先股被转换为新的证券——Time 公司的 BB 级优先股,该优先股是由存续公司 Time 公司(更名为 Time Warner 公司)发行的高级证券。③ 该兼并行为是通过使用 Time 公司的全资子公司 TW Sub 作为 Warner 公司的并购合作伙伴完成的。既然没有考量交易的经济质量问题,④原告认为分析 Warner 公司与 TW 公司交换特许权的行为以及 Warner 公司与 Time 公司交换股票的行为的目的没有任何区别,在 Warner 公司有两个独立行为——Warner 公司与 TW 子公司之间的公司章程替换行为以及 Warner 公司与 Time 公司之间的股份交换行为。这里的具体操作是,Avatex 公司向下游纵向兼并入 Xetava 公司导致 Avatex 公司股票转化为 Xetava 公司股票并以兼并的手段消除 Avatex 公司章程保护的 Avatex 公司一级优先股。因此,Avatex 公司章程的废除和股票的转换都是对一级优先股的不利影响。在 Warner 案中,

---

① Weinberger v. UOP, Inc., Del. Supr., 457 A. 2d 701, 715 (1983) 及 Singer v. Magnavox Co., Del. Supr., 380 A. 2d 969 (1977))。

② 被告辩称,"作为一个实际问题,原告的论点毫无意义,因为它会让优先股在没有类别表决的情况下被转换成第三方发行的较不具吸引力的证券。原告无法解释为什么在要求他们的股票转换为兼并中存续下来的公司的更差的证券之前应当进行类别投票,但要将他们的股票转换为同样没有吸引力的第三方证券时却不需要类别投票。"载于第 27—28 页上的被告抗辩。

③ 值得一提的是,在 Warner 案中,第 3.4 节(Ⅲ)款的合并对 B 级优先股的保护很有限,该保护具体表现为声称他们有权获得存续公司相较于普通股来说更加高级的证券,或者他们也可以选择使用类别表决权。见上文,附文附注 26。

④ Weinberger, 457 A. 2d at 701, 715.

只是股票的转换造成不利影响,因为"无论通过兼并、合并或其他情况"这一限制短语并不存在。

可以在《特拉华州普通公司法》第251(b)和251(e)部分找到相关法律规定,并可作为相关的判决依据:

§251. 国内公司的兼并或合并:

(b) 期望兼并或合并的每个法人团体的董事会应当批准兼并或合并协议的决议。协议应当说明:(1) 兼并或合并的条款和条件;(2) 实行该交易的方式;(3) 在兼并的情况下,合并后兼并公司的章程的修改或变更,若无此类修改或变更,则应申明留存公司的章程为新公司的章程;(4) 在合并的情况下,所产生的公司的章程应符合协议附件的规定;(5) 将各个被吸收的公司股份转换为存续公司的股份或其他证券的行为,或者如果任何被吸收的公司的任何股票不仅仅被转换为存续公司的股票或其他证券,则说明被吸收公司股东作为补偿来接收的现金、财产、权益或其他公司的股权;(6) 被认为可采纳的其他细节或规定……

(e) 兼并的情况下,存续公司的章程应当自动按照兼并协议中规定的公司章程进行改变。①

简而言之,《特拉华州普通公司法》第251条描述了兼并或合并可能影响存续公司章程的三种方式:(1) 第251条(b)(3)规定的修改。兼并协议可能要求修改存续公司先前的章程。② (2) 兼并引起的取代行为。兼并可以将一个被吸收公司的章程指定为存续公司的章程,从而使每个其他被吸收公司的章程在法律上无效。③ (3) 合并导致的取代行为。在合并的情况下,最后产生的公司的章程替代了之前存在的公司章程,使之无效。④

在提及 Avatex 公司章程由于"兼并、合并或其他方式"的原因造成的"修订、更改或废除"时,起草人必须按照第251条安排收购合并。因此,第251条提供了一级优先股投票权解释的理论基础。

---

① 8 Del. C. §§251(b),(e).
② 8 Del. C. §§251(b)(3),(e).
③ 8 Del. C. §251(b)(3).
④ 8 Del. C. §251(b)(4).

Avatex 公司在下文中辩称,①衡平法院似乎已经同意,只有一个第 251(b)(3)条的修正案中规定了存续公司章程的"修订、更改或废除"达到了使优先股股东享有类别投票权的程度。因此,(类别投票权的)所有规定只适用于 Avatex 公司存续且其章程按兼并协议被修改的情况。由于与 Xetava 公司的兼并并没有考虑到要对 Avatex 公司即将失效的章程进行修改,这个交易行为可以忽略一级优先股的投票权从而继续进行。

这种看法的困局在于它没有说明"兼并、合并或其他方式"中的合并一词。合并不能限定第 251(b)(3)条修正案的适用,因为在合并中没有现有章程可以修改的"存续公司"。所形成的合并公司是一个全新的实体,拥有新的公司章程。所有被吸收的公司的章程在合并中失去法律效力。简而言之,Avatex 公司提出的对有关规定的理解将使"合并"这个词变得过分的简单,这是有问题的。②

大法官认为,虽然面前的交易并不是一个合并,但是起草者使用"合并"这个词很重要。他们肯定想过使一级优先股股东有一些对合并或其他交易的投票权。根据定义,合并意味着所有被吸收的公司的消失。在本案中,Avatex 公司的消失,正如合并的定义一模一样。根据拟议的合并条款,由于 Avatex 公司将停止其独立的存在,Xetava 公司将是存续的实体,被告也承认,Avatex 公司的章程将成为法定无效。如果这不是修订或修改的话,就是对章程的废除。因此,拟议的兼并可能属于触发一级优先股投票权复活的事件。

第一个问题是:在兼并后,记载在现有的 Avatex 公司章程中的第一系列优先股的"权利、优先权、特权或投票权"将会发生怎样的改变? 当 Avatex 公司的优先股股东成为 Xetava 公司不受章程特殊保护的普通股东时,这些权利将会消失。正如初审法院所言,这些权利的消失将对第一系列优先股股东产生不利影响。

第二个问题是:如果兼并完成,什么行为或事件会导致这种不利影响? 审判法庭认为,在 Warner 案中,无论如何都不会因公司章程条款的"修订、更改或废除"产生对原告的不利影响,该影响来自于合并中一级优先股向普通股的转换。法院尽管已经注意到这里的章程上语言文字的区别,Warner 案不存在"无论是

---

① 衡平法院认为该材料不会使"兼并、合并或其他方式"这一短语变得无效。由于这样的情况很容易想象,即使不是针对并购行为本身,在合并或其他类似的交易中,一级优先股股东有权对 Avatex 公司的一些与合并行为有关联的新章程或与一级优先股相关的章程上的"修订、更改或废除"进行类别投票。参见 DGCL 第 251(b)(3)条:"批准合并的决议应当修正该公司存续章程。"

② Sonitrol Holding Co. v. Marceau Investissements, Del. Supr., 607 A. 2d 1177, 1184 (1992)(根据《合同基本建设规则》,法院应当执行所有合同条款)。

通过兼并、合并或其他方式"这样的语句,但法院还是驳回了这一区别理论,认为语言文字仅仅修改了"只有修订、更改或废除"这个短语,并且不会在每次合并中独立地创造一个类别投票权。但是,一级优先股是否有权对每次合并进行类别投票这一问题并不是本案需要解决的问题。①

一级优先股股东声称在以下条件下会享有类别投票权:(a) 合并导致章程中规定的权利发生"修订、更改或废除";(b) 任何权利、优先权、特权或"一级优先股"的投票权将因此受到重大和不利影响。例如,原告明确表示,兼并后他们若收到兼并后公司相同权利股票或者被以现金形式清偿,一级优先股对该兼并没有类别投票权。如果随着兼并的继续,存续公司的章程能保证给予一级优先股相同属性的类别股,那么本案中一级优先股的属性仍将是完整无缺没有改变的。大法官认为,衡平法院错误地适用了 Warner 案中的判决,对于并购行为来说,章程的修改是必要的,而股票的转换是出于并购本身,而非出于章程的修改。② 但这是 Warner 案的情况,并不适用于本案。本案的初审法庭错误地引用了 Warner 案中的内容从而得出了这样的结论:"Warner 案规则至少在本案同样适用,Avatex 公司将与 Xetava 公司合并,并按照法律将不再作为独立公司存在,这一过程无须修订、更改或废除章程。"

大法官认为,合并确实造成不利影响,按照被告所说的,因为兼并是公司行为,所以使 Avatex 公司的保护优先股股东的章程在法律上无效。这种消除肯定符合章程中规定的三个情形中的一个或多个情形:"修订、更改或废除。"正如被告承认发生在 Avatex 公司章程上的情况那样,"废除"这个词在此处上下文中是特别合适的。③

阐明优先股股东权利是公司创始人的基本职能,解释优先股条款是法院的基本职能。法院的职能就是在特拉华州先例背景下解释合同。这些先前的参考案例只是简单地说明:优先股股东享有的任何区别于普通股的权利、优先权以及限制,都应当在章程中清楚地记载。④ 因此,这些权利、优先权和限制不能是被

---

① 相比于第二优先股有任何该股份在外流通时的情况(即对每一次合并的表决权,以及某些特别列举的与合并无关的例外)。
② Warner,583 A. 2d at 968.
③ 本案中"修改"和"变更"形容合并行为对 Avatex 公司章程的效力影响。"废除"和"无效"意思是全部(不是部分)的修改或变更。拟议的合并不要求 Avatex 公司章程的任何变化,而是将由一个独立的文件完全取代。
④ 8 Del. C. §151(a)规定:"(一) 各公司可以发行任何一类或更多类股票,任何或所有类可以是有票面价值的或没有票面价值的,同样也可以是有投票权或没有投票权的。诸如此类的名称、优先权和相关性、参与性、可选性或其他特殊的权利和资格、限制,应当由公司章程明确赋予或在这些股票发行或权利遭到修改时由董事会根据其权限按照公司章程明确赋予……"

推定和默认的。① 另一个原则是：如果因为公司章程起草人的原因而造成了一种无法解释的模糊性，并可能误导合理的投资者，则这种歧义必须解释为有利于投资者的合理预期，而不利于起草人。② 由于本案不存在歧义，所以后一个原则不适用。

大法官认为，一级优先股的权利在 Avatex 公司章程中有明确规定。对于任何能够导致消除 Avatex 公司章程中保护优先股权利的合并行为，如果优先股股东权利将受到不利影响，该章程起草人赋予一级优先股有权以三分之二以上数量表决。章程起草人授予一级优先股的权利功能上等同于该条款：如果合并行为是为了消除 Avatex 公司章程从而导致证券持有人受到物质上不利后果，则该合并行为需要得到证券持有人的同意。

起草人讨论了几个替代方案。第一，各方同意，只要有合并与兼并行为的发生，就一定会有《特拉华州普通公司法》第 242 节(b)(2)条和章程第 4 节中授予的用以保护一级优先股股东利益的权利。虽然 Warner 案是在 Avatex 公司章程生效后才作出判决的，但 Warner 案的判决明确表示支持这一观点，而且其仍然是该法律问题的有效先例。第二，所有各方同意，如果 Avatex 将是存续公司，并且其章程在兼并活动中按照 8 Del. C. §251(c)(3)被修改，一级优先股将有权以三分之二的数量通过投票。第三，所有各方同意，二级优先股股东（本案中未牵涉到）对任何兼并（除与此处不相关的某些例外情况外）的同意的权利不得授予一级优先股股东，因其权利更受限制。在以上情况中：(a)兼并必须是章程上的"修订或废除"的原因（并非所有的兼并都是这样做的）；(b)他们的权利必须受到不利影响（并不一定会在兼并中发生）。

如果章程的第六节不能保证在本次合并中一级优先股的类别投票权，那么它应当被怎样理解呢？被告辩称，章程只能在上述第二种情况中被适用，即 Avatex 是存续公司，如第 251(b)(3)条所设想的，其章程被修订、更改或废除的情况。但是，正如原告所指出的那样，这不可能是章程起草人唯一的意图，因为在第 251(b)(3)条不适用的情况下，章程应在合并中给予第一系列优先股这种保护。因为"合并"一词包括在第六节中，不能认为用于保护一级优先股权利的章程第六节仅限制于第 251(b)(3)条修正案。因此，不能像被告所辩称的那样，

---

① Rothschild Int'l Corp. v. Liggett Group Inc., Del. Supr., 474 A. 2d 133, 136 (1984). Waggoner v. Laster, Del. Supr., 581 A. 2d 1127, 1134-35 (1990).
② 法院的这一学说在 Kaiser Aluminum 案中被决定，该案中发生了一个无法挽回的专利制图错误，但反稀释条款保护优先股不向普通股转换，该反稀释条款并没有规定在优先股的权利中。SI Management L. P. v. Wininger, Del. Supr., 707 A. 2d 37, 42 (1998).

将"合并"一词视为多余内容而忽视。可以确定的是,解释任何合同条款(包括优先股条款)的法院必须使文书的所有条款生效,必须从整体上解读文书,并尽可能协调该文书的所有条款。①

判决结果:衡平法院认为,被告通过上诉主张,Warner案给予了一个参考,这使得他们的结论跟我们的结论完全相反,因为Warner案中只有股票转换,而没有对优先股产生不利影响的章程的修正。在这里可以简明地说,本案中一级优先股的文字上的规定与Warner案中的文字上的规定有本质上的不同,因为本案中有"无论是通过兼并、合并或其他方式"这一短语。这个规定完全改变了分析的结果,在本案中章程的废除和股票转换造成了不利影响。

法院认为,把我们今天的决定放在正确的角度来说是很重要的。这里的结果会使一种合理的企业融资方法得以延续。法院认为,相反的结果将会产生一个异常现象,并可能使公司法的统一性下降。衡平法院在引用之前提到的Kaiser案中的一般性观点时注意到这一观点,即法院应避免给金融工具中票据的含义增加持久的不确定性。可以肯定的是,Avatex公司章程中的优先股条款和其他案件中的有关优先股的条款都充满了陈词滥调。但是,一些关键条款的不均匀性和不统一性,如将Warner案和Sullivan案中的一些规定与本案中的一些规定进行比较时所存在的差异,着实令人震惊。造成这种缺乏统一性的原因无疑是:(a)不同起草人对某些标准条款的不同想法;(b)与某些寻求保障的优先股股东的谈判;(c)起草不力;或(d)以上几种情况的组合。Warner公司章程和Avatex公司章程条款之间的区别是决定性因素,不能因为通过兼并、合并或其他方式导致章程的修订、变更或废除,从而否认章程给予一级优先股的可以对通过合并事项进行投票的保护机制。

未来公司章程起草人在阐述类别投票条款中遵循的方法是明确的。当章程(如Warner公司章程或本案中的A类优先股的规定)仅授予对修订、更改或废除章程的投票权时,优先股无权对收购行为进行类别投票。当章程(如本案中涉及一级优先股的章程部分)添加了"是否通过合并、兼并或其他方式"等术语,并且引起章程修订、更改或废除的兼并行为导致对优先股产生不利影响时,应当进行类别投票。当章程赋予优先股股东在任何能获得低级证券的合并或兼并中的类别投票权时,此类条款比涉及一级优先股的规定更宽泛。法院同意原告的观点,认为这些结果是统一的、可预测的,并且符合现行关于定义优先股的独特属性的法律。

---

① Kaiser Aluminum,681 A. 2d at 395;Sonitrol Holding Co.,607 A. 2d at 1184.

【案例评述】

本案中被告公司 Avatex 打算实施一项并购计划,并入其全资子公司 Xetava,一旦交易完成,Avatex 公司会立刻改名为 Xetava 公司。拟议的合并会导致 Avatex 公司的优先股转变成 Xetava 公司的普通股,使其优先权丧失。公司章程规定:"通过兼并、合并或其他方式修订、更改或废除公司章程中规定的一级优先股权利、优先权或其持有人的投票权的部分,需经过一级优先股股东三分之二以上同意。"优先股股东认为该并购行为导致公司章程中规定优先股的特别权利条款被修订、更改或废除,对优先股股东造成了实质不利影响,因此需要经过该类优先股股东三分之二投票通过。同时,原告主张本案的实质其实是通过被自己的全资子公司收购,达到将本案中的优先股转为普通股的目的。但在正常情况之下,这样的目的不可能实现,因为章程变更影响到优先股股东的利益须得到优先股股东的同意。因为法官在判决中已经声明,由于上诉人没有对此提出要求,因此不考虑合并中的不公平情形。本案的争议焦点在于类别合同的解释,即本案中合并行为导致公司章程的废除是否属于章程中规定的"通过兼并、合并或其他方式修订、更改或废除公司章程",从而需要优先股股东的投票。

美国公司法对于公司发行股票的规定是非常有弹性的,几乎所有州都对一股一权持默认规则,但允许作出例外规定。《美国示范公司法》和《特拉华州公司法》均规定,公司可以将股票划分为不同种(class)的股票,比如优先股、普通股、可转换股等,还可以将同种股票划分为不同类(series)的股票,比如 A 类优先股、B 类优先股等。但是有两点限制,第一,至少有一种股票拥有或多种股票共同拥有不受限制的投票权,并且至少有一种股票拥有或多种股票共同拥有分配权和清偿权;第二,如果公司要将股票划分为不同种类,必须在公司注册证书中证明。[1]

传统公司法理论建立在"股权—债权"二元框架上,以公司内部关系和外部关系的区分来界定公司的边界。典型的内部关系是公司股东、董事、高管之间的关系,而公司与债权人的关系则属于外部关系。[2] 针对不同的关系,法律为其提供的救济方式也不同。针对外部关系,即债权人和公司的关系,主要依赖于合同法来救济;针对内部关系,即股东与公司之间的关系,则主要依赖于公司法来救济,其中为股东提供最为重要的保护就是董事的信义义务,其理论基础在于,这

---

[1] 苗壮:《美国公司法:制度与判例》,法律出版社 2007 年版,第 89 页。
[2] 楼建波、马吾叶:《优先股与普通股股东间利益冲突的处理原则——美国司法实践的演进及其启示》,载《证券法苑》2015 年第 3 期。

种信义义务可以填补不完全合同的空白,使股东可以获得全面的保护。

基于不同的融资需求和复杂商业实践环境,实践中产生了形式内容各异的类别的股份,有的可能更偏向债权,比如享有累积分红优先股、可赎回优先股;有的可能更偏向股权,比如非累积优先股。那么,实践中到底是采用股权的保护方法还是债权的保护方法呢?换句话讲,优先股作为一种复合型的融资手段,兼具股权和债权的双重性质,应采用何种方法为其提供救济?在早期的公司法判例中,法官多采取债权的观点,认为优先股股东的权利是由章程事先约定好的,属于合同权利,因此应当采取合同法来救济。[1] 然而这种方法将使优先股股东的地位处于十分不利的境地:首先,优先股的特别权利属于合同权利,但其往往规定在公司章程中,容易受到资本多数决影响而修改;其次,尽管章程往往会有类别表决权的规定,但这种规定十分抽象,将受制于法院的解释,有很大的不确定性;最后,公司发行优先股时,优先股条款往往是公司事先拟制好的,优先股股东往往不能与公司进行谈判,双方实际上处于十分不对等的地位。

1968年,杰瓦伯案[2]打破了优先股股东寻求合同法救济的传统,该案确立了一项重要的原则即杰瓦伯规则,明确优先股的权利可分为两种:一种是公司章程中规定的只有优先股才享有的特殊权利或受到特殊限制;另一种则为优先股和普通股均享有的权利。前一种特殊权利和特殊限制以章程中的具体规定为准,公司和董事仅承担合同义务;后一种权利即使章程没有特殊规定,也是存在的,董事对这部分权利承担信义义务。该判决具有重要意义,它构建起了一种新的分析框架,将优先股股东的权利分为两个部分,适用不同的规则来救济。对于非由优先股股东享有的特别权利或特殊限制,授予了优先股股东和普通股股东同等的地位。

至此,对于优先股中一般权利,美国公司法判例可以说是提供了全面的救济,那么对于优先股中的特别权利,优先股股东是否受到了适当的保护?由于优先股的特别权利往往是记载在公司章程的特别规定,公司章程中若采取概括式的规定,其范围的模糊性往往会引起争议;若采取列举式的规定,常常会引起特定权利或是权利的变动是否包含在该条文目的中的疑虑。因此,对于优先股特别权利的保护常常有赖于对公司章程规定的解释。以下几个案例确立起了对优先股特别权利解释的一般原则。

---

[1] 邓峰:《普通公司法》,中国人民大学出版社2009年版,第56页。
[2] Jedwab v. MGM Grand Hotels, Inc., 509 A.2d 584 (1986).

一、Warner Communications Inc. v. Chris-Craft Industry Inc. 案[①]

原告为 Warner 公司、Time Warner 公司及 TW Sub 公司。其中，Time Warner 公司是 Warner 公司的控制股东，而 TW Sub 公司是 Time Warner 的全资子公司。而本案被告是 Warner 公司 B 级优先股股东。公司章程规定：获得所涉优先股股东三分之二以上投票同意之前，公司不得实施"修订、更改或废除公司章程中任何条款并对 B 级优先股股东的优先性权利、权利或权力产生任何不利影响"的行为。原告 3 家公司签署了并购协议，该并购协议产生的后果是被告持有的 Warner 公司的 B 级优先股将被转换成 Time Warner 公司的 BB 级优先股，因此被告认为该约定将对 B 级优先股股东产生不利影响，未经过被告三分之二的同意，不得实施并购。故原告提起诉讼，要求确认被告对该并购交易不具有类别投票权。

该案的争议焦点是并购行为是否会导致公司章程中规定的类别投票权的产生。被告认为，公司的一切行为——包括类别投票权，导致对优先股股东的不利影响都可以触发公司章程规定的类别投票权，因为其根本目的在于保护优先股股东不受公司普通股股东决议的不利影响。然而本案的法官认为，公司章程仅仅规定了公司章程被"修订、更改或废除"时，才会产生类别投票权，但是本案中合并导致的股份转换对优先股股东产生不利影响，而非公司章程的修订、更改或废止。因此，否决了优先股股东的类别表决权，判决原告胜诉。

二、Elliott Associates，LP v. Avatex Corp. 案[②]

本案中被告公司 Avatex 打算实施一项并购计划，并入其全资子公司 Xetava，一旦交易完成，Avatex 公司会立刻改名为 Xetava 公司。拟议的合并会导致 Avatex 公司的优先股转变成 Xetava 公司的普通股，使其优先权丧失。公司章程规定："通过兼并、合并或其他方式修订、更改或废除公司章程中规定的一级优先股权利、优先权或其持有人的投票权的部分，需经过一级优先股股东三分之二以上同意。"因此，优先股股东提起诉讼要求停止公司原计划进行的合并，他们认为该合并交易行为需要三分之二优先股股东的同意。

根据公司章程规定，触发一级优先股类别投票权有三个要件：第一，该行为属于公司设立章程规定的修订、更改或废除；第二，修订、更改或废除是由兼并、

---

① Warner Communications Inc. v. Chris-Craft Industry Inc，583 A. 2d 962 (Del. Ch. 1989).
② Elliott Associates，L. P. v. Avatex Corp.，715 A. 2d 843 (Del. 1998).

合并或其他方式导致的;第三,这样的事件对优先股股东造成了实质的不利影响。对于第一个条件,法官认为因为并购行为导致 Avatex 公司终止,同时其章程终止,最起码可以视为原章程的废除。该合并行为致使原公司章程无效,使优先股股东的特别权利消灭,第三个条件显然满足。有争议的是第二个要件。

根据 DGCL 的规定,并购或合并引发章程变更有 3 种方式:第一,并购协议中约定对存续公司原章程进行修改;第二,并购协议中指定将某个并购参与公司的章程作为存续公司的章程,同时导致其他参与公司的章程失效;第三,在公司合并的情况下,存续公司的章程替代其他注销公司的章程并致其失效。被告抗辩说,类别投票权的规定只适用于第一种情形,即 Avatex 公司存续且其章程按合并协议被修改的情况。法官对此理由不认可,并指出公司章程中用了"合并"这个词,而这并不属于第一种情形。尽管本案的交易不属于合并,但是该交易使得 Avatex 公司本身及章程消失,后果与合并的后果相似。因此,可以认为起草人在起草时打算当 Avatex 公司及其章程消失时为优先股股东提供同样的保护。

在本案中,尽管法官在解释优先股合同时探求了章程起草时起草人的目的,但是法官也明确表达了优先股的权利、优先性及限制应当清晰明确地在章程中载明,不应当是推定和暗含的。而本案中优先股的权利已被明确记载在 Avatex 公司的章程中。

三、Benchmark Capital Partners IV, L. P. v. Vague 案[①]

原告 Benchmark 是一家风险投资机构,持有被告公司的优先股,被告公司章程中规定,禁止公司从事任何对 A 或 B 级优先股(Benchmark 所持优先股)的"权利或优先性权利产生重大不利影响"的行为。被告出于融资需要,打算修改公司章程并发行新的优先股。新发行优先股的优先级高于 Benchmark 所持优先股。原告认为其可依该条款反对任何不利于其股权的交易,包括拟进行的并购交易。被告辩称公司章程相关条款的用语与特拉华州公司法第 242(b)条用语非常相似,但是该条款的目的在于规制章程修改的行为,而非并购交易。因此,被告认为这样的相似性说明章程起草人的本意是赋予优先股股东投票反对章程修订的权利,而非并购交易。

法官支持了被告的主张,采取了和 Warner 案相同的解释规则,法院认为:

---

① Benchmark Capital Partners IV, L. P. v. Vague, Delaware Court of Chancery,2002 WL 1732423 (2002).

首先,对被告造成损害的交易是并购,而非章程修改;其次,被告对于并购交易没有单独的投票权——不论是依据公司法还是依据公司章程。

这三个案件均表明,法院对于优先股股东的特别权利采取非常严格的解释规则,除非章程中有明确规定,绝不会扩大优先股股东的优先权范围。甚至在 Warner 案和 Benchmark 案中,都采用了合同严格解释原则中的独立法律意义原则(doctrine of independent legal significance),即 DGCL 的一项交易规则:一项交易可能因为另一项规则而无效,但不影响前项交易的效力。在这两个案子中的具体体现就是:公司法中的并购规则独立于章程修改规则,并购协议的批准只需要普通股股东的多数同意,而不需要获得类别股股东的同意。① 但是很显然,在 Benchmark 案中,优先股股东作为专业的机构投资者,在商议公司章程中的优先股条款时,已经以专业的眼光采取了认为能够为其提供全面保护的方法,但是结果仍然没有达到被告想要的全面保护的效果,反而被法院以未明确约定的原因败诉。假如一个投资者在投资时全面考虑到可能出现的风险,那么他可以在投资时通过约定以实现纠纷发生时的全面保护吗?根据特拉华州法院严格解释的做法,似乎是很难的。原则性、概括性的规定意义会被严格限缩,事无巨细的列举又会导致过高的磋商成本,将来仍然可能出现投资者意想不到的新情况。

很多学者对于法院对优先股股东的特别权利采取严格的合同解释规则,甚至采用独立法律意义原则表达出强烈的反对意见。Smith 教授认为,严格合同解释原则加上独立法律意义原则的适用,不当地扭曲了合同解释的目的。在优先股情境中采用严格合同解释原则不适合,因为受到严格解释的条款并不是立法机关起草,而是由当事人起草的。对此类合同条款进行严格解释,将对起草人施加过高要求,为企图避开合同条款者提供了机会去剥夺相对方权利的空间。②

不过,也有学者解释了法院这样判决的合理性。第一个理由在于,普通股股东是公司的剩余索取人;相反,优先股股东在股利以及剩余财产方面都拥有"先取权",并未承担公司的最终风险。因此,当优先股股东与普通股股东发生冲突时,法官们还是习惯于将普通股股东的利益与公司利益视为一体,作为信义义务指向的对象。③ 第二个理由在于,优先股的现实基础发生了很大的变化。过去,优先股的购买对象主要是自然人,缺乏专业知识,信息不对称,没有谈判能力,是

---

① 王会敏:《优先股股东权利保护法律制度研究》,山东大学 2017 年博士学位论文。
② 同上。
③ 楼建波、马吾叶:《优先股与普通股股东间利益冲突的处理原则——美国司法实践的演进及其启示》,载《证券法苑》2015 年第 3 期。

显然的弱势群体。然而现在,优先股的主要投资人是风险投资机构,主要应用于风险投资、并购重组、银行业补充资本金等领域。风险投资人相比于普通的投资者,不仅专业知识丰富,谈判能力也大大增强。可能是基于这样的现实考虑,法院认为优先股股东已经不再处于弱势的地位,有能力为自己的最大利益与公司进行谈判,通过合同实现对自己的保护。因此,法院在对优先股股东的特别权利进行解释时,采取了严格意义的解释,以实现优先股股东和普通股股东利益的平衡。

美国优先股判例译评之七[①]

——优先股赎回中"合法可用资本"的确认和辨析

【裁判要旨】

（1）"合法可用的资金"不等于"盈余"。

（2）特拉华州法律赋予了公司有限制的赎回权：每个公司均可购买、赎回、接受、取得或者以其他方式获取本公司的股份，但是当赎回行为会损害公司资本或有可能损害公司资本，公司赎回股权的行为是被禁止的。

（3）如果公司赎回股权会使得其偿还债务的能力减弱或其对债权人的担保减少时，公司不能赎回股权。[②]

（4）公司自身对"合法可用资金"的判断受商业判断原则的保护。在当被告董事审慎地判断公司资金是否可用时，除非原告能够证明被告董事存在恶意行为，依赖不可靠的方法和数据，或者迄今为止已作出的决定，构成实际或建设性的欺诈，否则原告不能质疑被告董事的决议。

本案由美国特拉华州衡平法院审判，由副首席大法官 Laster 进行审理，案件于 2010 年 9 月 8 日提交，并于 2010 年 11 月 10 日判决。

【案件事实】

本案原告是一家附属投资基金公司及其顾问 SV 投资公司（SVIP），是被告思特沃克公司（Thoughtworks）的投资组合公司。被告是开发定制商业软件应用并提供相关资讯服务的公司。1999 年，经过一段快速成长期，被告开始寻求其普通股的首次公开募股（IPO）。基于这个契机，原告于 2000 年购买了被告公司发行的超过 94% 的 A 级优先股，双方也约定了相应的赎回条款：如果五年后

[①] SV Investment Partners, LLC v. Thoughtworks, Inc., Not Reported in A. 3d (2010).
[②] Int'l Raditor, 92 A. at 255. In Farland v. Wills, 1975 WL 1960 (Del. Ch. 12, 1975).

被告不能如期上市,那么被告应该以其"合法可用的资金"赎回原告的股权,但需要给公司留存公司运营所需要的资金。后被告公司章程也进行了相应的修改,章程中规定:"每个优先股持有人都有权要求公司从任何合法可用的资金中赎回现金,且这些资金尚未被董事会指定为赎回日期的财政年度公司所需的营运资金。"该章程对公司"现金赎回"的义务有两个限制:第一,赎回只能用"任何合法可用的资金";第二,这个条款不包括由董事会指定的必须在赎回日所在的财政年度公司所需的营运资金。同时,公司章程也规定:如果在赎回日公司拥有的合法可用之资金不足以赎回全部优先股,则公司应按比例赎回优先股;并且,只要此种未足额赎回的情形存在,赎回日后公司新增的合法可用资金将自动用于赎回优先股,无须优先股持有人再采取任何行动。

后因被告公司无法如期实现IPO,原告在2005年7月首次行使了他的赎回权,以初始投资成本加累积股利等计算总价达4500万美元。但被告董事会以赎回条款中的"营运资金例外"拒绝了SVIP的请求,认为公司现有的资金尚不足以覆盖营运需求。双方就"营运资金例外"条款争讼至法院,法院裁决该例外仅适用于赎回当年(即2005财政年度),此后公司就必须在"合法可用之资金"范围内赎回优先股。但被告思特沃克公司没有全额赎回优先股的现金。相反,思特沃克公司的董事会每个季度都会仔细评估公司的财务状况,以确定(i)公司是否有盈余可用于赎回;(ii)公司是否拥有或者随时可获得用于赎回的现金;(iii)赎回是否会危及公司持续经营的能力。① 在2006—2010年,思特沃克总共进行了8批次、共计410万美元的赎回,这相当于222802股,其中SVIP持有214484股,但是SVIP拒绝提交股票证书以获得付款,此时优先股的赎回总价已经攀升到6691万美元。

SVIP反对董事会分期赎回的方式,于2007年再次诉至法院,要求对"合法可用资金"这一短语的含义作出宣告性的判决,并请求强制公司赎回股份。原告认为,"合法可用之资金"就是指盈余,而被告有充裕的盈余(SVIP聘请的专家认定金额约在6800万至1.37亿美元之间),足以回购全部优先股,因此虽然思特沃克公司可能没有现金或者获得现金的能力,但是它仍然有"合法可用资金",并且必须赎回优先股,因此原告请求法院判决被告支付优先股的全部价值6691万美元。2010年11月,特拉华州大法官法院判决驳回原告的请求。判决书指出"合法可用之资金"并不等同于盈余。一个公司可以有"资金"而缺乏"盈余";也可以有"盈余"而缺乏"资金"。思特沃克赎回优先股能力受限是因为缺乏资金,

---

① Working Capital Decision, 902 A. 2d at 752; Id. at 754.

以及随之而来的由于重大赎回而导致公司资不抵债的风险。"盈余"只是构成公司法下资本维持的底线,还存在其他制定法(如银行管制法、税法等)的限制以及普通法(判例法)对公司清偿能力的要求。一个公司即使有盈余也可能会因缺乏资金而无法清偿到期债务,从而不具备回购的条件。被告董事会基于律师、财务顾问的建议,并根据自己的商业判断,认为赎回可能导致公司难以持续经营而拒绝赎回。对此,原告 SVIP 并未能证明被告董事会的决议过程存在恶意,依赖不可靠的信息或者明显偏离市场尺度而构成欺诈,故不支持原告强制执行回购条款的诉求。①

【判决理由】

在本案中,原告在法庭辩论中一直致力于把"合法可用资金"等同于"资本盈余",法院并没有支持原告的这一主张。法院指出"合法可用资金"与"盈余"存在着根本的不同,"盈余"和"赤字"指的是资产负债表上的算数平衡分录,是资产负债表上所有其他数字的结果,这是由复式记账的惯例要求决定的,即左右两边必须始终保持平衡,因此,分配从来不是从盈余中支付的,也永远不可能是从盈余中支付的,他们是从资产中支付的;盈余不能分配,而资产可以分配。

关于"合法可用的资金"之认定,法院分别从"合法可用"和"资金"这两个部分出发,首先,"合法"指的是不违背法律的禁止性规定,本案中赎回股权受《特拉华州普通公司法》第 160 条的限制,同时也受普通法的限制。其次,一个公司尽管有"资金",但是不是"合法可用的";②公司也可能缺少"资金",但是因为其有大量盈余,而具有支付股息或赎回的法律能力,在这些情况下,公司仍然可以用公司的财产购买自己的股份③。最后,"合法可用",即使是在《特拉华州普通公司法》的范围内也有不同的定义,在一些情况下,"合法可用资金"是"资本";④而在另一些情况下,"合法可用资金"又被定义为"净利润"。⑤ 在普通公司法之外,广泛的制定法和法律理论可能会限制公司使用资金的能力,使其不"合法可用",如 1956 年的银行控股公司法,要求银行控股公司保持一定的资本要求,且目标

---

① Int'l Radiator Co., 92 A. 255, 256 (Del. Ch.1914).
② Klang,702 A. 2d at 154(资产负债表显示出负的净资产,阻碍了在资产重估之前通过自我招标分配现金);Morris v. Standard Gas & Elec. Co., 63 A. 2d 577,580-81 (Del. Ch. 1949)(资产负债盈余2500 万美元,但在没有资产重估的情况下不足以支付 8800 万美元的股息)。
③ Alcott v. Hyman, 208 A. 2d 501, 508 (Del. 1965)(其中解释认为第 160 条授权"在不损害自己资本的情况下,一家公司可以使用其财产购买自己的股本")。
④ Del. C. § 160(a).
⑤ Del. C. § 170(a).

公司需要考虑这些限制。① 除此之外，普通法也会限制公司赎回其股份，承认"债权人的权利优先于股东强制要求回赎的权利"②。优先股股东只是相对于普通股股东在特定方面有优先权，但是他们没有超越债权人的优先权，即当公司无法履行或者有可能无法履行对债权人的债务时，优先股股东不能实现他们的权利。

特拉华州遵循这些规则。所以，根据特拉华州的法律，当公司负债超过资产或者无力偿还到期债务时，公司就可能资不抵债，此时公司名义上仍然可以有盈余，理论上可以从盈余中赎回，但会导致无法偿还到期债务，且由于普通法禁止在公司无力偿债或者即将无力偿债时收回股份，这就限制了公司在这些情况下赎回股份，从而产生了"合法可用资金"和"盈余"不同的另一种情况。

在"合法可用资金"金额的确定上，法院指出，估值条款不会凌驾于这些区别之上，它只是在确定资金是否合法可用时要求被告"对其资产以准据法允许的最高金额估值"，这是基于在对"合法可用资金"作出判断的基础上，即估值条款并不能创造一个在没有"资金"的情况下赎回股份的义务。在 Klang 案中，特拉华州高等法院判决认为，公司有权对其资产进行重估，而不是依赖账面价值，显示盈余以进行股票赎回。③

具体到本案，被告公司是否有"合法可用的资金"来赎回原告的优先股股份，既受制于《特拉华州普通公司法》第 160 条的规定，也受限于普通法的规定。当赎回股份会使得公司资产受损或有可能受损，以及会损害或可能损害债权人的利益时，公司被禁止赎回股份。本案被告若赎回了原告的优先股，则会使公司无法支付员工的工资，无法正常运行，陷入资不抵债的局面。另外，原告使用投资驱动的贴现现金流的方法表明被告有大量的盈余供赎回优先股，但是该方法并不能反映"真实的经济价值"、公司的借款以及与债权人之间的情况。再者，原告并没有基于对"合法可用资金"的判断对被告公司进行资产重估。被告公司董事已经尽最大的善意行事，并依靠合格专家出具的详细分析作出判断，对之前十六个季度，董事会对合法可用于赎回的资金数额进行了彻底调查，并相应地赎回了优先股，最终确定公司已无"合法可用"资金赎回优先股，这一过程是合理合法的。原告也并不能证明被告董事的判读存在恶意行为，依赖不可靠的方法和数据，或者迄今为止已作出的决定构成实际或建设性的欺诈。最终，法院驳回了原

---

① 12 U.S.C. § 1841, et seq.
② Fletcher's Encyclopedia of the Law of Private Corporations § 5310 (perm. ed.).
③ 702 A. 2d at 154.

告的请求。

【案例评述】

本案的争议焦点在于"合法可用资金"在特拉华州法律下如何解释,以及如何确定公司拥有的"合法可用资金"的范围与金额。

一、"合法可用资金"的认定

"合法可用资金"如上所述在不同的条文和情形下有着不同的定义,依美国学者的解释,PE/VC合同中之所以出现上述"合法可用资金"要求,是因为在19世纪到20世纪中期的司法实践中,优先股的股息以及赎回支付都受制于法定资本规则和欺诈性转移规则。前者防止公司财产降低到资不抵债的程度或者减少了法定资本额;后者防止公司出现持续经营危机,如果公司留下的资产太少以至于无法持续经营或者偿付到期债务,就不能进行分配或赎回。[①] 在本案中,"合法可用资金"受"盈余"标准和"清偿能力"标准的限制。

(一) 法定资本规则限制——"盈余"标准

《特拉华州普通公司法》第160(a)(1)条规定:"公司可以用现金或实物为对价,回购、赎回或接受、收取自有股份,但不得削弱公司资本或者由此可能导致公司资本受到任何削弱;除非是在赎回优先股的情形下,可以从公司资本中支出并随即注销相关股份。"在长期的司法实践中,特拉华州法院衡量公司资本是否被削弱的标准是公司动用的资金是否超过"盈余",如果回购股份动用的资金超过了公司的盈余,则可以认为削弱了资本[②],公司不能赎回股权。本案原告SVIP主张"合法可用资金"就是"盈余",而被告有充分的盈余来回赎其股权。最终法院并没有支持原告的请求。

"盈余"在美国特拉华州的法律中指的是净资产超过公司发行股票面值的数额。[③] 在该州的法律下,"盈余"不仅是利润分配的依据(第170条),也是回购、赎回或其他场景下资本维持原则的标准(第160条)。"盈余"尽管在实践中被用作判断是否损害公司资本的标准,但是这并不意味着"盈余"就等同于"合法可用资金"。"合法可用资金"还可以通过其他标准进行认定,实践中常常会出现公司有盈余,但会因为缺乏现金而无法进行分配或赎回股份。

---

① 刘燕:《对赌协议与公司资本管制:美国实践及其启示》,载《环球法律评论》2016年第3期。
② Int'l Radiator Co., 92 A. 255, 256 (Del. Ch.1914).
③ 8 Del. C. § 154.

（二）普通法限制——"清偿能力"标准

本案中，法官重申了这一立场："公司法禁止在削弱资本的情形下回购股份，其意图是为了保护债权人。"在保护债权人利益方面，优先股股东和普通股股东并无不同，其行使权利不能损害债权人的利益。特拉华州法院还回顾了自1914年以来，除第160条对回赎股权的限制外，众多判例都确认了"当公司偿还债务的能力减弱或其对债权人的担保减少时，公司不能购买自己的股票"[①]。

本案法官在对"合法可用资金"的认定上将制定法上的"盈余"标准与普通法上的"清偿能力"标准结合起来。一个公司负债并没有大于资产，理论上可以用作赎回股份的盈余，但是无法偿还到期的债务，普通法上禁止在公司无力偿债或有可能无力偿债的可能时进行赎回。普通法上的这一项惯例，使得本文所涉及的"合法可用资金"不同于"盈余"。

二、"合法可用资金"的范围与金额

特拉华州法院对于"合法可用资金"有其特殊的判断，并不是简单地参考适用会计标准。首先，对于公司资产的真实经济价值需要重新估值，而不是依赖于会计报表中的数据。法院表明："无论未更新的资产负债表显示什么，实际的还未实现的升值反映了公司可能借款或者债权人可以要求或征收的真实经济价值。"投资驱动的现金流贴现分析可能不能反映"真实经济价值"或公司可能借款或其与债权人之间的任何关系。

其次，评估资产真实经济价值的合理方法是着眼于当前的清偿能力，而非未来业绩。原告对于被告公司的估值是基于现金流贴现法、可比公司法和可比交易法这三种方法，最终得出被告公司的估值在6800万美元至1亿3700万美元之间，足以赎回原告的优先股。然而，这三种估值方法都是基于对被告公司未来业绩的估计，因此并没有得到法官的支持。被告作为一个软件服务公司，具有较高的估值和盈余，是因为其拥有可观的人力资本，但人力资本并不能用于担保贷款；能用于清偿债务的只能是有形资产，而这一点恰恰是公司比较匮乏的[②]。若被告支出数千万，必然导致经营性开支的减少。对于以培养"思特沃克人"作为最具价值的资产的被告公司来说，软件工程师的薪酬是其最大的开支，若减少经营性开支意味着工程师的薪酬也会相应减少，会导致员工流失。这样一来被告

---

① Int'l Radiator, 92 A. at 255. In Farland v. Wills, 1975 WL 1960 (Del. Ch. 1975).
② 法院认定的一个事实是，从2009年8月开始，被告为了赎回股权积极寻求第三方融资。其中一个抵押贷款人因被告能提供的有形资产太少，提供的贷款远低于待赎回的优先股的价值。

公司最具价值的资产就会骤减，对公司的发展是有害而无利的。于是，便出现这样一个结果：如果公司不赎回股权确有盈余，而一旦继续赎回股权，盈余也就消失了，并不能够满足赎回的法律前提。原告出具的评估报告并没有将这些因素考虑在内，因此并不能反映被告公司的真实经济价值。

最后，公司自身对"合法可用资金"的判断受商业判断原则的保护。本案法官审查了被告董事会整个回赎优先股股权的决策过程，认为并无可以指责之处。董事会已经尽到了其职责：(1) 对之前十六个季度，董事会对合法可用于赎回的资金数额进行了彻底的调查，并相应地赎回了优先股。(2) 每次收到关于公司业务状况的最新信息，董事会都会和财务顾问、法律顾问进行磋商，并考虑在不会威胁公司作为营利企业持续经营的能力的情况下赎回优先股。而原告也无法举证董事会存在恶意行为，依赖不可靠的方法和数据，作出具有欺诈性质的决定。

2010年3月，被告公司的财务顾问认为公司的净资产在620万—2230万美元之间，除去当前的偿付义务后，大约还有100万美元(最坏的情况下)至300万美元(正常情形下)的现金可用于赎回优先股。但公司董事会认为，有一个大客户未能按期支付款额且公司上季度的应收账款额在增加，因此认为公司缺乏"合法可用资金"来赎回优先股。与此同时，董事会积极寻求外部资金支持，与多个潜在的资金来源进行接触，最终获得了两家贷款人于尽职调查后给出的初步承诺，最多可借入2300万美元用于赎回全部优先股，只是因这一报价远低于优先股持有人的预期而遭拒。法院由此认定，被告公司可用于赎回的"合法可用资金"只有2300万美元。鉴此，本案法官就如何确定"合法可用资金"的金额作出了如下结论："当董事们审慎地考虑公司是否有合法可用资金时，这个过程必然交织着很多主观判断。在此问题上与优先股持有人发生分歧并不构成一起微型评估补偿权事件(从而需要法官来审理确定相关标的的公平价值)。相反，如果原告想要推翻被告董事会的结论，必须承担董事会在确定合法可用资金金额时行为不端，基于不可靠的方法和资料，或者所作出的结论具有欺诈的性质的举证责任。"

本案的判决标志着特拉华州法定资本规则的新发展。法院的判决揭示了"合法可用资金"一词不仅受到制定法中法定资本下盈余的限制，而且也受到其他制定法和普通法的限制。在美国法上，传统的法定资本要实现资本维持，主要通过对股东向公司出资以及公司对股东分配两个环节进行规制。美国法的"无法偿还"测试标准主要是"衡平偿付不能测试"(equity insolvency test)与资产负债表测试(balance test)。衡平偿付不能测试指的是只要公司现时流动资金不能偿还到期债务,就构成偿付不能。资产负债表测试也被称为"破产测试",是由普通法院在破产程序中发展而来,其标准是以资产负债表为依据,判断公司资产是否低于其负债,若盈余小于清偿债务所需数额,即偿付不能[①]。而这些既定的标准也在不断演化着,1977年的Klang案将作为分配尺度的"盈余"标准从静止的资产负债表中解放出来,而引入了资产评估的概念。而具体到本案,法官又进一步把"清偿能力"引入到限制回购的资本原则中,要求将"资不抵债"与"清偿能力"共同审查。另外,本案法官还将对董事会商业判断的保护规则纳入进来,在确定公司是否有盈余及清偿能力中尊重董事会的决策并提供商业判断规则的保护。即使公司拒绝履行优先股合同下的回购承诺,只要董事会是善意、尽责地履行职责,其行为决策就免于被追责。因此,本案的判决丰富了优先股赎回中"合法可用资金"的判定标准,这无论对学术研究或实务操作都具有重大的指导意义。

[①] 张其鉴:《论认缴制下股东补充赔偿责任中的"不能清偿"标准——基于回归公司法立场的分析》,载《政治与法律》2017年第3期。

美国优先股判例译评之八[①]

——优先股股东的权利与优先股赎回

【裁判要旨】

本案中强制可赎回优先股股东对公司提起诉讼,禁止公司转让资产,其声称这违反了管理公司高级债券的契约条款并构成了对公司债权人的欺诈。该公司以原告不是债权人,因此没有提起诉讼的主体资格为理由而要求驳回起诉。优先股股东声称根据会计规则的变化,其有作为债权人的资格。为了支持这一论点,原告指出根据《美国财务会计准则(150号)》(以下简称"FAS 150"),公司自己的财务报表现在将所争议的优先股记作债务。因此,提出的核心问题是,美国财务会计准则(GAAP)将可赎回优先股作为债务而不是股权,这是否引发法律上将优先股视为债务,如果将优先股视为债务,则该股票持有人可以以债权人身份起诉该公司。特拉华州衡平法院副大法官 Lamb 裁判认为尽管会计规则有所改变,但股东的优先股是股权而不是债务,股东无权以债权人身份提起诉讼。

(1) 强制可赎回优先股是股权而不是债务,因此股票持有人不是有权以转让违反了管理公司高级债券的契约条款或违反纽约州欺诈交易法为理由对特拉华州公司提起诉讼禁止公司转让资产的"债权人";虽然被普遍接受的 GAAP 的变化要求公司将强制可赎回金融工具报告为负债而不是股本,但美国财务会计准则委员会(FASB)不能使特拉华州法律或纽约州欺诈交易法发生重大变化,不能赋予既不是立法者也不是法官的财务会计准则委员会从根本上改变法律对优先股作用的理解的权力。

(2) 优先股的特殊权利和限制由公司章程或作为公司章程的修正案的优先股的权利证书所创建,因此,在很大程度上,询问优先股的权利是什么就是问公

---

① Harbinger Capital Partners Master Fund I, Ltd. v. Granite Broadcasting Corp., 906 A.2d 218 (2006).

司章程创造的合同性的权利和义务是什么。

（3）优先股的权利证书的条款是明确的，优先股是股是债的问题取决于对这些条款的审查。通过对于条款的分析，揭示了这是一个混合证券，从法律层面说，它绝对属于股权。一方面权利证书把这些涉案证券称为"股票"，另一方面优先股是股权的根本原因在于其不提供有保证的支付。

【案件事实】

本案被告格兰特广播公司，是一家主要营业地点在纽约的特拉华州公司，其是一家广播控股公司，在美国拥有或经营十一个电视台，主要集中在中西部和纽约州。原告哈宾格资本合伙基金有限公司（以下简称"哈宾格基金公司"）是根据开曼群岛法律成立的基金公司。哈宾格基金公司是格兰特广播公司的12.75%可累积可交换优先股中约38.6%（7700万美元的清算优先权）的权益所有人。

为理解本案，需要简要解释这些股票的条款。优先股有一个固定的利率，称为股息。[①] 优先股的权利证书要求公司在2009年4月1日以固定价格加上累积股息在"合法可用资金的范围内赎回"。[②] 如果公司有足够的合法可用资金进行付款，则要在该赎回日期实际支付股息。优先股的权利证书进一步说明了格兰特广播公司违反支付累积股利或赎回股票的义务的后果。总之，该违约将构成"投票权触发事件"，赋予优先股股东有权选举至少两名董事或构成董事会成员25%的董事人数。[③] 该投票救济被描述为"任何投票权触发事件中，优先股股东在法律上的排他性救济"。此外，权利证书还为优先股股东提供某些额外的合同保护。举例来说，权利证书对公司承担的债务金额施加了限制，对公司的子公司或附属公司的分配施加限制，并限制某些类型的兼并、合并和资产出售。[④] 只要格兰特广播公司满足各种条件，就有权根据自身的选择赎回2009年之前的股票。[⑤] 另外，格兰特广播公司有根据特定条件将这些股份转换为公司的交换债券的专属权。[⑥]

该案件是由格兰特广播公司财务困难的事实引起的。实际上，到2006年6月30日，格兰特广播公司将对9%的优先担保票据违约。鉴于起诉状中承认的

---

① Def.'s Opening Br. Ex. A at (c)(i).
② Id. at (e)(ii).
③ Id. at (f)(iii).
④ Id. at (l)(1)-(l)(viii).
⑤ Id. at (e)(i).
⑥ Id. at (g)(i).

这些财务困难,2006年5月1日格兰特广播公司签订了两项协议,以1.5亿美元的总价,将包括旧金山电视台、底特律电视台在内的资产出售给DS音响旧金山有限责任公司(以下简称"DS音响公司")。

简而言之,原告认为这些交易令人不安的原因如下:第一,这些交易针对两个出售的电视台,分别达成了5年的竞业禁止协议,这限制了格兰特广播公司重新进入旧金山或底特律市场的能力。哈宾格基金公司认为尽管两个电视台的售价存在差异,但是格兰特广播公司在两个协议中收款的金额完全相同,这表明竞业禁止协议是"透明的……并且试图以对债权人有害的方式规避格兰特广播公司对优先票据契约的限制"。第二,哈宾格基金公司指出这种交易情况表明这是一种胁迫,因为DS音响公司的新的买方得到了D. B. Zwirn公司的支持,而D. B. Zwirn公司是格兰特广播公司重要的融资来源。这次交易违反了关于优先票据的契约协议,是以牺牲公司现在和未来的债权人的利益为代价,仅仅暂时地拖延格兰特广播公司不可避免的破产。

格兰特广播公司以原告缺乏诉讼资格为由要求驳回起诉,认为无论债权人根据欺诈交易法可能提出什么要求,哈宾格基金公司都缺乏提起该诉讼的能力。因为作为优先股股东,原告持有的股份只能由公司决定是否转换为债券,根据有关法律,目前原告不可能被视为债权人。相反,哈宾格基金公司只是格兰特广播公司的股权持有人,原告享有的权益可以在被告破产时被确认,因此在破产情形下原告基于股东身份可以提起信义义务诉讼。

原告对被告驳回起诉的主张作出回应,辩称其虽然持有的是可赎回股票,但实际上享有的是对公司的债权。原告的辩论意见主要基于以下的事实:自2003年起,FASB要求在财务报表中将强制可赎回优先股视为长期债务。因此,哈宾格基金公司认为,即使FASB法规不是法院裁判的决定性因素,但FASB经过深思熟虑而改变此类股票的会计处理方式,至少向法院提出了一个事实问题——优先股权益应当被视为股权还是债权?因此,哈宾格基金公司认为现阶段还不能驳回起诉。

【判决理由】

根据衡平法院规则第12条b款6项,法院要驳回起诉必须有合理的理由确定,在任何可以被证明支持原告所主张的请求的事实下,原告均无权获得救济。[①]因此,法院必须在诉讼中接受所有充分辩护的事实指控,并从这些事实中

---

① Grobow v. Perot, 539 A. 2d 180, 187 n. 6 (Del. 1988).

得出所有合理的推论。但是,法院不需要"盲目接受所有指控的真实性,也不得以原告胜诉为前提从指控中得出所有推论,除非这些推论合理"。

起诉状称,有争议的涉案交易违反三种可能适用的准据法中的任何一种欺诈性交易法,即纽约州欺诈交易法、加利福尼亚州欺诈交易法、密歇根州欺诈交易法。被告没有对哪个法律享有控制权提出观点,法庭对先例的审查也没有任何迹象表明根据这些不同的法规,本案的结果将会有所不同。尽管如此,法院同意原告的观点,即根据特拉华州法律适用原则,适用于本案的最合理的准据法是纽约州法,因为纽约是被诉交易结束的地点,各方当事人都有其主要营业场所,纽约州法是被买卖协议所指定的争议管辖法律。①

根据以《统一欺诈交易法》(UFCA)为模式的纽约州欺诈交易法,债权人有权阻止或在必要时避免以"阻碍、拖延或欺诈现在或将来的债权人"为目的的转让。② 因为被告没有质疑根据该条款驳回起诉的充分性,所以现阶段唯一的问题是,原告是否属于 UFCA 下的"债权人",其是否有资格提起诉讼。纽约州法将"债权人"定义为"拥有任何索赔请求权的人,无论是到期的还是未到期的、已清偿的或未清偿的、绝对的、固定的或不确定的(附条件的)"。如果原告具备以上条件,它就是债权人,并且有权追究被告欺诈性交易的责任。

在该案中,优先股权益不是债权而是股权,因此哈宾格基金公司缺乏以债权人身份提起诉讼的资格。正如法庭在辩论中所注意到的那样,特拉华州公司的优先股股东有两种基本救济手段可以依赖。最明显的是,法院会根据优先股的权利证书来确定优先股股东的权利。如同在 HB Korenvaes Investments, L. P. v. Marriott Corporation 案中 Allen 法官判决的那样:优先股的权利主要但不完全是合同性质的。优先股的特殊权利和限制等由公司章程或作为公司章程修正案的优先股的权利证书创建。因此,在很大程度上,问优先股的权利是什么,就是问由公司章程制定的权利和义务是什么。③

此外,在大多数情况下,这种契约层面的分析将超越对该被起诉为侵害优先股的公司行为的司法审查界限。④ 但是,在某些情况下,受侵害的优先股股东也有权以信义义务为由索赔。⑤ 法庭也给出了此类潜在索赔权的例子,一般来说,

---

① Pl.'s Answering Br. 9 n. 6.
② N. Y. Debt. & Cred. Law §§ 276, 279.
③ Id. at *5, 1993 Del. Ch. Lexis 90 at *14.
④ Id. at *5, 1993 Del. Ch. Lexis 90 at *15.
⑤ Id. at *6, 1993 Del. Ch. Lexis 90 at *16-17.

如同法院在 Jedwab v. MGM Grand Hotels, Inc.① 案中判决的那样，优先股股东在普通股和优先股的权利相交的情况下，可以依据信义义务提出索赔。但是此时很明确的是，"优先股股东不是公司的债权人"②，因此除了股东通常可获得的救济外，不能获得债权人可用的救济。③ 即使优先股在某种程度上跨越了债权和股权之间的界限，但在破产法层面处理这个问题的案件几乎普遍地认为这些股票代表的是股权。举例来说，在 Joshua Slocum Limited v. Boyle④ 案中，破产法院面临这样一种主张，即两类强制可赎回优先股应在债务人资产负债表上算作债务，因为在受托人看来，优先股具有许多债务特征。法院驳回了该主张，指出"股东收回股息或赎回股票的权利取决于公司的财务偿付能力"，因此不像"债权"那样必然是一种固定负债。事实上，当公司资不抵债时，债权人有权对公司不正当赎回优先股的行为提出欺诈交易的质疑。其他法院依据 Slocum 案也得出了一样的结论。⑤ 因此，在这些情况下，"股权"的检验标准是证券持有人是否可以获得法律上可强制执行的清偿。

然而，原告却主张上述案件不再具备参考价值。原告认为，2003 年的《公认会计准则》中会计规则的变化动摇了确认强制可赎回优先股是股权的认定，这本质上决定原告将在本案中胜诉。根据 FAS 150，发行强制可赎回金融工具的公司应当将这些股份作为负债而不是股权。根据 FASB 的观点，这个变化是为了回应"编制者、审计师、监管者和其他财务报表使用者对发行人在财务状况表中对某些金融工具的分类的担忧，这些金融工具同时具有负债和权益的特征，但在财务状况表中要么完全作为权益列报，要么介于负债部分和权益部分之间"。哈宾格基金公司主张，Slocum 案所衍生的一系列案例已经不再是良法。相反，由于 Slocum 案中的法官重视公司将优先股作为股权的处理方式，而这种处理方式自 FAS 150 以来必然发生了变化，因此 Slocum 案实际上支持了其自身的立场，即优先股是一种债务工具，因此可根据纽约州欺诈交易法采取补救措施。由于格兰特广播公司现在已经按照 FAS 150 改变了会计规则，将优先股作为债务入账，因此，像马里兰州法院在 Costa Brava Partnership Ⅱ v. Telos Corporation⑥ 案中判决的那样，该案中争议的问题是优先股股东是否有权根据有关的

---

① 509 A. 2d 584, 594 (Del. Ch. 1986).
② HB Korenvaes, 1993 WL 205040, at *5, 1993 Del. Ch. Lexis 90, at *15.
③ HB Korenvaes, 1993 WL 257422, at *14 n. 16, 1993 Del. Ch. Lexis 105, at *43 n. 16.
④ 103 B. R. 610, 623 (Bankr. E. D. Pa. 1989).
⑤ In re Revco D. S., Inc., 118 B. R. 468, 474-75 (Bankr. N. D. Ohio 1990).
⑥ 2006 WL 1313985 (Md. Cir. Ct. Mar. 30, 2006).

马里兰州法规提起欺诈交易的索赔,发行人自己的行为表明优先股是债务。

但是,FAS 150 并不像原告断言的那样具有决定性。如果认为 FAS 150 对本案起决定作用,就会赋予既不是立法者也不是法官的财务会计准则委员会从根本上改变法律对优先股作用的理解的权力。因此如果原告是正确的,特拉华州公司的优先股股东的救济不再是合同信义义务。由于 FAS 150 要求法院将优先股作为债务处理,优先股股东将完全丧失股东权益,而是获得债权人的救济。原告律师在辩论中声称,在这种情况下,优先股股东依然有权在适当的情况下起诉公司违反信义义务,这种说法是不能被采信的,因为这一结果将允许同一实体根据完全相同的文书和相同的执行事实以两种不同的身份提起诉讼,从而将特拉华州法院一直以来在股权持有人和债权持有人之间划定的明确界限混为一谈。

另外,FASB 对特拉华州法律的影响也不会局限于优先股的处理,法院可以想象其他金融工具的会计处理方式也可能会在未来被 FASB 改变。此外,如果 FASB 再次改变其观点,根据这一理论,特拉华州和纽约州的法律也必须随之改变。对特拉华州法律或其他州的欺诈交易法进行如此重大的修改,不是财务会计准则委员会的职责。FAS 150 也不一定会违背 Slocum 案及相关案例,Slocum 案中法院确实注意到公司对股份的会计处理。但是,从整体上看,法院认为 Slocum 案的判决取决于股东是否有保证的受偿权。正如雷夫科(Revco)法院引用 Slocum 案所称,可转换优先股的强制赎回条款是一种权益而非债权,正是因为"股东赎回股份的权利不能保证"。

格兰特广播公司会计变更的意义本身就被原告的论证夸大了。在 2003 年和 FAS 150 出台之前,格兰特广播公司在财务报告中将这些优先股视为介于负债和权益之间。[①] 因为 FAS 150 的出台改变了这种情况,目前对优先股的分类是纯粹的债务。格兰特广播公司的资产负债表和损益表中的这一变化对优先股的权利证书的条款没有任何影响,也没有改变格兰特广播公司对哈宾格基金公司付款义务的性质。简单来说,根据将诉讼限于某类原告的法规,诉讼资格的基础问题太过于重要,不能仅仅依赖公司为了遵守 FAS 150 所作出的决定进行判断。

原告的另一点替代性论证是程序性的。即使 FAS 150 在本案中不能影响结果,法院也必须对涉案的争议票据进行审查,以确定其是债权还是股权,哈宾格基金公司认为,这种确定是事实问题,不能对其作出驳回起诉的判决。原告认

[①] Granite Broadcasting, Annual Report (Form 10-K) at 27 (Apr. 1, 2002).

为，法院应该遵照 Costa Brava 一案法院的做法，该法院认定有争议的优先股具备所有的股权特征，但是尽管如此，该法院为了就诉讼主体资格的问题进行调查，允许原告的主张在驳回起诉的动议中有效，部分原因在于该公司将该股份作为其资产负债表上的债务。当然，Costa Brava 案并不能决定本案的结果，因为那里的法院适用的是马里兰州的法律，更重要的是，哈宾格基金公司对 Costa Brava 案的依赖忽视了该诉讼明显的事实复杂性。被告实际上试图将其优先股重新分类为债务，因为优先股的赎回日期已过，而公司无力偿债，且其还款义务的第一期也已到期。然而，公司的努力是徒劳的，因为其与信贷机构的合同禁止收购额外的债务。① 由于即将到期的还款义务引发了对优先股的某种未明确规定的补救措施，Costa Brava 案中的起诉书似乎不仅声称被告正式将优先股作为债务，而且其行为是企图在事实上完成在信贷机制下无法完成的交易。马里兰州法院分析了证据公开是否必要的问题，这些事实似乎产生了一些有争议的问题，这些问题可能会挑战优先证券的股权属性。原告还援引了 Estate of Mixon v. United States 案，该案清晰地证明了 Costa Brava 案法院的观点。在该案中，联邦法院在税务纠纷的背景下描述了 11 个可能有助于法院确定证券是债务还是股权的因素。法庭明确指出，大多数因素只是法律的问题，根据票据表面很容易辨别出来，这些包括证书的名称、有无到期日、公司被允许偿还的资金来源等。法院指出，其他因素，如"当事人双方的意图"有时可能是事实性质的，但是法院也显然认识到，这些因素只是在有理由怀疑文书的明文规定时才有意义。该领域的税务纠纷经常需要进行此类事实调查，正如 Mixon 案法院所言，由于"贷款享有优惠待遇，少数人持股的公司股东倾向于在开始运营时进行小额的初始股票投资，并辅以大量的额外资金贷款"②。"陪审团的职责不是决定这些无可争议的事实是否构成债务或股权。"因为这是一个法律问题。只有在"客观迹象指向不明"的情况下，这才成为一个事实问题。因此 Mixon 案或提交给法院的任何其他案例中都没有表明，在没有抗辩的事实引起权利证书表面上的歧义时，法院必须偏离对欺诈交易法律是否适用的纯法律裁定。

这个理论框架似乎与纽约州的法律一致。特别有启发性的是 Trace International Holdings, Inc. 案，该案承诺根据破产法的欺诈交易条款和纽约州欺诈交易法，裁定优先股为股权还是债务。如果发行人发行债务而不是股权，根据法规，受托人的索赔将失败，因为法院观察到，根据欺诈交易法，事先的贷款无法避

---

① Telos Corp., Annual Report (Form 10-K) at 16 (May 23, 2006).

② Id. at 402.

免。本案中所涉及的优先股是根据包括贷款在内的大部分交易分配的,这一事实使问题变得复杂,为了裁决这一问题,法院认可地引用了特拉华州联邦地区法院的一起案件——Color Tile 案。① 在该案中,法院明确表示,一个证券究竟构成股权还是债务的问题取决于"公司与证券持有人之间的合同解释"。根据法院判决,这种解释与 Mixon 案中的许多解释相同。至关重要的是,Color Tile 案的法院认为,权利证书清算优先权条文中承诺优先股股东"从公司可供其股东使用的资产中"获得支付,这是法院作出判决的决定性因素。在法院看来,该措辞"消除了对优先股股东持有利益的真实性质的任何疑问",因为它表明:优先股股东仅在股东可用的资金方面享有优先权,股东的利益在清算中次于公司的有担保债权人。因此,其在清算期间没有确定的应付股息或赎回股份。如果失去这种确定性的支付,证券是股权而不是债务。Trace 案中,纽约州法院依据这些法律原则明确地作出了判决,由此可以发现纽约州的法律在这个问题上与其兄弟州的法律并无分歧。

在这个框架中审查格兰特广播公司的优先股,可以明确地得出这样的结论:这些股票应被视为股权。被告承认,这些证券在 FAS 150 下被分类为债务,但是就像法庭上述说明的那样,这不是决定性的。起诉书也没有提出类似 Costa Brava 案和 Mixon 案中的事实问题。相反,优先股权利证书的条款是明确的,优先股是否是债务的问题取决于对这些条款的审查。通过对条款的分析,揭示了这是一个混合证券,从法律层面说,它绝对属于股权。权利证书把这些涉案证券称为"股票",但优先股是股权的根本原因在于其不提供有保证的支付。正如哈宾格基金公司所言,如果格兰特广播公司不履行,除了针对公司的剩余价值提出索赔以外,它没有其他救济权利。从这个意义上来说,哈宾格基金公司持有的股票的命运和格兰特广播公司的商业命运直接挂钩。

此外,根据优先股权利证书,所涉股份不赋予哈宾格基金公司赎回权、当前股息支付权和宣布股息的权利。正如在 Costa Brava 案中法院发现的那样,"在宣布股息之前,公司与优先股股东之间不存在债务人与债权人的关系,直到股息宣布,债务人和债权人的义务才出现"②。进一步来说,权利证书清楚地说明,此案中的优先股股东对某些交易确实具有一系列合同权利,虽然原告在触发投票权事件之前对公司的管理没有投票权,从这个意义上讲,它是无权的,但它受到

---

① 2000 WL 152129, 2000 U.S. Dist. Lexis 1303 (Bankr D. Del. Feb. 9, 2000).
② 2006 WL 1313985, at *5 [citing Heyn v. Fidelity Trust Co., 174 Md. 639, 649, 197 A. 292 (1938)].

合同的约束。而且,正如 Color Tile 案法院的判决,本案中的清算优先权与公司可分配给股东的资产直接挂钩。这一事实令人信服地证明,在该案中的投资出现问题之前,双方明确的意图是创造一种股权工具。

法院指出,记录中没有优先股转换为债务时所适用的契约。如果该契约包含与票据契约中所包含的同等的"无诉条款",那么很明显,即使被告行使其将优先股转换为债务的权利,原告仍将缺乏根据纽约州欺诈交易法提出索赔的资格。[①] 当然,鉴于这种观点未经证实,法院并没有将这一结论作为其意见的依据。提出这一点仅仅是为了表明,在当事人本身可能在订立合同时考虑到欺诈交易法的情况下,以 FAS 150 为基础,当事人可能享有这些法规所规定的权利。无论如何,本案的事实背景并不支持原告的立场。

【案例评述】

本案原告是哈宾格基金公司,被告是格兰特广播公司,原告是被告公司的强制可赎回优先股股东。原告起诉被告的资产转让行为违反了管理公司高级债券的契约条款并构成了对公司债权人的欺诈,因此诉请法院禁止被告的欺诈性资产转让行为。被告辩称原告作为公司的优先股股东,无权基于债权人身份提出欺诈性资产转让之诉,因此应当以原告缺乏诉讼资格为由驳回起诉。原告认为自 2003 年起,FASB 要求在财务报表中将强制可赎回优先股作为长期债务。此外,即使 FASB 法规不是本案的决定性因素,但由于涉案票据究竟是股权还是债务是一个事实问题,法院必须对涉案的争议票据进行审查,不能直接认定原告不具备起诉资格。因此,原告主张其有权以债权人身份对公司提起欺诈性资产转让之诉。法官则认为尽管会计规则有所改变,但股东的优先股是股票而不是债务,强制可赎回优先股股东无权以债权人身份提起欺诈性资产转让之诉,因此法院驳回原告的起诉。

本案的争议焦点在于,强制可赎回优先股是股权还是债务,而强制可赎回优先股的性质决定了持有人是否有权以资产转让违反了管理公司高级债券的契约条款或违反纽约州欺诈交易法为由对特拉华州公司提起欺诈性资产转让之诉。本案涉及的法律问题主要有优先股的认定以及优先股赎回。

[①] 9.75%的优先担保票据受"无诉讼条款"的约束,除特殊情况外,寻求救济的票据持有人应就所声称的违约向受托人发出书面通知,并且持有当时未偿还票据本金至少 25%的持有人向受托人提出书面请求,要求采取补救措施。

一、优先股的认定

(一)优先股的性质厘清

优先股是相对于普通股而言,在分取股利或剩余财产方面(不包括表决权等共益权方面)享有优先权的股份。① 优先股将普通股股东权利中的投票权和财产性权利拆细并通过契约重新安排,将对财产收益权或表决控制权有不同偏好的投资者容纳到同一公司中。② 2013年,国务院颁布《国务院关于开展优先股试点的指导意见》,首次对我国优先股试点作出安排;2014年,证监会出台《优先股试点管理办法》,并于2023年修订;2018年《公司法》没有明确规定优先股,但是其第131条为优先股等类别股的建立留下一定的制度空间。③

优先股是同时具有债权和股权的某些特征的混合型证券,优先股权利具有双重性。一方面,优先股具有普通股的特征,具体表现为优先股所体现的经济性权利是一种剩余索取权、不能抽回出资、公司无法定或约定义务必须向优先股股东支付股息,董事会对是否进行股利分配有裁量权;另一方面,优先股具有债的性质,具体而言优先股股东可以根据优先股合同约定,享有固定的优先股股息和剩余财产分配、公司尚未完全支付优先股股息和剩余财产之前不得向普通股进行分配、优先股不参与公司剩余分配,表决权通常受到限制,优先股发行人在某些情形下能够回购或者将其转换成次级债券。④ 优先股虽然具有双重属性,但从本质上来讲是一种特殊的股权形式。因此,即使优先股在某种程度上跨越了债权和股权之间的界限,优先股股东也不是公司的债权人。优先股持有人除了股东通常可获得的救济外,不能获得债权人可用的救济。

(二)优先股的权利保护

对于优先股的权利保护,与普通股相似的一般股权依据法律规定直接享有,而回赎权、转换权等特定股权由公司契约确立。⑤ 美国的司法判例也确立了优先股股东与公司的关系主要是合同关系,优先股股东的权利判断的标准是优先股合同。尊重优先股合同中意思自治的效力,保护优先股股东在优先股合同中应享有的权利。⑥ 因此,优先股的权利主要但不完全是合同性质的,优先股的

---

① 刘俊海:《公司法学》,北京大学出版社2008年版,第106页。
② 朱慈蕴、沈朝晖:《类别股与中国公司法的演进》,载《中国社会科学》2013年第9期。
③ 2018年《中华人民共和国公司法》第131条规定:"国务院可以对公司发行本法规定以外的其他种类的股份,另行作出规定。"
④ 汪青松:《优先股的市场实践与制度建构》,载《证券市场导报》2014年第3期。
⑤ 曹立:《权利的平衡:优先股与公司制度创新》,中国财政经济出版社2014年版,第40页。
⑥ 梁胜、易琦:《境外优先股法律制度比较研究》,载《证券法苑》2013年第1期。

特殊权利和限制等由公司章程或作为公司章程修正案的优先股的权利证书创建。在很大程度上,问优先股的权利是什么就是问由公司章程制定的权利和义务是什么。从某种意义上来说,发行优先股是公司与股东之间通过协商而达成的一种契约,这种契约最终会上升为公司章程从而成为约束整个公司的契约。①

二、优先股的赎回

（一）优先股赎回的认定

按照公司发行优先股时是否附有赎回条款为标准,优先股可分为可赎回优先股和不可赎回优先股。可赎回优先股的赎回条款通常体现在优先股投资者与发行公司订立的优先股合同之中。所谓优先股的赎回,就是指发行优先股的公司给付对价,将投资者手中的优先股收归公司,并予以注销。② 优先股的赎回意味着优先股股东失去股东的地位和身份。根据可赎回优先股投资者是否有赎回的选择权,可赎回优先股又可分为任意赎回优先股与强制赎回优先股。任意赎回优先股,是指当约定的赎回条件成就时,股东可以自行选择是否要求公司赎回,如果优先股股东不愿继续持有该股票,公司不得拒绝按赎回条款购回优先股;强制赎回优先股,是指在发行时就已经约定了只有公司享有赎回与否决定权的优先股。一旦公司决定按照约定的期限和价格赎回优先股,那么优先股投资者只能接受,并缴回相应优先股。

（二）优先股赎回的意义

发行可赎回优先股对于公司和股东具有重要的意义。公司通过发行优先股筹集资金,同时将该股份作为股份来设置,待将来资金状况好转,偿还该优先股以躲避分配压力;或者一旦银行利率下降,只是公司债的发行或者价款比起优先股的分派少用金融费用的时候,可以偿还优先股,选择筹措他人资本的方法,从而能够进行更加合理的财务管理。③ 如果只考虑募集资金方便,而不为投资者提供退出途径,提供返还资金的规则,则不利于资本市场的繁荣。④ 对于可赎回优先股持有人而言,赎回选择权也将成为其退出公司的便捷途径,也有利于其规避一定的风险,获得一定的投资回报。⑤

---

① 谷世英:《优先股法律制度研究》,法律出版社 2015 年版,第 115 页。
② 曹立:《权利的平衡:优先股与公司制度创新》,中国财政经济出版社 2014 年版,第 92 页。
③ 〔韩〕李哲松:《韩国公司法》,吴日焕译,中国政法大学出版社 1999 年版,第 210 页。
④ 〔日〕神田秀树:《公司法的理念》,朱大明译,法律出版社 2013 年版,第 22—29 页。
⑤ 王东光:《类别股份制度研究》,法律出版社 2015 年版,第 89 页。

三、美国的优先股赎回制度

(一) 优先股赎回的法律规定

20世纪80年代,美国开始探索多种类的优先股,可赎回优先股在这一时期的公司实践中产生。伴随着并购市场的迅速放大,可赎回优先股在这一阶段发展迅速,据统计,这一时期发行的可赎回优先股占比达到32%。[①]美国公司法律制度明确规定了优先股的可赎回特性。《美国示范公司法》第6.01(c)条第2款规定:"依据公司章程规定,可以在下述情况下回购或转换:第一,根据公司、股东或者其他人的选择或者由于某一特定事件的发生;第二,为获得现金、债券、证券或者其他财产;第三,以特定的或者以某一公式计算的价格或者数量。"可以看出在《美国示范公司法》第6.01(c)条第2款下并未禁止公司发行可赎回普通股。[②]美国许多州的法律只允许发行可赎回优先股,不允许发行可赎回的普通股,但是《1984年示范公司法》没有作出这种限制。对于可赎回优先股的担心在于,管理层可能利用赎回机制来教训或者赶走那些异己股东。有评论甚至曾指出,对可赎回的普通股的建议本身就是一个公司法的异端。[③]

(二) 优先股赎回的司法判例

此外,作为判例法国家,美国的优先股赎回制度在司法判例中不断发展完善。作为优先股赎回最典型的案例,在 Eisenberg v. Chicago Milwaukee Corp. 一案中,法院确立了公司在赎回优先股时判断是否公平的两个标准:一是交易是否进行了充分的信息披露;二是交易是否在意思自治的范围内达成;[④]在 Dalton v. American Investment Co. 一案中,Dalton 作为 AIC 的优先股股东向法院起诉宣称,公司董事没有在收购的过程中对优先股股东尽到董事的信义义务,积极为优先股股东争取更多的利益。法院在审理后认为,本案中收购要约是由 Leucadia 公司提出的,AIC 的董事没有违反信义义务,但审理该案的法院并未就董事对优先股股东的信义义务进行阐明[⑤];随后在 Jedwab 案中,法院改变将优先股所有

---

① 丁楹:《从美国优先股制度发展历程看中国转轨时期优先股制度的建立》,载《中央财经大学学报》2013年第5期。
② 谷世英:《优先股法律制度研究》,法律出版社2015年版,第203页。
③ Robert W. Hamilton, The Law of Corporations in a Nutshell (4th ed.), West Publishing Co., 1996, p.521.
④ 梁胜、易琦:《境外优先股法律制度比较研究》,载《证券法苑》2013年第1期。
⑤ 谷世英:《优先股法律制度研究》,法律出版社2015年版,第214页。

的权利认定为合同性质的看法,认为合同保护之外优先股股东还可以得到信义义务的保护。Jedwab案确立了一个规则,即对所涉及的权利为特别权利还是普通的股东权利进行区分,进而考虑是采用合同法规则还是公司法规则去处理相关诉求。①

四、我国的优先股制度

(一) 优先股赎回制度的现状

我国现行《公司法》对优先股赎回制度没有作出相关规定。《国务院关于开展优先股试点的指导意见》规定公司可在章程中规定优先股赎回的具体内容,且优先股股东也有赎回选择权;②《优先股试点管理办法》对优先股的赎回作出相同规定;③《中国银监会、中国证监会关于商业银行发行优先股补充一级资本的指导意见》规定,商业银行只能发行强制可赎回优先股;④此外,为保护优先股股东的权益,《优先股试点管理办法》对优先股赎回条款决议、优先股股东的表决权等作出具体规定。⑤

综上所述,以上相关规定构成我国优先股赎回制度的基本框架,优先股的赎回权属于约定权利,赎回条款的具体内容规定于公司章程之中;公司可以依照公司章程和招股文件的规定发行强制赎回优先股和任意赎回优先股;为保证商业银行的资本充足率,仅授予银行具有赎回优先股的选择权,且银行要求赎回优先股的可以例外不支付欠缴的股息。优先股赎回后,公司应当予以注销;董事会对优先股赎回的具体条款进行决议,须经股东大会资本多数决表决,并且要依证监会相关规定公开披露相关信息。

---

① Jedwab v. MGM Grand Hotel, Inc, 509 A. 2d 584, Del. Ch., 1986.
② 《国务院关于开展优先股试点的指导意见》第一部分"优先股股东的权利与义务"第(四)项规定:"公司可以在公司章程中规定……发行人回购优先股的条件、价格和比例……回购选择权可规定由发行人或优先股股东行使。发行人要求回购优先股的,必须完全支付所欠股息,但商业银行发行优先股补充资本的除外。优先股回购后相应减记发行在外的优先股股份总数。"
③ 《优先股试点管理办法》第13条规定:"发行人回购优先股包括发行人要求赎回优先股和投资者要求回售优先股两种情况,并应在公司章程和招股文件中规定其具体条件。发行人要求赎回优先股的,必须完全支付所欠股息,但商业银行发行优先股补充资本的除外。优先股回购后相应减记发行在外的优先股股份总数。"
④ 《中国银监会、中国证监会关于商业银行发行优先股补充一级资本的指导意见》第6条规定:"商业银行不得发行附有回售条款的优先股。商业银行行使赎回权时,应遵守《商业银行资本管理办法(试行)》的相关规定。"
⑤ 《优先股试点管理办法》第35条、第37条、第44条、第45条。

(二) 优先股赎回制度的问题

尽管我国的优先股赎回制度具有值得肯定的地方,但仍存在不少问题。首先,优先股赎回制度立法层级低。《公司法》对优先股赎回制度没有明确规定,对优先股赎回制度的规范散见于《国务院关于开展优先股试点的指导意见》《优先股试点管理办法》等法规、规章以及其他的规范性文件。《优先股试点管理办法》规定的优先股赎回的主体、方式与上位法《公司法》规定的股份有限公司回购股份的情况存在冲突。其次,优先股赎回制度规范内容不够全面。我国现有的优先股赎回制度的规定比较零散,内容较为概括,制度设计以及条款安排得都不够全面。最后,对优先股股东的权益保护力度不够。现行制度规范对于优先股的赎回更多侧重于通过公司和股东之间达成的契约,尽管这在一定程度上尊重了优先股股东的意思自治,但在实践中可操作性不强。实践当中,优先股发行人为了避免在优先股赎回过程中造成现金流危机,全部选择设定发行人强制赎回权而拒绝优先股股东的回售请求权。[①] 一旦公司盈利状况变差,优先股股东难以及时退出公司,这不利于优先股股东的权利保护。

(三) 优先股赎回制度的完善

优先股赎回制度的完善,必须确定优先股赎回制度构建的基本理念。一方面,发行优先股是公司与股东之间通过协商而达成的一种契约,这种契约最终会上升为公司章程从而成为约束整个公司的契约。[②] 从本质上讲,优先股制度是私法自治的产物,具有很高的契约性。完善优先股赎回制度,应当充分尊重公司的意思自治,除必要规定外,不应过分干预公司内部经营事务。但尊重公司自治绝非放任不管,优先股赎回制度的发展也要重视法律法规对制度的基本规定。具体而言,对于优先股赎回的主体、对象、条件等事项可以交由公司自治,对于优先股股东在退出时的权利保护机制、侵权损害救济予以明确规定。当然,也要引导公司根据意思自治去配置权利,做好事前的审查及事后的救济工作。另一方面,权利的平衡是公司制度发展的原动力,是公司制度设计的灵魂,更是公司制度改进与创新的基本方向。[③] 优先股赎回制度的构建与完善必须平衡普通股股东、优先股股东、公司管理层之间的权利,建立一个互相协作、彼此约束的结构,形成合理的运行机制。

---

① 王会敏、耿利航:《上市公司优先股发行实践和制度反思》,载《东岳论丛》2015 年第 12 期。
② 谷世英:《优先股法律制度研究》,法律出版社 2015 年版,第 115 页。
③ 曹立:《权利的平衡:优先股与公司制度创新》,中国财政经济出版社 2014 年版,第 7 页。

美国优先股判例译评之九[①]

——优先股股东的表决权与表决权恢复

【裁判要旨】

（1）公司章程可能包含该公司发行有关股票的所有条款，该股票表决权的行使由股东协商确定，但是协商确定的条款不能违反公共政策。

（2）股东之间的权利是合同性的，因此确定具体的权利内容有必要查看公司章程的规定。

（3）不宜用推定的方法确定附着于股票上的优先权，当公司章程希望赋予任何股票优先权时，应当以明确的语言表述。

（4）在解释章程时，适用于解释书面合同的一般原则同样适用于章程解释，因此解释章程应审查章程所有的语句，并在解释具体条款的意思时结合全文宗旨加以推定。

（5）公司支付了优先股股东一整年股息，表决权复归普通股股东之后，如果公司在支付优先股股东两年股利上仍然处于违约状态，优先股股东享有再次选择行使表决权的权利。

【案件事实】

狼头石油冶炼股份公司有两种类别的股票：优先股和普通股。优先股的股东享有股息上的优先权，而该优先权与股东的表决权有重要关系。公司章程规定：如果公司任何时候在有关宣布和支付优先股两年股利上有违约行为，优先股股东的大多数股东应有权为选举董事以及为所有其他目的行使唯一的表决权，普通股股东不享有任何此类权利，直到公司宣布并支付优先股股东一整年6%的优先股股息为止，之后选举董事以及为所有其他目的进行选举的表决权归还

[①] Ellingwood v. Wolf's Head Oil Refining Co., 27 Del. Ch. 356 (1944).

给普通股股东。自1929年公司成立以来,直到1936年,董事由普通股股东选举产生。1936年,该公司在宣布并支付优先股两年股息上有违约行为。从1936年开始,并持续到1942年,由优先股股东选举董事。在此期间,公司对优先股股东支付了不同数额的股息,也有未支付的各种股息。1942年,宣布和支付了优先股一整年的6%的股息。然而,到1942年年底拖欠优先股的累积股息为37.5%,超过优先股股东六年的股息,1943年期间没有支付任何股息。

1943年4月,大部分优先股股东通知公司其决定选择行使唯一的表决权,并称他们的行动理由是"公司在宣布和支付优先股两年股息时违约"。在1943年5月3日的股东会上,某些优先股股东声称有权投票并试图选举七名董事。某些普通股股东,包括原告,断言投票的专有权已归还给普通股股东并试图选出七名董事,因为公司在1942年会计年度已支付了6%的优先股股息(根据章程,会计年度为日历年)。因此,原告请求法院根据相关章程的规定确认两种股票的表决权和在1943年股东会上当选董事的效力。

一审法院判决优先股股东有权在1943年的会议上投票,并且他们投票的候选人是有效当选的董事。原告不服提起上诉,特拉华州最高法院维持原判,驳回了其第二次庭审的申请。①

【判决理由】

在本诉讼程序中,有利害关系的当事人之间无争议的是,当优先股股东和普通股股东在1943年5月3日的年度大会上会面时,公司就有关宣布及支付优先股两年的股息上有违约行为。所有主张的股息欠款都是在1942年之前累积产生的,在所称的1942年,公司宣布并支付了优先股全部的6%的股息。

公认的是,公司章程可以包含该公司发行的有关股票的所有条款,该股票表决权的行使由股东协商确定,但是协商确定的条款不能违反公共政策。② 特拉华州法院已经确定,股东之间的权利是合同性的,因此确定具体的权利内容有必要查看公司章程的规定。③ 附着于股票之上的优先权不适用于推定,而当公司章程希望授予任何股票以优先权时,应当以明确的语言表述。在解释书面合同时,推定通常情况下接下来会是什么内容,而在解释章程条款的意思时也适用相

---

① 38 A. 2d 743;1944 Del. LEXIS 21;27 Del. Ch. 356;154 A. L. R. 406.
② Thompson on Corporations,(3d ed.) Sec. 989.
③ Gaskill v. Gladys Belle Oil Co., 16 Del. Ch. 289,298,146 A. 337,146 A. 337;Penington v. Commonwealth Hotel Const. Corp., 17 Del. Ch. 188,151 A. 228;Id., 17 Del. Ch. 394,155 A. 514,75 A. L. R. 1136.

同的方法,应该在全文都适用此方法,并将章程所有语句一并审查以确定任何局部意图表达的意思。①

狼头石油冶炼股份公司的章程中,部分公司创设人表达了为保护优先股股东而制定条款的意图。

公司章程第4条具体表明,在"清算、解散或清理公司的事务"时,在将任何资产分配给普通股股东之前,该优先股股东应当有权获得其股票面值的全额支付以及所有累积的未支付股息。该条款还授予董事会选择权,在1940年1月1日之前的任何时间点可以全部或部分回赎优先股,但是要求该董事会向所有记录在册的优先股股东提前60天发出通知;另外要向股票将被回赎的优先股股东支付其股票面值的110%的现金。

公司章程第5条表明,其向优先股股东保证"公司的每个会计年度6%的累计股息"。该条也授予普通股股东专属的"选举董事以及为所有其他目的进行选举的表决权"。接着是关于优先股股东没有表决权的规定,然后是附带条件:"……如果公司任何时候在有关宣布和支付优先股两年股息上有违约行为,优先股股东的大多数股东应有权为选举董事以及为所有其他目的行使唯一的表决权,普通股股东不享有任何此类权利,直到公司宣布并支付优先股股东一整年6%的优先股股息为止,之后选举董事以及为所有其他目的进行选举的表决权归还给普通股股东。"

支持的法官希望强调的事实是上文引用的条款的用词,即"如果任何时候公司在有关宣布和支付优先股两年股息上有违约行为"。

上诉人称此条之后的用词,"直到公司宣布并支付优先股股东一整年6%的股息为止",限制了上文引用的条款适用的期间,只有此期间内优先股股东有权为选举董事以及为所有其他目的行使唯一的表决权。如果此主张属实,则它可能解除了已经确定的章程希望授予优先股股东的一部分保护。

上诉人认为,优先股股东基于选举目的选择行使"选举董事以及为所有其他目的进行选举"这一唯一表决权之后,公司支付一整年6%股息会导致优先股股东享有的该唯一的权利归还给普通股股东,直到公司再一次在有关宣布和支付优先股两年股息上有违约行为。这种主张忽略了如果公司在支付优先股股东两年股息上仍然处于违约状态,优先股股东所拥有的权利。这种主张也忽略了以下事实——章程中明确表明,"如果公司任何时候违约";条款进一步表明"行使

---

① Holland v. National Automotive Fibres, Inc., 22 Del. Ch. 99, 194 A. 124; Gaskill v. Gladys Belle Oil Co., supra; Penington v. Commonwealth Hotel Construction Co., supra.

过表决权以及表决权归还给普通股及其股东之后,优先股及其股东选择行使表决的权利将继续存在,该优先股股东继续享有此特权和权利"。

支持的法官赞成当公司支付优先股股东一整年6％的股息时,选举董事以及为所有其他目的进行选举的唯一表决权归还给普通股股东,尽管事实上优先股有两年的股息已经到期。如果优先股股东未能按照章程的要求,通过通知公司他们行使该权利的决定,再次选择行使唯一的表决权,则普通股股东将有权行使选举董事以及为所有其他目的进行选举的权利。但是,如果公司在宣布和支付优先股股东两年股利方面仍然违约,当支付给优先股股东一整年的6％的股息时,如果优先股股东遵守章程规定的条件,通知公司他们行使该表决权的决定后,该优先股股东仍然可以行使选举董事以及为所有其他目的进行选举的权利。

公司章程中使用的语言描述了优先股股东获得表决权的条件,但是没有提到该股票的应计累积股息产生的时间。如果主张所欠股息必须在表决权归还给普通股之后开始累积产生,那么不论所欠的股息有多巨大,优先股股东将被剥夺选举董事的表决权,直到额外产生了两年的股息欠款。这种解释将会剥夺章程希望授予优先股股东的利益。

不可否认的是,当大部分优先股股东在1936年首次行使选择权,即选举董事以及为所有其他目的进行选举时,累积的和未付的优先股股息为22.5％,该累积的和未付的股息高于两年的股利。同样不可否认的是,在1936年至1943年5月之间,优先股额外的累积股息为40.5％,在此期间支付给该股票的股息为25.5％。

因此可以明确看出,当1943年5月3日举办公司年度大会时,优先股应计股息达37.5％,且未支付。可以看出,公司在有关宣布和支付两年的股息上有违约行为。

在这种情况下,支持的法官认为,在1943年5月3日举办的公司年度大会上,优先股股东有权为选举董事和所有其他的目的行使表决权,他们提名并投票选举出的人是该公司合法当选的董事。

首席法官Layton发表异议:"很遗憾无法赞成法院的多数意见。"在他看来,大多数法官刻意将简单的事情复杂化。

Layton法官认为,解释任何书面文件的基本目标是通过双方选择使用的语句而确认他们的意图;当语句清晰明确地表达一项意思时,禁止法院寻找一些其他可能的意思,并禁止赋予法官认为的,双方意图表达或本希望表达,而没有表达的意思以效力。不能为了避免困境或面对一方没有保护自己的特殊情况,而忽略双方经意思自治而使用的表达他们意愿的语句,所以法院不能在解释合同的掩盖下为双方创造一个更好的合同,而不按照双方已订立的合同行事。

附着于公司股票之上的表决权普遍存在于普通股股票中,公司章程第5条的主要目的是除了某些特殊的情况并在严格限制的期间之外,授予普通股股票专属表决权。导致表决权从普通股股东转移给优先股股东的情况是在支付两年股息时有违约行为。但是此转移不是自动发生的。优先股股东必须选择是否行使授予给他们的权利。如果他们选择行使该权利,则表决权转移给优先股股东,并继续存在直到公司支付给优先股股东一整年规定的股利之后。当支付后,表决权将不由其意愿,归还给普通股股东。

当未支付优先股股东两年的股息时,如果因为优先股股东自己的原因没有选择行使该权利,就会扩大违约行为,但是这是一个单独的事件。无论违约了很短的时间或是更长的时间,它都与选择权紧密相关。违约作为一个整体,不可以被分为若干个违约行为而因此赋予优先股股东从相同的违约行为中获得若干选择权。

公司章程第5条最后一句"继续享有特权和权利"非常明确地表明,一方行使表决权时,作为对抗,优先股股东可以保留选择权,允许以违约为条件的表决权转移和再转移将会大量发生。

如果双方当事人意图表达的是当违约未支付优先股股东两年的股息时,优先股股东被授权在任何时间行使选择权,那么可以用更简单的语言表达这样的意愿。当事人表达的是,无论何时对优先股股东拖欠两年的股息,那么在行使选择权之后,优先股股东享有表决权,直到将一整年规定的股息支付给优先股股东。Layton法官认为,双方使用的语言中没有提到这样的概念,即因违约而存在于优先股之上的表决权的年限可能会因为支付了一整年规定的股息而终止,但因违约而产生的选举权仍然存在。

Terry法官认为,讨论的问题是有局限的,这是对公司章程第5条使用的语句进行解释的问题。

第五条 除非特拉华州的法律另有规定,或按本协议另有规定,普通股股东享有选举董事以及为所有其他目的进行选举的专属表决权,而优先股股东没有表决权;但是,如果任何时候公司在有关宣布和支付优先股两年股息上有违约行为,优先股股东的大多数股东有权选择享有唯一的选举董事以及为所有其他目的进行选举的表决权,排除普通股股东在该表决权的任何权利,直到公司宣布并支付优先股股东一整年期间6%的股息,之后选择董事以及为所有其他目的进行选举的表决权归还给普通股股东。将要行使该选择权的大部分优先股股东应当在通知公司其将行使该权利的决定之后,再行使该选择权。在优先股股东行使选择权进行表决的期间内,普通股股东无表决权。在该选择权以及表决权归还给普通股股东之后,优先股及其股东行使选择权利进行表决的权利继续存在,该优先股股东继续享有此特权和权利。支付一整年6%的股息之后,表决权归还给普通股股东的后继权利是普通股及其股东的特权和权利。

从公司建立的1929年到1936年5月,公司的董事由普通股的大部分股东选举。在1936年5月4日的股东会议举办之前,大部分优先股股东通知公司,因为在宣布和支付优先股两年的6%股息上有违约行为,因此优先股股东选择在次年即1936年股东大会上享有唯一的选举董事的表决权。

在1936年、1937年、1938年、1939年、1940年和1941年,公司宣布和支付了优先股各种股息,也有未支付的各种股息。直到1942年累积了6%的4种股息才宣布和支付给优先股股东。从1936年5月到1942年,优先股股东选举董事的唯一权利没有受到普通股股东的质疑。在1943年5月4日的股东大会上,大部分普通股股东称他们享有次年选举董事的唯一权利,因为在1942年已经宣布和支付了优先股股东一整年的6%股息;因此根据前述的第5条的规定,选举董事的权利应当交还给普通股股东。

优先股股东对被告主张的解释提出异议。他们认为,1942年12月12日以及之后,公司在有关宣布和支付优先股两年的股息上有违约行为,尽管优先股的表决权期间由于公司支付了一整年的6%的股息而终止,但是选择权没有终止,而是继续存在,此权利除了遵循之前的条件,不需要遵循其他条件,只要公司在支付优先股两年的股息上有违约行为,优先股股东就可以行使该权利。

在1943年5月之前,该条不必然要求重述此条款的事实和申请,除非表明在截至该日之前,公司已经在支付优先股股利上的违约行为超过了两年。正是这个原因,诉讼当事人承认优先股股东自1936年开始的表决权期间因为1942年支付了优先股一整年的6%股息而终止,因此表决权归还给普通股股东。问题是,如果公司没有在支付股利上有新的或者第二次违约行为,在1943年5月4日举办的股东大会上优先股股东是否有行使新的或第二次表决权的期间?

被上诉人在他们诉状的第5页如此声明:

> 如果公司没有在支付一年的6%股息上有违约行为,那么优先股股东要继续保留专属表决权,则需要公司有与该行为程度相当的重大违约行为。由于公司在两年股利上的违约行为,优先股股东首次行使表决权,当然地,

他们想要保留表决权则需要比首次行使表决权多得多的原因。

优先股股东继续享有表决权的需求不是实质性的。问题只与1943年股东大会的选择权有关。

在合理解释章程中的语句时,法官寻求的是他所表达的和思想之间的联系。理解这一点后,必须按照所见的当事人采用的语句的语法安排,以其直接和通常的意思来解释。

在尝试解释该条款的语句之前,必须要理解"优先股"一词的法律意义。当然,除非补充其重要的定义,这个词语没有特别的意义。① 也就是说,优先股股东必须查看章程的语句以查明他们的特殊权利,并且,由于附属于股票的特殊权利属于例外,必须以明确的语句表明该权利,不会为了他们的利益推定该权利的存在。② 正是基于此认识,为了确定1943年股东大会上该特定股票的特定权利,Terry法官认为,四句话构成了要解释的第5条的段落。第一句清楚地表明,除非发生一种停止条件,专属投票权和管理权属于普通股股东,该停止条件是"如果任何时候公司在有关宣布和支付优先股两年股息上有违约行为,优先股股东的大多数股东有权选择享有唯一的选举董事以及为所有其他目的进行选举的表决权"。该点明显表明,表决权不会由于发生停止条件而转移给优先股股东。该权利由普通股股东享有,除非优先股股东选择行使他们唯一的表决权。这一点进一步表明前述的意愿,即普通股享有表决权。当然,这个例外是为了保护优先股股东,行使该权利完全取决于他们的判断。现在,在行使该选择权的情况下,章程用清晰明确的语句表述了行使该权利的期间。该权利持续存在,"直到公司宣布并支付优先股一整年的6%股息为止"。此事件发生时,章程也同样清晰明确地表述将发生的事情,"选举董事以及为所有其他目的进行选举的权利归还给普通股股东"。

被上诉人在他们的诉状第25页承认,如果该段落到此为止,那么如果公司仍然在有关宣布和支付优先股两年的股息上有违约行为时,之前赋予优先股股东的权利会受到严重的损害。正是如此,因为没有保留条款,行使选择权使根据这句话赋予优先股股东的权利竭尽了。

第二句说明了优先股股东行使选择权时的程序。

第三句表明,在优先股股东根据其选择权而行使唯一的表决权期间,普通股股东没有表决权。

---

① Gaskill v. Gladys Belle Oil Co., 16 Del. Ch. 289, 146 A. 337.
② Holland v. National Automotive Fibres, Inc., 22 Del. Ch. 99, 194 A. 124.

第四句表述道:"任何行使该选择权以及表决权归还给普通股及其股东之后,优先股及其股东行使选择权进行表决的权利继续存在,该优先股股东继续享有此特权和权利;支付一整年6%的股息之后,表决权归还给普通股股东的后继权利是普通股及其股东的特权和权利。"那么使用这句话希望表达的意图是什么?法院的多数法官承认,优先股股东的表决权期间在1942年选举董事的权利归还给普通股股东之后就终止了,但是,他们认为根据第四句,第一句规定的选择权并没有终止,而是继续存在,并且不需要遵循比其之前的条件更多的条件,即公司在宣布和支付两年的股息上有违约行为。如果要表达的意图是这种优先权或权利,必须要说明的是,这个意图既没有在明确的语句中表达,也没有在必然的含义中呈现。

Terry法官认为:"1942年之前存在的选择权在1942年终止,优先股股东的表决权转移给了普通股股东。第四句使用的语句没有扩大之前第一句赋予优先股股东的权利,也没有赋予优先股股东或者普通股股东新的表决权。根据这一句,我认为明确的是,该语句的唯一作用是直接地表达优先股股东行使选择权的权利,以及归还给普通股股东后的后续权利,一旦转移并不是永久丧失,而是变成或然的权利,也就是说,当发生的另一个事件满足行使那些权利所需要的各项条件时,这些权利可能会立即恢复。这句话是为了保护权利,而不是促使行使该权利的特殊条件。"

Terry法官的结论是,1943年股东大会之后的次年,普通股股东享有唯一的选举董事的表决权。

Rodney法官、Speakman法官支持Richards法官的意见。上诉法院根据多数原则,判决维持下级法院的命令,上诉人关于确认其表决权和在1943年股东大会上当选董事的效力的诉求没有得到支持。

【案例评述】

本案的被告狼头石油冶炼股份公司成立于1929年,共发行了优先股和普通股两种类别的股票。公司的章程规定优先股享有股息分配上的优先权,且该优先权与股东的表决权有重要关系。如果任何时候公司在有关宣布和支付优先股两年股息上有违约行为,优先股的大多数股东可以选择行使表决权,该权利在公司宣布并支付优先股股东一整年6%的股息时归还给普通股股东。在1943年5月3日的股东会上,优先股股东和普通股股东均声称有权投票并试图选举七名董事会成员。原告是这些普通股股东中的一员,因此,原告请求法院根据相关章程的规定确认两种股票的表决权和在1943年股东会上当选董事的效力。一审法院判决优先股股东有权在 1943 年的股东会议上投票,并且他们投票的候选人是有效当选的董事。原告不服提起上诉,特拉华州最高法院维持原判,驳回了其第二次庭审的申请。

本案的争议焦点在于,被诉公司的优先股或普通股股东是否有权在 1943 年的会议上投票。各方同意,这应该通过公司发行股票的相关条款来确定。因此,本案涉及两个法律问题,即优先股的表决权恢复和公司章程的解释。

一、优先股的表决权恢复

根据优先股的定义,优先股股东参与公司决策管理的权利受到限制,也就是说优先股股东享有有限的表决权。优先股的表决权有以下两项内容:类别表决权以及特定情形下表决权的恢复。这两项内容都是优先股股东权利保护的重要内容。其一,类别表决权。类别表决权,是指在普通股股东大会之外,类别股股东在类别股股东会上行使的表决权。由于优先股股东对公司利润和剩余财产的分配优先于普通股股东,作为这种优先权的对价,优先股的表决权就只能体现为公司重大的法律行为以及与优先股股东自身权益相关的事宜,并严格规定表决的程序。例如,我国《优先股试点管理办法》将此类事项限定为五类事项。[①]《美国标准公司法》和《特拉华州普通公司法》关于优先股的表决权制度并未作特别规定,而是将优先股作为类别股来对待,规定了类别表决权。《特拉华州普通公司法》第 242(b)(2)条规定,如果公司章程修改增加或减少某一类别股份总的数量;或增加或减少某一类别股份的面值;或变更某一类别股份的权利、优先性或特别权利,则无论章程是否授予该类别股份表决权,该类别股份都有权作为一个类别进行表决。英国《2006 年公司法》第 630 条规定,如变更类别股份的类别权,应经类别股股东四分之三以上书面表决同意。其二,特定情形下表决权的恢复。表决权恢复又称表决权复活,对于表决权的恢复,国外资本市场已有较为成熟的经验。《德国公司法》规定,在公司支付所有拖欠的股利之前,公司无法支付股利超过两年的情况下,则无表决权的优先股股票自动具有与普通股股票同样的表决权,而且,一旦无表决权的优先股的优先权被取消,则这种没有表决权的优先股转换为有表决权的股票。法国优先股制度也有类似的规定,即无表决权优先股持有人在一定条件下,可以取得相应的表决权。如本案中,公司章程规

---

① (1)修改公司章程中与优先股相关的内容;(2)一次或累计减少公司注册资本超过百分之十;(3)公司合并、分立、解散或变更公司形式;(4)发行优先股;(5)公司章程规定的其他情形。

定,公司连续两年违约未支付优先股股息,则优先股股东获得选举董事以及为所有其他目的进行选举的排他表决权,这种表决权直到支付给优先股股东一整个会计年度股息才归还给普通股股东。

(一)表决权恢复制度的功能

美国公司法下,相比于债券、普通股而言,优先股的保护力度、救济方式较弱。[1] 表决权恢复能在一定程度上保护优先股股东的权益。根据各国表决权恢复制度的具体规则,不支付股息成为表决权恢复的主要情形,这也是该案经典的原因。以下将以不支付股息条款为例对表决权恢复制度的功能进行分析。

一方面,优先股对于投资者最大的吸引力在于,其拥有较高的固定股息,且优先于普通股股东分配;如公司每年按期分配股息,其相比于债券而言属于拥有更高收益的投资方式。此时,优先股股东需要以放弃表决权为代价,从而平衡优先股股东与普通股股东之间的利益。本案中,在公司依法弥补亏损、提取法定公积金后有可分配利润的情况下,可以向优先股股东支付固定年利率为6%的累积股息。优先股股东获得股息的顺序优于普通股股东,但是否向公司优先股股东支付股息由普通股股东组成的股东大会审议决定。基于公司的经营状况及股息分配决策程序,优先股股东需要承担无法参与分配利润的风险。若在公司经营状况良好且有足够的可分配利润的情况下,普通股股东大会为自身利益考量决定不分配利润;对于本案的优先股股东而言,如果不承认其表决权的复活,则优先股股息很难得到支付,投入资金的同时无法获得应有的回报,优先股股票将成为一张白纸,从而使得没有表决权的优先股丧失了其存在的意义。[2]

另一方面,优先股的特点是拥有股息分配、剩余财产索取等方面的优先权,突破了传统公司法上对股东权利的规定,造成普通股与优先股权利失衡。表决权属于股东权的一项重要内容,若优先股股东既具有表决权又拥有在股利分配、剩余财产分配方面的优先权,势必打破股东平等原则,损害普通股股东的利益。为保持普通股与优先股之间权利平衡,通常对优先股的表决权进行限制。只有当优先股股东在一定期限内无法获得优先股股息时,通过表决权的恢复可以重新参与公司经营管理,并避免自身权益遭受进一步损害。我国学者谷世英认为表决权恢复体现了股东平等原则,是对落空的收入优先权的补偿。[3] 即使立法

---

[1] Ben Walther, The Peril and Promise of Preferred Stock, 39 Del. J. Corp. L. 161 (2014).
[2] 刘俊海:《股份有限公司股东权的保护》,法律出版社2004年版,第128—213页。
[3] 谷世英:《论我国优先股股东权利保护制度的完善》,载《上海金融》2015年第5期。

者已经预见到公司可能不按时分配股息,但在对优先股股东造成实质损害之前,优先股股东不享有表决权,以实现优先股与普通股之间的利益平衡。

正因如此,表决权恢复制度的功能是有限的。当公司不支付股息达到一定期限,优先股表决权得以恢复;法律意图通过表决权恢复使得优先股股东能够在以后会计年度对股息分配决议的表决上发挥作用,促使公司分配股息。对于优先股股东在未被分配股息期间遭受的损害,表决权恢复制度无法弥补,仅能在一定程度上阻止以后可能发生的无法获得股息分配的危险,且其效用是有限的。因此,表决权恢复制度的价值在于对优先股股东的事后救济,防止进一步的损害发生。相比于类别表决权而言,表决权恢复制度对优先股股东的保护将更加有限。①

(二)优先股表决权恢复的条件

1. 美国表决权恢复制度属于授权式立法

各国有关优先股表决权恢复条款的设置,与各国的立法模式存在极大关系。德国、日本等大陆法系国家,一般通过事先详细的法律法规对相关问题进行规范,明确界定当事人的权利和义务。而美国、英国属于英美法系,倾向于授权式立法模式,依据公司契约理论,将公司视为由一系列合同约束的实体,将公司章程理解为公司与其成员之间、公司成员与成员之间的一种协议。例如,《美国标准公司法》和《特拉华州普通公司法》并没有特别规定优先股制度,而是将优先股作为类别股来对待,把有关类别股制度的内容看作公司与股东之间协商订立的合同,并通过会议表决上升为公司章程,约束所有股东的行为,如章程未作规定时,才适用公司法的有关规定。因此,在宪法或法条没有相反规定的情况下,公司的章程有权剥夺特定类别股票的表决权,特别是优先股。更重要的是,公司的章程有权赋予优先股或其他特定类别股票有限表决权。这些表决权可以通过指定的主题事项来加以限制,或者通过特定条件的存在来限制,如拖欠股息,本案就是诸多实践中的一例。即使是今天,美国的优先股依然采用的是在公司法的保护下,自由授权的模式,在遵守公司章程的前提下可以授权董事会制定发行优先股的具体细节。《特拉华州普通公司法》第151条中明确规定优先股或特别股享有分红权和财产分配权。但与《美国标准公司法》相同的特点在于,二者都采取授权立法模式,将优先股的具体权利交由董事和公司章程决定。这种自由约

---

① 刘胜军:《类别表决权:类别股股东保护与公司行为自由的衡平——兼评〈优先股试点管理办法〉第10条》,载《法学评论》2015年第1期。

定的模式给优先股制度的创新让予了足够的空间。美国虽然没有以法律形式确立表决权恢复制度,但"NYSE(纽约证券交易所)上市规定也禁止了没有规定表决权恢复条件的优先股的上市"[①]。本案中,Richards法官也在判词中写道:"公司发行的股票所拥有的权利全部记载于公司章程中,股票表决权的行使由股东协商确定,但是协商确定的条款不能违反公共政策,并且根据特拉华州法院的判例[②],股东之间的权利是合同性的,确定股东间具体的权利内容有必要查看公司章程的规定。"

2. 表决权恢复的时间条件

时间条件是本案优先股表决权恢复的重要组成部分,按照《德国公司法》规定,公司无法支付股息超过两年的情况下,则无表决权的优先股股票自动具有与普通股股票同样的表决权。法国优先股制度也有类似的规定,如果三年会计年度所欠的优先股股息没有得到全额偿付,则相应的优先股股票的持有人可以依照其股份所代表的资本份额比例,获得与普通股股东权益相同的表决权,这种表决权一直延续到此前会计年度所欠的股息得到全部的偿付的会计年度。本案中,"累计两个会计年度"从时间上限制了表决权恢复的任意性。当事人之间无争议的是,1943年5月3日的股东会召开时,公司就有关宣布及支付优先股两年的股息上尚存在违约行为。但所有主张的股息欠款都是在1942年之前积累产生的,在1942年,公司宣布并支付了优先股一整年的6%的股息,之后公司在支付此类股息时没有新的违约行为。法院的大多数法官认为,在公司支付全年6%的股息时,优先股股东选择投票的唯一权利归还普通股股东,但公司在支付优先股股东两年股利上仍然处于违约状态,优先股股东可以根据公司章程再次选择行使表决权。反对的法官认为,在支付完优先股股东一年的股息时,投票权绝对归还给普通股持有人,违约作为一个整体,不可以被分为若干个违约行为而因此赋予优先股股东从相同的违约行为中获得若干选择权。

此外,表决权恢复的时间条件对可累积优先股与非累积优先股存在不同的影响。可累积优先股与非累积优先股的实质区别在于每年的股息是否累积。[③]

---

① 李海燕:《建立我国类别股制度的构思》,吉林大学2014年博士学位论文,第29页。
② Gaskill v. Gladys Belle Oil Co., 16 Del. Ch. 289, 298, 146 A. 337,146 A. 337; Penington v. Commonwealth Hotel Const. Corp., 17 Del. Ch. 188, 151 A. 228; Id., 17 Del. Ch. 394, 155 A. 514, 75 A. L. R. 1136.
③ 〔美〕罗伯特·W.汉密尔顿:《美国公司法(第5版)》,齐东祥等译,法律出版社2008年版,第156页。

如果两种优先股在一年内均不分配股息,造成的结果会存在差别。可累积优先股可以将未分配股息累积到以后年度,直至分配为止;而非累积优先股则不能通过以后年度的股利分配补足。因两者在股息累积上存在区别,时间上的限制对两种类型优先股会产生不同影响,非累积优先股股东将遭受更大的损失。为此,在对两者的保护上应有所区别,对非累积优先股的保护更为紧迫。但值得一提的是,由于非累积优先股对投资者的吸引力较弱,美国发行非累积优先股的实践相对较少,如本案就是可累积优先股。

二、公司章程在股东表决权保护中的地位和作用

(一) 公司章程的性质

公司章程对优先股股东股息的保护起着重要的作用,是优先股股东权利保护的重要方式。公司章程对优先股股东权利的保护取决于公司章程自身的性质以及相关法律规定的授权。如前所述,美国关于优先股的权利分配采用的是授权式立法模式,即由股东和公司、股东和股东自由协商,通过公司章程进行确定。因此,当股东之间关于权利的分配发生争议时,公司章程的规定就显得至关重要。不同的股票可能具有不同的表决权,差异取决于要投票的事项的性质或者某些事件的发生。如果公司章程中没有任何其他说明(或者在发行股票时没有将权利记载于发行文件),则所有股份都有权投票,并且除非另有说明,否则按照普通法规则一股一票。[1]

对于公司章程的性质,世界各国存在三种主要的观点:以德日为代表的大陆法系的自治说,以英美为代表的英美法系的合同说以及近年来认为自治与合同说趋同的混合说。合同说认为,公司章程就是一种公司合同,如公司章程中有关公司发起设立、变更、增减资或者发行股票的条款就是真实的协议,具有合同性质。在特拉华州早期的案例中,优先股股东依据优先股合同所获得的权利被认为是具有合同性质的。[2] 优先股的优先权在本质上是合同性质的,因此这些权利的内容应当以章程中的条款为准。[3] 因此在这一时期,优先股的权利必须写在优先股股权凭证上,并且成为章程的一部分,而章程也具有合同的性质。

---

[1] Financing the Corporation § 3:11.
[2] 楼建波、马吾叶:《优先股与普通股股东间利益冲突的处理原则——美国司法实践的演进及其启示》,载《证券法苑》2015年第3期。
[3] Rothschild International Corp. v. Liggett Group Inc., 474 A. 2d 133(Del. 1984).

(二) 公司章程的解释方法

公司章程被类比为合同,尽管优先股股东往往可以事先在合同中具体地约定自己的权利,从而保护自己,即与公司协商在章程中约定一个更完全的表决权复活条款。但是在实践中,优先股股东与公司实际上处于一个不平等的地位,很难说章程的内容是完全的意思自治;并且由于投资者的专业性不够,在事先约定的条款中无法有效将自己意图保护的权利清晰约定。因此,在司法判例中,公司章程的解释方法也会极大地影响优先股股东的权利保护。

然而,由于章程被认定为具有合同性质,而合同是由地位平等的双方当事人经过意思自治签订的,因此,法院在解决争端时,往往依据严格的文义解释,正如本案的首席法官 Layton 提出的异议:"解释任何书面文件的基本目标是通过双方选择使用的语句而确认他们的意图;当语句清晰明确地表达一项意思时,禁止法院寻找一些其他可能的意思,并赋予法官认为的、双方意图表达或本希望表达而没有表达的意思以效力。"美国判例法上一般以合同明确规定为限保护优先股股东,法院拒绝对优先股合同以诚信或公平交易原则进行扩张解释,防止过度解释妨碍公司行为自由。[①]

事实上,美国判例法也一直遵循的是严格文义解释的方法,但本案中,特拉华州最高法院的多数法官另辟蹊径,他们认为既然章程具有合同性质,那么适用于解释书面合同的一般原则同样适用于解释章程,即在解释合同的某个部分时,应将被解释的内容放在整个合同中,联系此合同确立的宗旨,或与相关条款的联系,阐明其意旨。在狼头石油冶炼股份公司的章程中,部分公司创设人表达了为保护优先股股东而制定条款的意图。因此,在 1942 年公司支付了优先股股东一整年股息、表决权归还给普通股股东之后,如果公司在支付优先股股东两年股息上仍然处于违约状态,优先股股东享有再次选择行使表决权的权利。此外,章程中使用的语言描述了优先股股东获得表决权的条件,但是没有提到该股票的应计累积股息产生的时间。如果主张所欠股息必须在表决权归还给普通股之后开始累积产生,那么不论所欠的股息有多巨大,优先股股东将被剥夺选举董事的表决权,直到额外产生了两年的股息欠款。这种解释将会剥夺章程希望授予优先股股东的利益。在优先股股东权利保护的判例中,严格解释、商业判断规则的运用,使得优先股股东不论在普通权利还是特殊权利上,都难以获得法律或者合同

---

① Ben Walther, The Peril and Promise of Preferred Stock, Del. J. Corp. L., Vol. 161, No. 39, 2014.

的保护。特拉华州最高法院的法官不惧潮流,以保护优先股股东为原则,通过严密的说理和公正的判决捍卫了优先股股东的权利。从特拉华州法院后来的一系列判决对此案的运用来看,虽然在优先股股东和普通股股东的利益平衡中,优先股股东始终处于劣势,但是该案也在优先股股东权利保护的历史进程中发挥了一丝作用,为表决权恢复制度的完善贡献了一分力量。

美国优先股判例译评之十[①]

——优先股股东的董事投票权

【裁判要旨】

（1）优先股股东的权利是合同性权利，受公司章程的约束。

（2）无论董事会成员是由普通股股东还是优先股股东选举产生，董事会都有基于信义义务的自由裁量权决定是否支付优先股股息。

（3）除非能够证明董事会滥用其自由决策权，否则法院不予干预其基于商业判断作出的决策。

本案由特拉华州衡平法院副大法官 Brown 进行审理，于 1974 年 12 月 2 日提交，并于 1975 年 4 月 22 日作出了判决。

【案件事实】

本案原告 Baron 为被告 Allied Artists Pictures Corporation（以下简称"Allied 公司"）的股东。1954 年，被告 Allied 公司因业务需要，修订了章程，修改后的章程规定：优先股股东有权在董事会宣布时，从合法可用的资金中获得股息，并发行 15 万股优先股，面值为 10.00 美元，股息按季度累积发放。章程进一步规定：如果优先股中的任何六个或更多季度的股息（不论是否连续）全部或部分未被分配，则在优先股的所有拖欠股息都已支付或存入信托，且当季度的股息已被宣派并且用于支付股息的资金被留存之日前，优先股股东可以作为一个集体，以类别股股东的形式表决，其在任何年度或其他会议上享有选举董事的权利，以多数投票选出公司的多数董事。此外，经修订的章程规定，为优先股设立偿债基金，每个会计年度净利润超过应支付优先股股息部分的 10% 的金额存入该基金，从这个偿债基金中，优先股将以每股 10.50 美元的价格通过抽签的方式被

[①] Baron v. Allied Artists Pictures Corp., 717 F.2d 105 (1983).

赎回。

公司自 1954 年发行优先股以来至 1963 年 3 月 30 日间都定期派发优先股股息。随后，Allied 公司经营不佳，最终损害了优先股所代表的资本，因此根据 8 Del. C. §170① 优先股股息的宣派被禁止。于是被告 Allied 公司自 1963 年以来未对优先股支付股息，截至 1964 年 9 月，公司由于拖欠六个季度的优先股股息，优先股股东行使了选举多数董事的权利，并实际控制了公司。

截至 1973 年 12 月 11 日的董事选举，Kalvex 公司拥有 Allied 公司 52% 的已发行优先股，而仅拥有 Allied 公司 150 万股普通股中的 625 股。Kalvex 公司采取措施收购了大量普通股或可转换为普通股的证券，因此毫无疑问，Kalvex 公司通过控制优先股控制了 Allied 公司，尽管其持有的股份仅占该公司股本的 7%。

原告指出，被告 Emanual Wolf 是 Allied 公司的董事、总裁兼首席执行官，年薪 10 万美元，同时也是 Kalvex 公司的总裁兼首席执行官，被告 Robert L. Ingis 是 Allied 公司的董事、副总裁兼首席财务官，同时也是 Kalvex 公司的执行副总裁。被告 Strauss 和 Prager 由优先股持有人选举为董事，他们也是 Allied 公司的副总裁。在由管理层提名并正式当选的代表普通股股东的四名董事中，有两名在 Alied 公司担任受薪职务，另外两名担任 Allied 公司的法律顾问，直接或通过其律所领取高额报酬。原告声称，在 1973 财年，Allied 公司的高级职员和董事作为一个整体共获得 402088 美元的报酬。

再简短地回顾一下公司的财务状况，1964 年，Allied 公司被国税局评估欠税约 140 万美元。1963 财政年度结束时，公司累计赤字超过 500 万美元，净资产为负 180 多万美元，当年亏损超过 270 万美元。因此，Allied 公司与美国国税局签订了一项协议，在数年内分期支付税款亏空，但条件是，在税款清偿之前，未经美国国税局同意，Allied 公司不得支付任何股息。

此后，Allied 公司的命运起伏不定，原告指出，1970 年的优先资本盈余是 150 万美元，而当时拖欠的优先股股息仅为 14.65 万美元，原告指出在 1964 年至 1973 年的几年间，Allied 公司的经营情况有所改善，有时是有足够的净收入可以注入偿债基金或直接支付股息欠款。被告辩称，从总体上看，直到 1973 年 6 月 30 日为止的会计年度结束时，Allied 公司才首次获得可用于支付优先股股

---

① 如果根据该章节下第 154 和 224 条所计算的公司资本，通过财产价值折损或损失或以其他方式减少至少于享有优先分配资产的所有已经发行的和未发行股票所代表的资本总额，那么该公司董事不得就任何类别的股份宣派股息，并从净利润中支付，直至优先于资产分配的所有类别的发行股票和未发行股票所显示出的资本不足被弥补。

息的资本盈余,而盈余仅为 11.8 万美元,不足清算优先股股息欠款所需金额的一半。

从 1972 年开始,Allied 公司的财务状况开始大幅改善。它获得了电影《歌厅》(Cabaret)的版权、制作和发行,这部电影获得了 8 项奥斯卡金像奖,成为 Allied 公司截至当时票房最高的电影。此后,该公司进行了一场豪赌,承诺斥资 700 万美元制作和发行电影《巴比龙》(Papillon)。在最初的诉讼中,原告对此强烈抗议,但他后来放弃了反对意见,因为《巴比龙》"获得的收益比《歌厅》更多"。

1973 财政年度,Allied 公司的净收入超过 140 万美元,加上 1971 年亏损后剩下的 4200 万美元的税收补偿款。据推测,在 1974 年 12 月 11 日的董事选举之前,它的财务状况并没有恶化,但尽管如此,有股息限制的国内税收协议仍然存在。在 1973 年年度选择之前,欠下的余额是大约 24.9 万美元,到 1974 年年度选择时,最后一笔款项到期了,估计已经支付了。在 1973 年年度选择之前,Allied 公司拖欠了 43 笔季度优先股股息,总额超过 27 万美元,到 1974 年年度选择时,拖欠金额超过 28 万美元。

原告并不打算列出其所依据的所有年度财务数据,他的立场非常简单,即自优先股股东控制 Allied 公司以来的一年或多年里,公司财务报表显示上一财政年度的净收入或上一财政年度末的资本盈余均大于累计拖欠的优先股股息。因此,优先股股东选出的董事会只是一个"看守董事会",有责任使用这些资金支付拖欠的股息,必要时还应支付国内税收协议的余额,并在下一次年度选举时将公司的控制权归还给普通股股东。原告指控公司有法律和财务能力在 1973 年和 1974 年的年度董事选举之前支付国内税收协议和拖欠的股息,如果这样做了,就会阻止由 Kalvex 公司控制的优先股股东重新选出多数董事。因此原告对此提出异议,向法院请求将 1973 年和 1974 年选举董事的决议宣布为非法和无效,并指定一名主持者根据 8 Del. C. § 225 & 227 进行新一届董事的选举。

原告强调,他并不是要求法院强制支付股息欠款,而只是要求重新举行选举,由于公司注册证书赋予优先股股东契约权利,只要股息拖欠六个季度,就可以选举大多数董事,因此原告实际上是要求合同权利无效。

最终,法院认为对于原告提出的董事的决议是否有效的请求,应当首先解决拖欠的股息是否应当被及时支付这一焦点问题。是否应该支付优先股股息是由公司董事会决定的,本案中公司董事是出于有利于公司的目的,未违反董事的信义义务,其不分配优先股股息的决定是为了扩大公司生产经营的目的,法院因此驳回了原告的请求。

【判决理由】

法院认为,虽然原告并没有要求法院强制公司支付股息欠款而只是要求法院判决公司重新选举董事,但是根据公司章程的规定,重新由普通股股东选举董事的前提是支付完毕股息欠款,因此原告的诉讼请求实际上是强制被告支付股息。另外,由于公司章程赋予优先股股东的权利是,只要被拖欠六个季度的股息就可以选举董事,因此原告的请求逻辑是:该权利应当由于优先股股东为了延续对公司的控制权故意拒绝偿付而被排除。

Brown 法官援用了 Gaskill v. Gladys Belle Oil Co.[①]案和 Goldman v. Postal Telegraph[②]案这两个判例来说明优先股股东的权利来源是合同,具体到本案就是章程的规定。另外,法官引用了一个与本案类似的案件即 Petroleum Right 公司案[③],该案的公司章程中有一个类似的规定"当六个季度的股息被拖欠时,优先股股东有权选举董事会的大多数成员,只要公司盈余不足以支付所有的优先股股息,优先股股东的权利就会存在"。法官认为此规定应该解释为"公司有盈余+盈余足以支付所有的优先股股息",优先股股东的选举权才会消灭,但有人对此提出反对意见,认为此规定应该解释为"只要公司有盈余而不论盈余是否足以支付所有的优先股股息",优先股股东的选举权就会消灭,这一反对意见不能被采纳,因为如果这一观点被接受,意味着一旦偿债基金可用,就要强制支付股息,优先股股东拥有公司控制权的唯一目的就是得到偿付。该案法官认为,控制权的转移不应仅仅影响优先股股东在股息方面的个人利益,而且还应考虑到,如果盈余低于未付股息,那么就到了尝试新管理层的时候了。该案法官还提出如果盈余确实超过了六个季度的股息,优先股股东应该选举大多数董事会成员,董事会如果决定不支付股息,那么优先股股东继续选举大多数董事会成员的权利无疑会终止。对这段表述的正确理解应该是,按照合同规定选举董事会多数成员的权利将一直持续到股息能够按照适当的公司管理方式及时发放为止,但一旦有明显可用的资金来支付拖欠的股息,而董事会又拒绝这样做,这种权利就必须终止。具体到本案,Allied 公司的章程并没有像 Petroleum Right 公司章程规定的那样——只要公司盈余不足以支付所有的优先股股息,优先股股东的权利就会存在。而是赋予优先股股东权利"只有在董事会宣布的情况下,才能使优先股股东获得股息"。这显然更加使得 Allied 公司董事会无论是由普通

---

① 16 Del. Ch. 289, 146 A. 337 (1929).
② D. C. Del., 52 F. Supp. 763.
③ Petroleum Rights Corporation v. Midland Royalty Corp. 19 Del. Ch. 334, 167 A. 835(1933).

股股东还是优先股股东选举产生，均有自由裁量权决定是否支付优先股股息。

Brown 法官进一步借用 Wabash Ry. Co. v. Barclay① 案说明了获得公司股息权利的一般性规则，即公司存在净收益，无论是优先股还是普通股的股东，也只有权在公司明智管理情况下，去除公司持续经营所需资金后，在剩余金额的范围内得到股息。虽然允许优先股股东选举董事会多数成员的目的之一是尽快支付拖欠的股息，但这并不是唯一的目的，在优先股股东选举出的董事会控制公司期间，公司董事与公司及其他股东之间存在信托关系，董事的主要职责是公平地对待这两层关系。② 董事通过履行其信义义务来决定公司何时何数量以股息的方式审慎分配其资产。③ 法院若想干预董事不予分配股息的决定，需证明该行为构成欺诈或严重滥用自由裁量权。④

原告似乎要求从这些公认的原则中划分出一个例外，他要求法院作出裁决，即不论任何情况的发生，由被拖欠股息的优先股股东选出的董事会有绝对的义务支付所有到期的优先股股息，并在资金合法可用时将控制权交还给普通股股东，因此，实际上他要求法院突破公司章程，限制公司注册证书赋予董事会的自由裁量权，并强制作出支付拖欠股息的决定。

原告试图通过声称他不寻求支付拖欠的股息，而只是将控制权归还给普通股股东来区分自己的行为，这是一种没有说服力的说法。无论哪种情况，基本问题都是董事会是否错误地拒绝支付股息，即使确实存在可以用于支付股息的资金，资金能否支付股息的检验标准是董事会是否存在欺诈行为或严重滥用其自由裁量权，单凭存在一个可以支付款项的合法来源，不能证明原告的主张。

当把 Allied 公司从 1964 年到 1974 年的年度财务历史与同期的国内税收义务一并考虑时，法官无法得出结论——Allied 公司董事会通过拒绝将公司资金用于清算拖欠的优先股股息和加速支付国内税收债务而使自己长期掌控公司。因此，法官没有任何依据来取消 1974 年的年度选举，并通过法院指定的负责人下令举行新的选举。

被告 Allied 公司在 1964 年至 1974 年期间在商业上投资失败，且在 1964 年被国税局要求缴纳一笔 140 万美元的税收，因无力交付，Allied 公司与国税局签

---

① 280 U.S. 197, 203, 50 S. Ct. 106, 107, 74 L. Ed. 368 (1930).
② Condec Corporation v. Lunkenhemer Company supra; Yasik v. Wachtel, 25 Del. Ch. 247, 17 A. 2d 309 (1941).
③ Eshleman v. Keenan, 22 Del. Ch. 82, 194 A. 40 (1937), aff'd 23 Del. Ch. 234, 2 A. 2d 904; Treves v. Menzies, 37 Del. Ch., 330, 142 A. 2d 520 (1958).
④ Moskowitz v. Bantrell. Del. Supr.. 41 Del. Ch. 177. 190 A. 2d749 (1963).

订了一份协议,约定在几年内缴清税款,而条件是直至税款全部缴清之前,未经国税局同意,Allied 公司不得支付股息。而至 1974 年的年度选举时,最后一笔国税欠款才到期。退一步来说,根据公司章程规定的计算方式,自 1963 年以来可能纳入偿债基金的所有金额,也仍不足以在董事会选举前赎回所有优先股。法院有理由相信,被告董事会为了公司能够正常经营,根据商业判断规则决定不支付优先股股息是有正当理由的。不过,Brown 法官认为基于公司需缴纳的税款已全部缴清,公司业务也正在蓬勃发展,未来公司董事会必然要履行对优先股股东的义务。最终,Brown 法官驳回了原告的诉讼请求。

【案例评述】

本案中,原告 Baron 是被告 Allied 公司的普通股股东。该公司章程规定,当公司六个季度没有分配优先股股息时,优先股股东有权选举公司的多数董事。然而,优先股股东在公司经营情况好转,仍不作出分配优先股股息的决定,使得优先股股东选举的董事持续控制公司。因此,本案原告作为公司普通股股东对此提出了异议,请求法院指定主持人,由普通股股东选举董事。原告的诉请并没有得到支持,法院认为若支持原告的请求将会对公司经营带来诸多不利的后果。同时,法院指出优先股股东的权利是合同性权利,进一步规定在公司章程中。无论是普通股股东选举的董事会,还是优先股股东选举的董事会,董事会的义务都是相同的,应当考虑公司的经营情况,根据商业判断规则决定是否支付股息。

特拉华州衡平法院通过这一案件表明,优先股股东的权利主要来源是发行者与认购者签订的优先股合同,是合同性的权利,另外,也受董事会商业判断规则的限制,优先股股东的权利也应放置于公司法下审视。本案中,优先股股东依据公司章程享有选举多数董事的合同性权利,但此时选举出的董事会不仅仅是为优先股股东服务的,而是为了公司及全体股东利益服务,因此董事会在作决策时还应充分履行董事信义义务,将公司的经营发展情况置于重要地位。除了本文这一案例,在特拉华州优先股实践的演进中,法院对有关优先股权利及限制的判决常徘徊于合同法与公司法之间。

普通股股东之所以提出异议,是认为由优先股股东选举出的董事会因为想要持续掌控公司而故意作出不分配股息的决议,从而影响到了普通股股东通过选举董事管理公司的权利。所以,这一案件也折射出了关于普通股股东与优先股股东利益平衡的问题。由于普通股股东的利益主要来源于公司经营绩效的改善以及公司剩余财产的不断增加,而优先股股东的利益回报主要是源于事先约定的固定股利与清算份额,且优先股股东具有剩余财产的优先分配权。因此两类股东的利益并不总是一致。① 普通股股东的权利受公司法的保护,但是优先股股东的权利依据是公司章程中的相关条文,公司章程以及优先股股东仅限于章程规定的权利,将依据合同法来解释。② 可见,普通股股东与优先股股东权利以及救济渠道上存在着"与生俱来"的不对等,优先股股东常处于相对弱势地位,因此在优先股合同中常会约定对优先股股东权益的保护条款,如本案中就因优先股股东至少六个季度未被支付股息而获得了选择董事会多数成员的权利。本案中,被告公司通过章程规定将原本受合同法调整的优先股股东个人利益与公司法中董事信义义务联系起来,从法院的判决可以看出公司利益大于股东个人利益,即便是优先股股东的利益也无法凌驾于公司利益之上。这与优先股兼具"股权和债权"的性质是分不开的。

  普通股与优先股的利益冲突主要涉及以下几个方面:首先是股利分配中的利益冲突。优先股具有股息的优先分配权,只有在优先股得到分配以后(可累积优先股甚至要求将以往未分配的股息完全支付以后),普通股股息才能分配。当公司有利润时,如果不分配股息,优先股股东在当年得不到任何利益,然而对普通股股东来说,虽然未取得股息,但是保留的盈余转换为公司资本,普通股股东可以从中受益。③ 普通股股东利用自身控制权优势损害优先股股东的分红权,一方面,普通股股东可以直接利用表决权影响公司的股息分配决策;另一方面,公司董事则可能因为普通股股东的影响或者自身的普通股股东身份,推动公司作出有利于普通股股东的决策。④ 具体而言,对于非累积性优先股,因为公司可以在有盈余时连续几年不分配股息,将公司盈利保留起来,到了某一年突然决议分红,此时优先股股东仅能获得一年期的固定股息,而普通股股东可以将前几年累积的盈利分派给自己,从而变相剥夺优先股利益。⑤ 其次,还存在股份回购中的利益冲突,如本案中就规定了在一定期限下若没有分配股息,则在一定条件下优先股可以被回购,可能会出现普通股股东利用对公司决策的影响力,限制或者不分配公司的盈利,在公司财务状况改善后直接回购优先股,或者普通股股东利

---

  ① Melissa M. McEllin, Rethinking Jedwab: A Revised Approach to Preferred Shareholder Rights, Columbia Business Law Review, Vol. 2010, No. 3, 2010, p. 902.
  ② Judah v. Del. Trust Co., 378 A. 2d 624,628(Del. 1977).
  ③ 楼建波、马吾叶:《优先股与普通股股东间利益冲突的处理原则——美国司法实践的演进及其启示》,载《证券法苑》2015年第3期。
  ④ 钟颖:《优先股股东与普通股股东的利益冲突与平衡》,载《南方金融》2016年第8期。
  ⑤ William A. Klien, John C. Coffee, Jr, Frank Partnoy, Business Organization and Finance: Legal and Economic Principles, Foundation Press,2004,pp. 302-303.

用公司控制权,迫使优先股股东接受不合理的赎回条件等情形。①

可能正是出于存在着这些利益冲突问题,公司董事会的控制权对普通股股东或优先股股东都显得尤其重要。尽管不论是由普通股股东还是优先股股东选举产生的董事会都要根据信义义务,基于商业判断规则,作出公司利益最大化的决定;但是在法律及公司章程的规范内,何为"公司利益最大化",需要董事会的进一步解释,不能完全排除董事会决策会有偏向性。在美国的法律中,法官通常诉诸商业判断规则,通过审查董事决策程序,分析董事与系争决策是否存在利害关系,是否对决策事项进行了尽职调查,尤其是对系争交易的替代方案充分了解和知悉,从而在决策中充分考量不同类别股东的利益。②

美国特拉华州衡平法院通过本案表明,优先股股东享有的权利是合同性权利,除了受合同约束,也受到董事会商业判断原则的限制。除非董事会有滥用自由决策权的行为,否则法院不会进行干涉。这一立场的确立,充分证明了美国法上更多地通过授权公司章程自治来设置优先股股东的权利,这正是优先股能在美国蓬勃发展的根本性原因。然而,这也是一把双刃剑,如何平衡优先股股东与普通股股东利益的问题成为美国司法实践中的重要议题。

---

① 钟颖:《优先股股东与普通股股东的利益冲突与平衡》,载《南方金融》2016年第8期。
② 潘林:《优先股与普通股的利益分配——基于信义义务的制度方法》,载《法学研究》2019年第3期。